走进传统文化

《论语》与人生
（第2版）

郑圣辉 ◎ 著

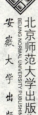
北京师范大学出版集团
安徽大学出版社

图书在版编目(CIP)数据

《论语》与人生/郑圣辉著. —2版. —合肥:安徽大学出版社,2014.7(2018.6重印)

(走进传统文化)

ISBN 978-7-5664-0794-8

Ⅰ. ①论… Ⅱ. ①郑… Ⅲ. ①儒家②《论语》—研究 Ⅳ. ①B222.25

中国版本图书馆 CIP 数据核字(2014)第 145124 号

《论语》与人生（第 2 版）
LUNYU YU RENSHENG

郑圣辉 著

出版发行：	北京师范大学出版集团 安 徽 大 学 出 版 社 (安徽省合肥市肥西路 3 号 邮编 230039) www.bnupg.com.cn www.ahupress.com.cn
印　　刷：	安徽昶颉包装印务有限责任公司
经　　销：	全国新华书店
开　　本：	152mm×228mm
印　　张：	17.75
字　　数：	203 千字
版　　次：	2014 年 7 月第 2 版
印　　次：	2018 年 6 月第 2 次印刷
定　　价：	30.00 元

ISBN 978-7-5664-0794-8

策划编辑：姜　萍	装帧设计：李　军　金伶智
责任编辑：姜　萍	美术编辑：李　军
责任校对：程中业	责任印制：陈　如

版权所有　侵权必究

反盗版、侵权举报电话：0551—65106311
外埠邮购电话：0551—65107716
本书如有印装质量问题，请与印制管理部联系调换。
印制管理部电话：0551—65106311

Mulu
目录

序一 ··· 郭　因 / 1
序二 ··· 赵日新 / 3
序三 ··· 李　微 / 5

第一辑　《论语》的意义
在传承弘扬中创造中华文化新辉煌
　　——学习习近平总书记关于中华优秀传统文化重要讲话的体会 ······ 3
为什么研读"四书" ··· 18
走进《论语》　走近孔子 ·· 27
经典《论语》　开卷有益 ·· 33
背《论语》与正学风 ·· 37
我们今天怎样用《论语》 ·· 41

第二辑　《论语》的精髓
"学而时习之，不亦说乎" ··· 59
再谈"学而" ··· 65
"为政以德" ··· 82
"礼之用　和为贵"
　　——《论语》对和谐社会建设的启示 ······························ 90

"里仁为美" …………………………………………………… 98

听其言 观其行
　　——谈谈孔子的知人识人方法 ………………………… 110

至德中庸 ……………………………………………………… 116

"学而不厌 诲人不倦" ………………………………………… 121

"立于礼,成于乐"
　　——孔子的礼乐思想与素质教育 ……………………… 128

《论语》等儒家经典中的科学发展思想 ……………………… 134

孔孟思想与现代市场经济的发展 …………………………… 140

《论语》中的处世之道 ………………………………………… 148

第三辑　孔子的做人艺术

实现人际和谐需要换位思考 ………………………………… 155

孔子的说话艺术 ……………………………………………… 158

《论语》中的齐家之道 ………………………………………… 162

"不迁怒,不贰过"
　　——读《论语》看孔子怎样对待过错 ………………… 166

"人不知,而不愠,不亦君子乎" ……………………………… 169

"己欲立而立人" ……………………………………………… 174

忠恕是美德 …………………………………………………… 177

孔子之乐 ……………………………………………………… 181

孔子的智慧 …………………………………………………… 187

孔子的从政观 ………………………………………………… 193

孔子的识人用人观 …………………………………………… 198

孔子的君子人生 ……………………………………………… 203

国人必知的五句《论语》经典 ………………………………… 211

《论语》中常被人误解的几句话 ……………………………… 216

从政当先修身
　　——读《中庸》札记 ……………………………………… 222

附录

马克思主义与中国传统文化的相通性 …………………………… 231

敬事而信
　　——谈谈对共产党员爱岗敬业问题的认识 ………………… 235

任重而道远
　　——再谈对共产党员爱岗敬业问题的认识 ………………… 239

领导干部要重视学习中国优秀传统文化 ……………………… 241

让优秀传统文化走上党校讲台 ………………………………… 247

大力改进学风　推动干部作风建设
　　——学习胡锦涛同志在中央党校发表的重要讲话 ………… 250

小富靠勤人为本 ………………………………………………… 256

痛悼母亲 ………………………………………………………… 259

后记 …………………………………………………………… 263

再版后记 ……………………………………………………… 267

序一

◇郭　因

圣辉是我认识以后就一直难以忘记的一位年轻人,由于他的勤于求知,他的严于律己,他的质朴厚道,他的并非讨好的多礼,还有他的时时绽放在脸上的谦和的微笑。

我和圣辉是绩溪同乡,又有点亲戚关系,论辈份,比他高两辈,按绩溪人的叫法,他见面喊我"公",这"公"是叔祖父的意思。

20世纪80年代,他在合肥上大学时就常到我家来。那时,我正在倡导以追求人与自然、人与人、人自身三大和谐与美化人类主客观两个世界为根本宗旨的绿色文化、绿色美学,他十分赞成我的观点,并成为我所组建的省绿色文化绿色学会的最早成员之一。他还利用假期,以绿色学会会员的身份,在绩溪老家搞过一次环保调研,并写过一份颇有分量的调研报告。

他大学毕业后被分配到宣城工作,教过书,当过报社的记者、编辑,接着去了组织部门做人事工作。

一般进入仕途的人,是很少有再去苦苦读书求知意愿的,可是圣辉竟然把所有的业余时间全放在博览群书上。将读书心得写成文章发表,而且出版过一本理论紧密联系实际的书——《努力推进干部工作科学化》。这本书不仅受到众多读者的好评,而且得到了中央组织部从事组织人事工作多年的老同志的赞赏,并为之写了序言。

这两年,他精读了"四书",能熟背如流,而且深研其义理,联系实际,写出了多篇文章。这本《〈论语〉与人生》就是圣辉同志读"四书"之后有感而发所写的第一本著作。

圣辉读《论语》有如剥脱笋衣,逐渐由表及里,究其底蕴;有如倒啖甘蔗,逐渐由淡到浓,渐入佳境。他的多篇学习心得,也似在缓缓而谈,对读者循循善诱,引领读者步步深入,渐渐登高。

从他的不少文章中可以看出,他不仅对《论语》一书有相当深入的理解,并能联系现实,以古人的嘉言懿行来推进当代和谐社会的构建,而且已在自己的工作、生活中进行了认真切实的实践。他显然是一个即知即行的人。因此,他的这本著作,不仅是他对自己学习心得的私人叙说,更是对他学用结合的切身体验的描述。程颐在谈到后人学习古圣贤的经典著作时曾说:"未读时是此等人,读了后还只是此等人,便是不曾读。"圣辉读《论语》前后显然有了不同的人生感悟,有了不同的精神境界,这足以说明他读圣贤书绝非像一般人那样,只是"和尚念经,有嘴无心"。

此书最后有圣辉的《痛悼母亲》一文,至情至性,十分感人。孝悌乃仁之本。圣辉显然是一个很有仁心的人。这种仁心固然源自禀赋,但也一定得力于圣贤书的熏陶与培育。

在当代的公务员中,像圣辉这样端品笃学并力求通过多读书、多思考、勤实践来使自己成为完人的,似乎并不多见。

深愿圣辉这样的人在当代的公务员队伍中不至于被看成另类而终于汇成主流、洪流。

2009 年 2 月 10 日
于合肥琥珀山庄红尘绿屋

序二

◆赵日新

几年前,我听圣辉兄说他在背诵《论语》,当时听了不以为意,直到近日拜读他的《〈论语〉与人生》,方知他不仅是背诵,而且结合工作实际写出了多篇的心得,惊叹之余,更多的是佩服。

说吃惊,其实也并不吃惊。圣辉兄从小学教师到中学教师到大学教师,从报社到市委组织部到市政府办公室,一步一个脚印,踏踏实实一路走来,付出的是比别人更多的汗水,有今天的成就是丝毫不足为怪的。我相信,跟他背诵《论语》一样,这种付出,不是伪装,不是敷衍,而是充满了挑战、泪水和激情,是一个享受的过程,是一种真正的快乐。

20年前,我与圣辉兄相识于宣州教育学院,一见如故,情同手足。我们都是绩溪人,都来自并不富裕的农村,都挺好学,为人处事也都比较低调。那时候,我们还是刚从高校毕业的毛小子,怀揣着些许雄心和足够的进取心,总觉得有使不完的劲儿;常常把酒言欢,其乐融融,在不平静的年代以不平静的心境度过我们最美好的青春时光。

20年不算短,况且中间还跨世纪。20年,生活中没有不散的宴席,但人世间,却有吃不完的好饭。20年,我们从青年变成了中年。人到中年,最需要明白的就是自己——明白自己想干啥、能干啥、能干成啥?窃以为,在我们无法改变生存法则和为生活必需品而妥协的大环境下,我们必须给自己的心灵创造一个相对独立、自由的小环境。我们要学会把工作、学习和生活相对区分开来,学习可以工作化,但生活千万不能工作化,我们所从事的职业可以成为我们的事业,而我们的学习、我们的生活、我们的家庭、我们的兴趣甚至我们的情感,也可以成为我们追求的"事业",这种追求需要投入更多、更广、更持续的精力,那是一种由衷的热情。圣辉兄读通了《论语》,相信已然有了淡泊的襟怀、旷达的心胸、超逸的性情和闲适的心态。

我们生活在一个转型的社会、一个需要标榜的年代。于是,不少并不浮躁的人在浮躁的社会里难免陷入浮躁。读圣贤书,背圣贤书,在当今这个浮躁的年代,对于一个公务员来说或许显得有些另类,不过,坦白地说,当今社会缺少的也许正是这种另类。

圣辉兄是《论语》的学习者,如今通过其心得一定程度上他也成了传播者,当然我更希望他还是忠实的实践者。如今,圣辉兄在处级公务员岗位上,有机会、有条件影响一部分人,衷心祝愿圣辉兄能够在公务员队伍中成为表率,不求尽如人意,但求无愧于心。既有一片理想主义的天空,可以自由翱翔,而不妥协于现实世界中很多的潜规则与障碍;又有脚踏实地的能力,能够在实际工作中拓展自己的天空。

《论语·子路篇》:樊迟问仁。子曰:"居处恭,执事敬,与人忠。"修己持恭,归正自心;处事持敬,依理行事;待人持忠,宽恕仁厚。圣辉兄堪为仁者。

圣辉兄将《〈论语〉与人生》书稿发给我的同时,嘱我写几句话。我对《论语》没有研究,同时自觉还达不到作序的功力,只好写下以上几句题外的话。

2009年6月于清华园
(本序作者系清华大学人文学院博士生导师、教授)

序三

◇李 微

圣辉同志长期在基层工作,事务一定相当繁忙。他却心无旁骛地认真钻研、学习背诵《论语》,心中自有一片碧蓝的天空。在市场经济条件下、在社会日益浮躁的今天,他却排除心中的杂念,心平气和,潜心读书,精神可嘉。

2009年5月13日,习近平同志在中央党校开学典礼上发表了《领导干部要爱读书读好书善读书》的重要讲话,其中提到要多读书,尤其是要多读优秀传统文化书籍。圣辉同志正是这样的思考者和实践者之一。在全球化时代和信息社会,读书的重要性是不言而喻的,但据人民论坛的"万名党政干部阅读状况调查",1/3的领导干部每周读书不超过3个小时。那么领导干部为什么不读书呢?真的是无暇读书吗?这不是一个简单的问题。有一次,经济学家厉以宁到广东调研提了一个建议,却遭到一位官员的"炮轰":我看他是书读太多了!这样的事情可能不是个别,我曾经听到有些领导说专家的意见听不得,是书生之见!我们有些领导自以为真理在手,表现出对知识的蔑视和轻薄。这样的领导也许会对学历学位趋之若鹜,但内心深处却缺乏对知识应有的尊重,自然也缺乏读书的热情。

在一个省部级领导干部座谈会上,国家行政学院副院长周文彰说,长期以来,我们提倡"实干"、"务实"。这被一些干部理解为不要读书,结果形成了不读书没人说,好读书反容易被另眼看待的不正常现象。我们常听干部说自己"理论不行"、"读书不多",感觉不像谦虚和反思,倒像是自我夸耀,就是因为不读书无关紧要。周院长的话是强调读书环境的重要。

给领导干部营造读书的环境,一般的动员和号召作用相当有限。关键点有三:一是要引导各级领导干部深刻认识现代领导活动与读书、学习的密切关系,深刻认识领导干部的读书、学习水平在很大程度上决定着工作水平和领导水平。二是高级领导干部率先垂范。高级领导干部是党的执政的重要力量,他们的言行直接在干部队伍中产生示范效应。媒体报道温家宝总理的床头摆放了一本《沉思录》,这本书马上就成为畅销书;汪洋担任重庆市委书记期间,曾经向干部推荐《世界是平的》,这本书在重庆就十分紧俏。毛主席一生爱读书,和干部见面总是问对方最近看了什么书。许多干部参加革命前文化水平很低,受此影响发奋读书几十年,成为我党十分难得的革命理论家。可见,领导干部的示范作用是十分重要的。三是树立良好的用人导向。如今社会分工越来越细,党和政府的管理工作越来越要求专业化和科学性,领导干部没有一定的专业知识,没有一定的综合知识,就不可能履行好工作职责。因此,在选人用人上,应该正确处理学历和能力、文凭和水平的关系。它们之间不能画等号,但二者之间不是绝对对立的。从某种程度上看,一定的学历代表一定的能力,尤其是学习能力;一定的文凭代表一定的水平,尤其是知识水平。学习能力包括良好的读书习惯和研究问题的习惯;知识水平包括对事物的认知水平,有什么样的认知水平就有什么样的决策水平。

总之,如果大力营造读书的良好环境,特别是在干部用人导向上体现出来,干部队伍中"知识分子"被边缘化,"知识分子"做事有份、提拔无门的现象就会大大减少;一些不读书、活动能量大的干部"不断进步"的现象也会大大减少;官员中怀疑读书用处的人同样会大大减少,而干部读书的氛围会进一步浓厚,干部的素质也将进一步提高。果真这样,那真是党之幸事、国之幸事、天下之幸事。

作家王蒙说过,读书是一种享受,是一种生活方式,也是一种风度。我愿和圣辉同志一道在学海中尽情泛舟,在书海中物我两忘。

2009年6月27日于上海
(本序作者系上海《组织人事报》总编、复旦大学法学博士)

第一辑 《论语》的意义

在传承弘扬中创造中华文化新辉煌
——学习习近平总书记关于中华优秀传统文化重要讲话的体会

作为一个热爱中华优秀传统文化的业余学习者,一个深爱自己祖国历史、民族文化的当代读书人,我真真切切地感到,2013年是让人最感动、最兴奋的一年,我把这一年称为"中华优秀传统文化新元年"。这一年有着很多让我难忘的文化大事、文化喜事、文化盛事。习近平总书记的很多重要活动,与弘扬中华优秀传统文化密切相关;很多重要讲话深刻论述了对中华优秀传统文化的弘扬。透视这些重要活动,学习这些重要讲话,能进一步激起国人对民族优秀传统文化的尊崇,增强传承、弘扬中华文化的荣誉感和创造中华文化新辉煌的责任感。

党的十八大报告指出:"文化是民族的血脉,是人民的精神家园。"要"建设优秀传统文化传承体系,弘扬中华优秀传统文化"。党的十八大以来,习近平总书记对传承、弘扬中华优秀传统文化高度重视,发表了一系列重要讲话。无论是十八届中央政治局常委同中外记者见面,还是参观"复兴之路"展览时的讲话;无论是在中央党校建校80周年庆祝大会暨2013年春季学期开学典礼上的讲话,还是在第十二届全国人民代表大会第一次会议上的讲话;无论是同各界优秀青年代表座谈,还是在欧美同学会成立100周年庆祝大会上的讲话;无论是全国宣传思想工作会议,还是在中央政治局第十

二、十三次集体学习时的讲话；也无论是在曲阜孔子研究院考察，还是会见第四届全国道德模范及提名奖获得者时的讲话，习近平总书记都一再强调，要大力传承、弘扬中华优秀传统文化。习近平总书记的这些重要讲话在文化界、理论界、新闻媒体等领域，产生了热烈反响，各界深入开展了学习、座谈、研讨。《人民日报》、《光明日报》等报刊发表了很多有深度、有分量的学习体会文章。春节期间，我系统学习了习近平总书记的系列重要讲话，对传承、弘扬中华优秀传统文化问题有了新的认识。

一、习近平总书记系列重要讲话，对传承和弘扬中华优秀传统文化具有重大现实意义和深远历史意义

在一年多时间内，习近平总书记这么高频率地强调传承、弘扬中华优秀传统文化，在党的历任最高领导中还是少有的。特别是"8·19"讲话和到曲阜孔子研究院考察调研，意义重大。

2013年8月19日，习近平总书记在全国宣传思想工作会议上指出，宣传阐释中国特色，要讲清楚每个国家和民族的历史传统、文化积淀、基本国情不同，其发展道路必然有着自己的特色；讲清楚中华文化积淀着中华民族最深沉的精神追求，是中华民族生生不息、发展壮大的丰厚滋养；讲清楚中华优秀传统文化是中华民族的突出优势，是我们最深厚的文化软实力；讲清楚中国特色社会主义植根于中华文化沃土、反映中国人民意愿、适应中国和时代发展进步要求，有着深厚历史渊源和广泛现实基础。这"四个讲清楚"，至少有三个方面重大意义：

第一，这是我们党进一步全面公开阐述中华传统文化的历史地位、作用和对它的理性认识。中华文化是民族的精神追求，是民族凝聚力、向心力所在，是团结全中国56个民族和全球华人的旗帜、力量,是中华民族历史得以长期延续的纽带,是战胜一切困难险阻、追求一切卓越成效的精神动力,中华文化的特质早已深入到每个中国人的骨髓。中华民族与其他西方民族最大的不同是文化积淀不同,五千年文明成为今天中国发展的基础和前提,马克思主义中国化就是马克思主义普遍原理同中华优秀传统文化有机结合的产物。可见,当今社会对中华优秀传统文化的重视和研究及其有效运用,是明智、理性的重要抉择。

第二,这是我们党进一步公开表明对中华优秀传统文化的态度和政策取向。习近平总书记对中华文化有着十分清醒、理性的认识,用"精神追求"、"丰厚滋养"、"突出优势"、"深厚的文化软实力"、"文化沃土"、"独特的文化传统,独特的历史命运,独特的基本国情"等词汇来表述,让人耳目一新。近百年来,从"五四运动"打倒"孔家店",到"文革"破"四旧",再到改革开放以来一度对西方的盲目崇拜,我们对传统文化总体上缺乏礼敬的态度,"批判地继承"更多的是批判,不少人对中华优秀传统文化看不懂、看不进、看不上。虽然20世纪90年代以来学术界一直在呼吁弘扬、传承中华优秀传统文化,但真正将中华优秀传统文化摆到更加突出的位置,则需要中央高层的大力倡导和推动。

第三,这是党中央对传承、弘扬中华优秀传统文化的动员令。"四个讲清楚"是空前的,有新的高度,有更深的层次,特别是"中华文化积淀着中华民族最深沉的精神追求,是中华民族生生不息、发展壮大的丰厚滋养",鲜明地指出中华文化是"血脉相通的",是"一条纽带"。从纵向来看,中华文化是中华文明的血脉和基因,是它前进的精神动力和智慧源泉,从而使五千年中华文明有因有革,绵延不绝,未曾断裂,衰而复兴,在继承中创新,在创新中发展。从横向来看,中华文化是中华民族的精神纽带和心理归宿,是团结56个民族、港澳台和海外华人的共同思想基础,政治制度可以不同,而中华文化是共同的,代表着民族身份。从当下情况看,对中华优秀传统文化的认识还存在不一致的地方,正本清源的任务还十分艰巨。要把中华文化的普遍价值与时代精神、中国国情结合起来,要在走向世界、进行不同文明交流和互鉴中实现中华文化复兴,还有太多的事情要做。

习近平总书记视察孔子研究院,参观孔子思想生平展和孔子研究院学术成果展,听取专家学者的意见,并发表重要讲话。习近平总书记这一活动的意义更是非同一般,体现为"四个重要":一是"重要事件"。这是中国特色社会主义文化建设进程中的一个重要事件,在中国文化发展史上留下了浓墨重彩的一笔,在社会主义文化强国建设、中华民族伟大复兴进程中,是具有深远历史意义的事件。二是"重要信息"。习近平总书记视察孔子研究院,召开座谈会并发表重要讲话,传达出中央高度重视中华优秀传统文化的重要信息。讲话深刻阐述了中华优秀传统文化的历史地位和重大作用,充分肯定孔子及儒家思想是中华民族传统文化的重要组成部分,要求通过对孔子和儒家思想的研究,及其传播,正确认识、解读历史的中国和当代的中国,突出强调中华文化是中国特色社会主义植根其中的丰厚土壤。这些重大的文化战略思想,事关根本,事关长远,是我们党高度重视文化方略的重要宣示。三是"重要文献"。习近平总书记在山东和孔子研究院座谈会上的重要讲话,体现了中央关于引领社会主义新文化发展的思想越来越深入、越来越清晰。特别是强调建设社会主义新文化,必须继承、弘扬优秀传统文化;重申毛泽东同志的经典论述,提出采取历史唯物主义态度正确认识中华优秀传统文化;强调13亿中国人都应成为展现、传播中华文化魅力的主体。可见,这是闪耀着马克思主义理论光辉的重要文献。四是"重要使命"。习近平总书记提出,要加强对中华传统美德的挖掘和阐发。要因势利导、深化研究,使我国在东亚儒家文化圈中居于主动,在世界儒学传播和研究中始终保持充分话语权。这是习近平总书记赋予我们每个中国人的重要使命。我们要不辱使命,不负厚望,勇于担当,创造出中华文化新的辉煌。

二、实现中华民族伟大复兴的中国梦,要从优秀传统文化中汲取精神力量

第一,实现中华民族伟大复兴的中国梦,既深深体现了今天中国人的理想,也反映了先人们不懈追求进步的光荣传统。习近平总书记在参观"复兴之路"展览时的讲话中指出,实现中华民族伟大复兴,是中华民族近代以来最伟大的梦想。这个梦想,凝聚了几代中国人的夙愿,体现了中华民族和中国人民的整体利益,是每一个中华儿女的共同期盼。今天的"中国梦"和中国人过去的梦想是紧密相连的。用历史和文化的眼光来看,中华优秀传统文化是实现中国梦的文化根基。这个文化根基,是中国共产党成立以来建设新民主主义文化、社会主义文化、中国特色社会主义文化的全部成果,是近代以来文化变革和更新、建设新文化的重要成果,也是中华民族五千多年来文化传承的优秀成果。早在先秦时期先民们就对大同世界充满向往,《礼记·礼运》篇里就有关于"大同世界"的描写,"大道之行也,天下为公。选贤与能,讲信修睦。故人不独亲其亲,不独子其子,使老有所终,壮有所用,幼有所长,矜、寡、孤、独、废疾者皆有所养。男有分,女有归……故谋闭而不兴,盗窃乱贼而不作。"这为我们的"中国梦"奠定了基础。20世纪的中国有识之士选择社会主义理想,是与我们的大同梦有密切关系的。孔子对于仁政的宣扬,孟子对于"老吾老以及人之老,幼吾幼以及人之幼"的推崇,都对中国民众的文化心理与价值观念产生了巨大影响。当我们谈论"中国梦"的时候,当然不能忽略已经深入人心的中华传统文化,同时也不可将这些理念停留在旧时原始命题的阶段。同时,我们还要看到,中华优秀传统文化是实现中国梦的文化纽带,是吸收各民族文化优秀成果融汇而成的文化,能够把两岸同胞、海内外华人连在一起。当前,应动员各族人民为实现中国梦共同奋斗,让中国梦与优秀传统文化更紧密地衔接,与各民族文化心理更加贴近。中华优秀传统文化是实现中国梦的文化动力,在实现"两个一百年"的奋斗进程中有着重要价值,为各族同胞提供了牢固的价值认同。

第二,实现中华民族伟大复兴的中国梦,要以文化繁荣为前提,也包含中华文化的伟大复兴。习近平总书记指出:"一个国家、一个民族的强盛,总是以文化兴盛为支撑的,中华民族伟大复兴需要以中华文化发展繁荣为条件。"人类发展的历史证明,文化是社会发展的重要动力,没有文化的发展是短暂的,只有得到文化的滋润,社会才能健康、持续地向前发展。民族复兴以文化繁荣为前提条件。诸子论辩、百家争鸣的春秋战国时代,文化的兴盛极大地提升了中华民族的文明水平,塑造了中华民族独特的精神品格,为中华民族立足于世界民族之林奠定了基础。没有文化,就难以正确行使国家权力;没有文化,就难以处理好人与人、人与自然之间的关系。经济社会的运行需要通过文化的反馈形成系统的回路。当文化适应经济社会发展时,会形成一种正反馈,从而推动经济社会的发展;当文化不适应经济社会发展时,就会形成一种负反馈,从而束缚甚至阻碍经济社会的发展。如果在经济社会这个大系统中,文化与其他要素不相匹配,其他方面发展得再好,迟早也会出现停滞甚至倒退。因此,民族的真正复兴必然依赖于先进文化的发展繁荣。

文化发展为经济社会发展注入新活力。历史经验表明，在经济社会系统诸要素中，文化具有自身的独立性，这种独立性在特定历史条件下会导致文化与经济社会发展的不平衡。在经济社会不够发达的时候，文化有可能异常繁荣。古希腊罗马在生产力远远落后于今天的情况下，却创造了欧洲文化的辉煌。而在社会生产力高度发达的今天，文化又很可能与其不相称。当下就中国文化的影响力、竞争力来说，是与中国的国际地位不相匹配的。其根本原因在于，当经济社会发展到一定阶段的时候，旧有的文化体系往往会在惯性轨道上继续向前滑行，这个时候如果不对文化进行变革，文化就会束缚经济社会的发展。因此，我们必须对民族文化进行全面检视，对之革故鼎新，我们的文化才能够大发展、大繁荣，与当今经济社会的发展相匹配。

文化发展是中国系统发展的重要一环。十八大提出的"五位一体"发展战略，就是既要搞好经济、政治、社会、生态文明建设，也要搞好文化建设，系统全面地推动中国整体地向前发展，而不是片面地发展某一方面。我们党已经清醒地认识到，没有系统的发展和整体的发展，民族复兴的质量就不高；只有文化得到了充分发展，整体实力上去了，民族复兴才具有稳定性、持久性和坚韧性。作为国家系统中的协调性机制，文化具有举足轻重的作用，它决定系统各个要素之间应建立什么联系、形成什么结构、具备什么功能。因此，实现中华民族伟大复兴，必须是整个社会经济文化系统的全面复兴。

第三，实现中华民族伟大复兴的中国梦，要从优秀传统文化中汲取力量。习近平总书记指出，我们的民族是伟大的民族，我们的人民是伟大的人民，我们的文化源远流长、博大精深，中华文化积淀着中华民族最深沉的精神追求，是中华民族生生不息、发展壮大的丰厚滋养。优秀传统文化蕴含丰富的思想资源和强大的精神力量。实现中国梦,需要全党全国人民励精图治、攻坚克难、奋力拼搏,需要调动一切可以调动的积极因素,汲取包括优秀传统文化在内的强大正能量。因此,必须充分挖掘和汲取中华优秀传统文化的宝贵资源。我们党历来以弘扬中华优秀传统文化为己任,并不断赋予优秀传统文化以新的时代内涵。通过一代又一代中国共产党人的不懈努力,"国家兴亡、匹夫有责"的爱国精神,"与时俱进、自强不息"的进取精神,"先天下之忧而忧"的忧患意识,"民为贵、君为轻"的民本思想,"仁者爱人"、"为政以德"的仁政文化等中华传统文化的精华得到了高度发展。同时,中国共产党人以高度的理论自觉和文化自信,不断推进优秀传统文化与社会主义先进文化的互动融合,使优秀传统文化成为中国特色社会主义先进文化的不竭源泉,使民族复兴中国梦的文化根基不断巩固。

与此同时,我们也应清醒地看到,面对新时期实现中国梦的新任务、新要求,我们对中华优秀传统文化资源的挖掘和汲取还存在明显不足,还有大量艰苦细致的工作要做,还有大有可为的广阔空间。我们应继续运用马克思主义世界观、价值观和方法论,对中华传统文化进行更细致梳理和深入挖掘,使更为丰富、更加多样的优秀传统文化精华服务于中国梦的实现;更好地促进优秀传统文化与当代社会相适应、与现代文明相协调、与世界文化发展趋势相符合,不断推陈出新,使优秀传统文化既保持鲜明的民族特色,又富于浓郁的时代精神,并与全人类优秀文化相通,与时俱进地服务于中国梦的实现;正视优秀传统文化面临的内部资源流失和外来文化冲击的双重困境,更加通俗易懂地诠释和阐发优秀传统文化,更加形象生动地表现和传播优秀传统文化,使富有深厚优秀传统文化底蕴的中国梦能够在人民大众心中生根发芽、开花结果；有效建构优秀传统文化传承体系，整合资源，创新机制，统筹兼顾，强化保障，使优秀传统文化渗透于政策引导、舆论导向、文艺创作、学校教育、民间传承、文化旅游产业开发和群众性精神文化创建活动等方方面面。总之，我们应具有从优秀传统文化中汲取实现中国梦精神力量的高度自觉，进而切实把优秀传统文化转化为实现伟大中国梦的强大力量。

三、建设社会主义文化强国、着力提高国家文化软实力，用好优秀传统文化的丰厚资源

习近平总书记在主持中央政治局第十二次集体学习时强调，提高国家文化软实力，关系"两个一百年"奋斗目标和中华民族伟大复兴中国梦的实现。要弘扬社会主义先进文化，深化文化体制改革，推动社会主义文化大发展大繁荣，增强全民族文化创造活力，推动文化事业全面繁荣、文化产业快速发展，不断丰富人民精神世界、增强人民精神力量，不断增强文化整体实力和竞争力，朝着建设社会主义文化强国的目标不断前进。学习习近平总书记重要讲话，要重点把握四个方面：

第一，提高国家文化软实力，要努力夯实国家文化软实力的根基。这里的"根基"，既指国内的文化建设和发展，又指国民良好的思想道德素质和科学文化素质。夯实国家文化软实力的根基，需要我们在切实加强对外文化传播载体、网络与能力建设的同时，更加关注并以更大的力度推进文化体制改革，激发全民族的文化创造活力，解放和发展文化生产力，推动文化事业全面繁荣、文化产业快速发展，不断提升我们文化的先进性，提升我们的文化在当今世界文化格局中的势位。这样，当代中国文化才能够"登高而招"、"顺风而呼",才能"见者远"而"闻者彰"。夯实国家文化软实力的根基,还需要我们加大社会主义核心价值观的培育和践行力度,广泛开展理想信念教育,弘扬民族精神和时代精神,净化社会风气,增进教育公平,提高教育质量,提升国民素质。这样,我们每一个人便都会成为传播中华美德、中华文化的有效主体。总之,只有真正夯实文化发展与人的发展两个方面的根基,国家文化软实力才会获得至刚至强的硬支撑。习近平总书记指出:"站立在960万平方公里的广袤土地上,吸吮着中华民族漫长奋斗积累的文化养分,拥有13亿中国人民聚合的磅礴之力,我们走自己的路,具有无比广阔的舞台,具有无比深厚的历史底蕴,具有无比强大的前进定力。中国人民应该有这个信心,每一个中国人都应该有这个信心。"这个信心的重要来源,就是我们优秀的文化传统和崭新的文化创造;这个信心的重要内容,就是我们有能力创造中华文化新的辉煌、一步步迈向社会主义的文化强国。

第二,提高国家文化软实力,要努力传播当代中国价值观念。当代中国价值观念,就是中国特色社会主义价值观念,代表了中国先进文化的前进方向。实践证明我们的道路、理论、制度是成功的。要拓展对外传播平台和载体,把当代中国价值观念贯穿于国际交流和传播方方面面。习近平总书记强调,中国梦的宣传和阐释,要与当代中国价值观念紧密结合起来。中国梦意味着中国人民和中华民族的价值体认和价值追求,意味着全面建成小康社会、实现中华民族伟大复兴,意味着每一个人都能在为中国梦的奋斗中实现自己的梦想,意味着中华民族团结奋斗的最大公约数,意味着中华民族为人类和平与发展作出更大贡献的真诚意愿。

第三,增强国家文化软实力,要努力展示中华文化的独特魅力。在五千多年文明发展进程中,中华民族创造了博大精深的灿烂文化,要使中华民族最基本的文化基因与当代文化相适应、与现代社会相协调,以人们喜闻乐见、具有广泛参与性的方式加以推广,弘扬跨越时空、超越国度、富有永恒魅力、具有当代价值的文化精神,把继承传统优秀文化又弘扬时代精神、立足本国又面向世界的当代中国文化创新成果传播出去。要系统梳理传统文化资源,让收藏在禁宫里的文物、陈列在博物馆里的遗产、书写在古籍里的文字都活起来。要以理服人,以文服人,以德服人,提高对外文化交流水平,完善人文交流机制,创新人文交流方式,综合运用大众传播、群体传播、人际传播等多种方式展示中华文化魅力。要注重塑造我国的国家形象,重点展示中国历史底蕴深厚、各民族多元一体、文化多样和谐的文明大国形象,政治清明、经济发展、文化繁荣、社会稳定、人民团结、山河秀美的东方大国形象,坚持和平发展、促进共同发展、维护国际公平正义、为人类作出贡献的负责任大国形象,对外更加开放、更加具有亲和力、充满希望、充满活力的社会主义大国形象。

第四,提高国家文化软实力,要努力提高国际话语权。要加强国际传播能力建设,精心构建对外话语体系,发挥好新兴媒体作用,增强对外话语的感召力、公信力,讲好中国故事,传播好中国声音,阐释好中国特色。对中国人民和中华民族的优秀文化和光荣历史,要加大正面宣传力度,通过学校教育、理论研究、历史研究、影视作品、文学作品等多种方式,加强爱国主义、集体主义、社会主义教育,引导我国人民树立和坚持正确的历史观、民族观、国家观、文化观,增强做中国人的骨气和底气。

四、培育和践行社会主义核心价值观、加强思想道德建设,要发挥"传统文化怡情养志、涵育文明的重要作用"

2013年底,中央办公厅印发了《关于培育和践行社会主义核心价值观的意见》(以下简称《意见》)。《意见》的发布,实现了社会主义核心价值观从凝聚共识到自觉行动的飞跃,必将使社会主义核心价值观如源头活水,源源不断地注入和渗透到社会肌体的各个方面,为实现中华民族伟大复兴的中国梦提供持续迸发、永不衰竭的正能量。《意见》指出:"中华优秀传统文化积淀着中华民族最深沉的精神追求,包含着中华民族最根本的精神基因,代表着中华民族独特的精神标识,是中华民族生生不息、发展壮大的丰厚滋养。"中华优秀传统文化蕴含着精深的价值理念和伦理思想。中华民族是文明古国、礼仪之邦,在源远流长的历史长河中,留下了丰富多彩、感人至深、砥砺精神的美德故事。这些美德故事是中华民族优秀价值观的生动展现,是中国精神的具体实践和升华凝练,是积极培育和践行社会主义核心价值的重要资源,中华传统美德有着历久弥新的时代意义。培育和践行社会主义核心价值观,应立足中华优秀传统文化尤其是中华传统美德这一深厚资源,做到古为今用、推陈出新,使之与社会主义核心价值观的内涵和要求相契合,成为符合时代要求与人们现实需要的价值理念与行为规范。用好中华优秀传统文化的丰厚资源,最重要的是要建设优秀传统文化传承体系。加大文物保护和非物质文化遗产保护力度,加强对优秀传统文化思想价值的挖掘,梳理和萃取中华文化中的思想精华,作出通俗易懂的当代表达,赋予新的时代内涵,使之与中国特色社会主义相适应,让优秀传统文化在新的时代条件下不断发扬光大。要重视民族传统节日的思想熏陶和文化教育功能,丰富民族传统节日的文化内涵,开展优秀传统文化教育普及活动,培育特色鲜明、气氛浓郁的节日文化。

  需要强调的是,加强道德教育,要用好传统文化资源、回归常识,增加国民教育中优秀传统文化课程内容,分阶段有序推进学校优秀传统文化教育。如何做人、做一个有道德的人，如何安身立命、拥有一个不朽的有意义的人生，这是传统文化特别是儒家文化的出发点。中国传统文化追求至善，以圣贤为目标，以内圣外王为人生理想，为后世留下了丰富的道德资源。《大学》中说："大学之道在明明德，在亲民，在止于至善。""古之欲明明德于天下者先治其国，欲治其国者先齐其家，欲齐其家者先修其身，欲修其身者先正其心，欲正其心者先诚其意，欲诚其意者先致其知，致知在格物……自天子以至于庶人，壹是皆以修身为本。"传统文化以"三纲八目"为核心，构建了包括道德修养目标、修养内容、修养途径、修养方法等在内的丰富完备的道德体系。《论语》中说："夫子之道，忠恕而已矣。"朱熹解释说："尽己之谓忠，推己之谓恕。"忠恕之道是孔子思想一以贯之的主线，是儒家处理人际关系的基本原则，也是传统伦理思想的精髓。忠恕之道的核心是推己及人，是仁爱由己及人、由亲及疏、由近及远的推行过程，这就是儒家所谓的"亲亲而仁民，仁民而爱物"。忠恕之道不仅是和谐社会建设的重要精神资源，也是构建全球伦理的重要精神资源。道德教育不能流于空泛，一定要回归理性，从细节做起，从小事做起。反思我国前些年的政治教育课，往往比较空洞、空泛，不大符合人的性情，比如，在小学阶段，开始教育小孩子要做共产主义接班人；到中学，对学生进行法律教育；到了大学，进行行为规范教育，这样的先后顺序是颠倒的，违背了人的认知规律，学生们难以理解。回归到最基本的爱的教育，首先要教育孩子爱父母，从孝做起，正所谓"立爱自亲始，立敬自长始"。

五、大力传承和弘扬中华文化，要坚持"科学扬弃、为我所用"

首先，要坚守中华文化立场，秉持客观、科学、礼敬的态度。2014年1月17日,中共中央政治局委员、中宣部部长刘奇葆在出席中宣部举办的"文化茶座"时,强调要认真学习领会习近平总书记系列讲话精神,坚持社会主义先进文化前进方向,坚守中华文化立场,秉持客观、科学、礼敬的态度,传承和弘扬中华优秀传统文化,推动中华文化现代化,建设中华民族共有精神家园。这里说的客观、科学的态度,不难理解,以礼敬的态度对待中华优秀传统文化,似乎还是第一次提到。过去,我们常说要敬畏历史、敬畏人民、敬畏法律,但不大说敬畏文化,倒是在很长一段时间里对自己的传统文化有些妄自菲薄。现在提出,要从实现中华民族伟大复兴的中国梦的战略高度,提高对中华文化地位作用的认识,振兴中华文化,推动文化繁荣发展;要深入挖掘和研究阐发优秀传统文化,提炼蕴含其中的精神和价值,使中华民族最基本的文化基因与当代文化相适应、与现代社会相协调,延续我们的历史文脉;要建设优秀传统文化传承体系,广泛开展教育普及活动,展示中华文化之美,使中华文化不断发扬光大。这些提法和要求体现了历史唯物主义的正确态度,体现了对中华优秀传统文化的自信,确实让人高兴、令人振奋。

其次,坚持"古为今用,去粗取精,去伪存真,去其糟粕、取其精华"要建立在深入研究的基础上。在全国宣传思想工作会议上,习近平总书记要求"对我国传统文化,对国外的东西,要坚持古为今用、洋为中用,去粗取精、去伪存真,经过科学的扬弃后使之为我所用"。在考察山东曲阜孔庙提及传统文化时,习近平总书记指出,研究孔子和儒家思想要坚持历史唯物主义立场,坚持古为今用,去粗取精,去伪存真,因势利导,深化研究,使其在新的时代条件下发挥积极作用。这样的态度、原则、方法是十分重要、十分正确的,也是我们党一贯的主张和做法,只是各个不同历史时期,侧重点不同而已。今天,我们对待传统文化的态度更加理性、更加客观。我们要立足于"用",合理地"去"与"弃",积极地"取"、"存"与"扬"。不管是去粗取精、去伪存真,还是去其糟粕、取其精华,都要经过深入研究,不盲目、不片面、不望文生义、不断章取义,更不故意歪曲。习近平总书记为我们做了表率。他在曲阜孔子研究院视察、翻阅《孔子家语通解》和《论语诠解》两本书时,说:"这两本书我要仔细看看。"这表达了他要认真了解孔子。我们无论是尊崇孔子也好,还是批评他也好,都要真正了解他,正确理解他;研究孔子和儒家思想要坚持历史唯物主义立场,坚持古为今用、推陈出新,有鉴别地加以对待,有扬弃地予以继承。

(本文曾在《宣城日报》2014年4月11日刊发)

为什么研读"四书"

最近两三年来,我开始注意对中国传统文化的学习与思考,重点研读和背诵了《大学》、《中庸》、《论语》、《孟子》等国学经典,并陆续撰写、发表了一些心得体会文章。有的同事、朋友很是纳闷,不知我为何突然对这些东西产生兴趣?坦率地说,这绝不是我的突发奇想,更不是闲来无事,也不是听了于丹在百家讲坛的《论语》讲座之后附庸风雅。我研读"四书",归根结底是由于十多年来组织工作、干部工作实践对我的触动,可以说是我过去关于推进干部工作科学化问题思考的继续和深化。具体说来,有以下几个方面原因:

一、对干部品德内涵的探究,是我研读"四书"的最初动因

过去在参加干部考察时,经常会听到关于某个干部政治素质如何如何的评价,考察工作参加多了,我就想,政治素质是不是就是德呢?德与政治素质是不是一回事呢?政治素质当然是德的最重要内容,但德应该不仅仅是政治素质一个方面吧。德到底包括哪些内容呢,当时怎么也想不明白。后来,结合有关文件,读了《论语》等书,对此有了一些新的认识。

最近,胡锦涛同志强调,选人用人要坚持德才兼备、以德为先。这既是我们党对长期以来选人用人原则、标准的坚持,也是新形势下选人用人原则、标准的新发展。"以德为先"的提出,表明我们党把干部的道德品质放在了更加突出的位置。客观地说,中国古代几千年来,选人用人是十分重视人品和才情的。对于德与才的关系,司马光有过非常精辟的论述,他在《资治通鉴》开篇就说:"德为才之帅,才为德之资。"历代统治者在选人用人时,都重视官员的品德。只是对德的内涵的理解有所不同而已。西方国家对官员的品德同样极为重视,公众对官员的品德要求甚至可以说非常苛刻。西方政坛上有不少因官员品德问题导致内阁集体辞职的案例。针对政府官员的道德问题与腐败问题,美国还制定出新的从政道德法律规范,并设立相关的监督和执行机构。可见,古今中外对官员的道德素质都是很重视的,只是各国、各个历史时期对道德的具体要求不同而已。但将忠诚、守信、清廉等作为最基本的道德规范,古往今来,概莫能外。比如古巴《共产党干部道德法规》的第一条便是:诚实,永不隐瞒和歪曲事实的真相,反对谎言、欺骗、蛊惑及舞弊行为。

长期以来,我们党在干部选拔任用工作中,更多地把德理解为政治品德,一直把政治思想、政治方向、政治立场、政治路线、政治纪律摆在首要位置,在干部考察工作中,也首先和主要了解干部的政治表现。这当然是完全正确的,而且也是必须继续坚持的。政治思想是人的灵魂,政治素质毫无疑问是干部最重要的素质,政治信仰、政治立场不坚定,政治理论水平低,敏锐性、鉴别力不强,当然不能担任领导干部。但还应该看到,人的品德是多方面的,有职业道德、社会公德、家庭伦理道德、个人品德,等等。对领导干部来说,职业道德就是从政道德,就是官德,主要表现为政治品德,属于公德的范畴。这样说来,政治品德只是干部道德的一个方面,还有其他的一些道德要求。

研读了"四书"后,我对这个问题有了进一步认识。《大学》开篇就说,"大学之道在明明德,在亲民,在止于至善";"古之欲明明德于天下者先治其国,欲治其国者先齐其家,欲齐其家者先修其身";"身修而后家齐,家齐而后国治,国治而后天下平。自天子以至于庶人,壹是皆以修身为本"。修身、齐家、治国、平天下,是古代知识分子的理想追求,修身是齐家、治国、平天下的前提。通过格物、致知、诚意、正心来修身,培养高尚的品德。如《论语》中说:"君子务本,本立而道生。孝弟也者,其为仁之本与?"(《学而篇》)孝悌是为人之本,是仁德之本。治国理政,首先要做到孝悌。这是由人的本性决定的。一个人爱国爱民,肯定是爱父母兄弟的,爱国爱民是爱父母爱家人之心的推而广之。近几年来,媒体报道一些地方把干部对待父母家人的情况,作为选拔任用的一个重要依据。这是有其文化传统和社会心理基础的。所以,一个人首先必须人品好,具有家庭美德和良好的社会公德;再加上政治品德好,那么才可以从政当领导。如果连一个普通人的道德规范都不能做到,又如何能从政当官呢?

二、有关组织文化理论的学习,促使我对传统文化与党的文化建设的关系问题进行探究,这是我研读"四书"的直接原因

回想起来,我真正对传统文化与党的建设关系问题进行思考,始于 2004 年。当时,我在看一本名为《组织行为学》的理论书籍,这本书是上海财经大学干部培训班的教材。书中关于组织文化的理论,给我留下了深刻印象。一个组织,小至一个企业、一个单位、一所学校、一个军营,大至一个政府、政党,甚至一个国家、一个民族,都有其自身的文化。文化对人、对组织的影响,粗看起来微不足道,但它们的作用是潜移默化的,又是深远持久的。可以说,真正影响、甚至决定一个人、一个组织价值取向的,是文化。科学的、先进的文化,对一个组织的发展至关重要。一个民族、一个国家是这样,一个企业、一个单位是这样,一个政党也是这样。加强党的建设可以从多个不同角度来认识、来看待、来阐述。那么,从组织行为学的文化理论角度来看,加强党的文化建设也不失为一个新的角度。一方面,中国共产党是中国先进文化前进方向的代表,另一方面,作为一个拥有7000多万党员的组织,其自身的文化建设,也影响甚至决定着党的先进性的发挥。

那么,我们党作为一个组织,其组织文化是什么呢?党章指出:中国共产党以马克思列宁主义、毛泽东思想、邓小平理论和"三个代表"重要思想,作为自己的行动指南。党的指导思想与组织文化是不是一回事呢?我认为二者还是有区别的。指导思想应该包含在组织文化中,是组织文化的重要内容。党的组织文化是什么?我认为应该从党的性质入手来考察。党章对党的性质作了这样规定:中国共产党是中国工人阶级的先锋队,也是中国人民和中华民族的先锋队。具有这样性质的党,其组织文化应该有这样几个来源:马克思主义理论、中国优秀传统文化、西方先进的现代文明成果、党成立以来创造的文化成果。如果进行高度概括的话,中国共产党的组织文化,就是中国特色社会主义先进文化,它是开放的、发展的。这样的组织文化有几个内在特质:辩证唯物主义和历史唯物主义的世界观与方法论,全心全意为人民服务的核心价值观,以爱国主义为核心的民族精神和以改革创新为核心的时代精神,以"八荣八耻"为主要内容的社会主义荣辱观,以民主集中制为根本原则的组织制度。这些都与中国优秀传统文化相关联。中国优秀传统文化是党的组织文化的一个重要来源。因此,对中国传统文化的主流——儒家思想,自然需要进行深入研究、充分挖掘和利用。这是我对传统文化思考的直接诱因,也是我研读"四书"等传统经典的直接原因。

三、对少数领导干部腐败根源问题的探究,是我研读"四书"的又一个重要因素

近年来,党员领导干部因腐败问题被查处的人数较之前些年,可以说有过之而无不及。这到底是什么原因导致的呢?应该说,经过多年来的实践和探索,监督的制度是越来越严密;近年来,党风廉政教育也越来越重视,"三讲"、"三个代表"、"先进性教育"等活动,一个接一个进行。为什么腐败的势头非但没有遏制,反而愈益严重?原因固然是多方面的,但有一点不容忽视,那就是一些干部没有文化根基,心中无所敬畏。西方国家科技非常发达,但很多人都有宗教信仰,即使是科学家,对神灵都有所敬畏。总体上看,中国是一个没有宗教传统的国家,中共党员不信教,一些党员学习马克思主义,又没有结合思想实际,没有做到真学真懂真信真用。中国古代士大夫从小读圣贤书,心中有所敬畏。《论语》中说:"君子有三畏:畏天命,畏大人,畏圣人之言。"(《季氏篇》)近代以来,对儒家传统文化经典的学习显然淡化、忽视了。《领导干部国学读本》前言中有一段精辟解析:"新中国成立后,我们国家在培养干部和管理人才的时候,有过教条地、片面地理解马列主义和毛泽东思想,将其与中国传统文化对立起来的一段时期。在砸烂孔家店的偏激思想指引下,我国传统文化中的一些精华、优秀部分被当作糟粕抛弃,这就使现代中国人包括领导干部的人文素养出现了断裂。""对马克思主义的学习理解也脱离了中国具体实际,尤其是中国传统文化"。正因如此,再加上法制不很健全,有一些人心中无所敬畏,行动上势必胆大妄为、胡作非为。违法乱纪、腐败堕落现象之严重也就可以想象了。所以,中央多次提出,要加强廉政文化建设。而要加强廉政文化建设,也不单是唱唱廉政歌曲就能解决问题的。弘扬中国优秀传统文化,无疑是解决问题的一个有效办法。

胡锦涛同志在讲到社会主义荣辱观、社会主义核心价值体系、和谐社会建设等时多次提到弘扬传统文化问题。特别是在党的十七大报告中,专门提出要"弘扬中华文化,建设中华民族共有精神家园",要求"全面认识祖国传统文化,取其精华,去其糟粕。使之与当代社会相适应,与现代社会相协调,保持民族性,体现时代性"。对这些话的学习与思考,使我认识到,中国优秀传统文化对于廉政文化建设、增强干部自律意识、预防贪污腐败,也是有其不可替代的作用的。这是我研读"四书"的又一个原因。

四、加深对马克思主义中国化理论成果的理解,是我研读"四书"的重要原因

马克思主义与中国优秀传统文化的结合,是马克思主义与中国具体实际相结合的重要方面。可以说,毛泽东思想本身就是马克思主义与中国优秀传统文化的完美结合,邓小平理论和"三个代表"重要思想同样是马克思主义与中国传统优秀文化的完美结合。比如,《江泽民文选》中就有大量关于中国传统文化的论述,就有大量古代诗文的直接引用。据不完全统计,《江泽民文选》中有73处引用了古代诗文。比如,在《建立稳固强大的财政》一文中,引用"生财有大道,生之者众,食之者寡,为之者急,用之者舒,则财恒足矣"来说明解决一些地方基层党政机关的冗员问题。2003年3月,温家宝同志在会见"两会"记者时,也引用这句话来说明精简机构、减少人员、减轻农民负担。这里引用的就是"四书"之一《大学》中的话。

党的十六大以来，以胡锦涛为总书记的党中央提出树立和落实科学发展观等一系列重大战略思想，既是对我国改革开放和现代化建设经验的总结，也是对中国优秀传统文化的继承和发展。以人为本，全面、协调、可持续发展；民主法治、公平正义、诚信友爱、安定有序、人与自然和谐相处以及以"八荣八耻"为主要内容的社会主义荣辱观，等等，都包含了中国传统文化关于天人合一、民为邦本、讲信修睦、先义后利等思想精华。胡锦涛同志在美国耶鲁大学演讲时，用如下一大段精彩的话来介绍中国优秀传统文化：

中华文明是世界古代文明中始终没有中断、延续五千多年的文明。中华民族在漫长的历史中形成的独具特色的文化传统，深深影响了古代中国，也深深影响了当代中国。现时代中国强调的以人为本、与时俱进、社会和谐、和平发展，既有着中华文明的深厚根基，又体现了时代发展的进步精神。

中华文明历来注重以民为本，尊重人的尊严和价值。早在千百年前，中国人就提出"民为邦本，本固邦宁"、"天地之间，莫贵于人"，强调要利民、裕民、养民、惠民。今天，我们坚持以人为本，就是要坚持发展为了人民、发展依靠人民、发展成果由人民共享，关注人的价值、权益和自由，关注人的生活质量、发展潜能和幸福指数，最终是为了实现人的全面发展。保障人民的生存权和发展权仍是中国的首要任务。我们将大力推动经济社会发展，依法保障人民享有自由、民主和人权，实现社会公平和正义，使13亿中国人民过上幸福生活。

中华文明历来注重自强不息，不断革故鼎新。"天行健，君子以自强不息"，这是中国的一句千年传世格言。中华民族所以能在五千多年的历史进程中生生不息、发展壮大，历经挫折而不屈,屡遭坎坷而不馁,靠的就是这样一种发愤图强、坚韧不拔、与时俱进的精神。中国人民在改革开放中表现出来的进取精神,在建设国家中焕发出来的创造热情,在克服前进道路上的各种困难中表现出来的顽强毅力,正是这种自强不息精神的生动写照。

中华文明历来注重社会和谐,强调团结互助。中国人早就提出"和为贵"的思想,追求天人和谐、人际和谐、身心和谐,向往"人人相亲,人人平等,天下为公"的理想社会。今天,中国提出构建和谐社会,就是要建设一个民主法治、公平正义、诚信友爱、充满活力、安定有序、人与自然和谐相处的社会,实现物质和精神、民主和法治、公平和效率、活力和秩序的有机统一。中国人民把维护民族团结作为自己义不容辞的职责,把维护国家主权和领土完整作为自己至高无上的使命。一切有利于民族团结和国家统一的行为,都会得到中国人民真诚的欢迎和拥护。一切有损于民族团结和国家统一的举动,都会遭到中国人民强烈的反对和抗争。

中华文明历来注重亲仁善邻,讲求和睦相处。中华民族历来爱好和平。中国人在对外关系中始终秉承"强不执弱"、"富不侮贫"的精神,主张"协和万邦"。中国人提倡"海纳百川,有容乃大",主张吸纳百家优长、兼集八方精义。今天,中国高举和平、发展、合作的旗帜,奉行独立自主的和平外交政策,坚定不移地走和平发展道路,既通过维护世界和平来发展自己,又通过自身的发展来促进世界和平。中国坚持实施互利共赢的对外开放战略,真诚希望同各国广泛开展合作,真诚希望兼收并蓄、博采各种文明之长,以合作谋和平、以合作促发展,推动建设一个持久和平、共同繁荣的和谐世界。

总之,我研读"四书",是由于工作的需要,是想换一个角度来思考干部的道德问题、党的组织文化建设问题、防治腐败问题，并不是突发奇想，或者到古文里去寻找什么寄托。正因为上述四个方面原因，我才开始研读"四书"，力求读通读熟"四书"，不仅把各书的每篇每章融会贯通起来思考，而且把四部书联系起来研读和思考，更重要的是，注意把古人的思想与我们今天的实际联系起来。我的做法是，在读"四书"等经典时，将与我们今天的一些科学理论联系起来，从而产生一种一脉相承的感受，而不是先学习科学理论再到古文里找例子来验证。这样可以从历史的、文化的角度，来理解马克思主义中国化的最新理论成果，增强贯彻落实的自觉意识和使命意识。

走进《论语》走近孔子

2005年以来,我利用业余时间,研读了《大学》、《中庸》、《论语》、《孟子》"四书",特别是对《论语》,我花费了近一年时间进行背诵,在熟读、背诵中不断加深理解。随着研读的深入,我越来越觉得《论语》作为一部国学经典,对我们今天如何为人处事,如何经商做生意,如何从政当公务员,如何从教做学问,都有着积极的借鉴意义。我深切体会到,要真正了解中国传统文化,真正了解儒家思想,必须研读《论语》,懂得孔子。任何一个人,如果没有研读过《论语》,就无法对儒家思想作出正确的评价,无论是肯定还是批评,都只能是无的放矢,更不要说对中国传统文化"吸取精华,剔除糟粕","批判地继承"了。所谓"研读",就是要真正"走进去",带着一颗虔诚崇敬的心,带着时代意识和问题,甚至是带着对人生的疑惑和迷惘,沉下心走进去。唯其如此,你才有可能走近孔子,领略孔子博大的情怀,得到圣人理性光辉的观照。

一、《论语》——一本国人必读的书

大凡经典,都是内容丰富、博大精深的,不同时代、不同民族、不同国籍的人,都会从中受到教益和启示,获得力量和智慧。《论语》就是这样一部经典。

第一,《论语》这部记录孔子及其弟子言行的语录体文集,乃是一部内在逻辑关系严密的国学经典。《论语》全书共20篇,21000多字。作为一本书,它字数不算多,篇幅不算长,但其内容却极为丰富,往往一句话就包含着十分深刻的内涵。而且每一篇、每一章之间都有一定的内在逻辑联系,并不是彼此胡乱拼凑、随意堆砌的。当然,其严密的逻辑联系,不是一眼就能看得出的,需要反复研读、细细体会才能领悟。

第二,《论语》这部对后世影响极其深远的传统经典,乃是一部体系开放、影响极其广泛的文化经典。《论语》讲为人处世的道理虽然十分丰富、深刻,但并不玄奥、晦涩,都是人们在日常生活中随时随地可能遇到的普通道理。正因如此,它历经两千多年,对世世代代的中国人产生了深远的影响。这种独具特色的文化传统,深深影响了古代中国,也深深影响着当代中国。同时,《论语》的思想还影响了世界上的儒家文化圈地区,比如日本、韩国、新加坡等。即使西方国家,也不同程度地受其影响。法国启蒙思想家伏尔泰等人就对孔子大加赞赏。近年来,包括西方在内的不少有识之士提出,科技越发展、知识越更新,就越需要传统的人文精神和伦理道德。据报载,1988年诺贝尔奖得主们在巴黎的例行聚会上,谈到21世纪人类需要什么思想时,几经斟酌之后的答案,正是孔子思想。而《论语》正是反映孔子思想的权威经典。

第三,《论语》以人为研究对象,是一部倡导积极用世的经典。马克思主义研究人的自由而全面的发展,对人类社会的蓝图有科学的预测和描绘。中国传统文化着重研究人的修养和人性的完善,着重从个体的仁义礼智信、温良恭俭让出发,由修身而齐家而治国而平天下,从而实现天下的治平。同时,儒家经典对人类社会的未来也有积极的憧憬。《礼记·礼运》就描绘了大同社会、小康社会的图景,具有原始的、朴素的社会主义色彩,这也是为什么中国人能在心理和情感上靠近和接受科学社会主义的一个重要原因。儒家文化注重以民为本,尊重人的尊严和价值。"民为邦本,本固邦宁""天地之间,莫贵于人",强调的都是利民、裕民、养民、惠民。今天,我们坚持以人为本,坚持发展为了人民、发展依靠人民、发展成果由人民共享,关注人的价值、权益和自由,关注人的生活质量、发展潜能和幸福指数,最终是为了实现人的全面发展。这些理论是对孔子思想的继承和发展。

第四,《论语》是一部具有很强实践性的经典,又是一部提供了世界观和方法论的经典。实践是马克思主义最鲜明、最突出的特点。中国传统文化尤其是儒学不是单纯的理论探讨,不是坐而论道、空谈心性的东西,而是要通过实践落实到行动中的。儒家学说以实践为特性,具有鲜明的实践特征。《光明日报》曾发表过北京大学哲学系教授楼宇烈先生的一篇文章,题为《中国儒学的实践性格》,专门阐述了这一观点。同时,《论语》中有许多关于人的世界观和方法论方面的阐述。比如,如何看待生与死,如何看待天命,如何看待贫富,如何把握分寸、讲究适度,等等,都在一定程度上体现了辩证唯物论和唯物辩证法的思想。

第五,《论语》是倡导和谐,又是对促进和谐、维护秩序提出了建设性意见的经典。中华文明历来注重社会和谐,强调团结互助。《论语》借有子之口提出了"礼之用,和为贵"的思想,体现了古人对天人和谐、人际和谐、身心和谐的追求和对人人相亲,人人平等,天下为公理想社会的向往。提出了不少追求人的心理和谐、人际关系和谐、人与自然和谐的方法,对于我们当今仍有积极的作用。今天,党和政府提出构建和谐社会,建设一个民主法治、公平正义、诚信友爱、充满活力、安定有序、人与自然和谐相处的社会,实现物质和精神、民主和法治、公平和效率、活力和秩序的有机统一。深入发掘《论语》等儒家经典中的和谐思想,也会有一定的参考、借鉴价值和意义。

总之,《论语》作为一部流传千年的经典,其强大的生命力和理性光辉是不言而喻的。虽然我认为"半部《论语》治天下"的话有些言过其实,甚至有些不合时宜,毕竟今天的社会与两千五百多年前相比,不知要复杂多少,政权的性质和治国理念发生了很大变化,不要说半部《论语》治不了天下,事实上也不可能存在一部包治天下的书。但是,我们绝不能据此就否定《论语》作为经典的价值。书中关于如何做人、如何交友、如何求学、如何从政和经商的论述,今天看来确实仍有重要的参考价值,对我们仍有很大的教益。

二、孔子——一个万世景仰的先师

少儿时代的我,受当时极"左"思想的影响,总认为孔子是没落奴隶主阶级的代表,满口之乎者也,令人生厌。后来,选读了《论语》中的一些篇章,认识到孔子是一个伟大的思想家、教育家和政治活动家,但仍将孔子定格为保守、呆板、迂腐的,是与市场经济观念格格不入的。熟读并背诵了《论语》后,方知过去的认识是多么幼稚、多么片面。

孔子不是神人、圣人,也不冷酷、呆板,更不迂腐、狭隘,而是古道热肠的性情中人。他评价自己,"若圣与仁,则吾岂敢?抑为之不厌,诲人不倦,则可谓云尔已矣"(《述而篇》),可见他很谦虚,并不以圣人自居。日常生活中,孔子也是挺幽默风趣的。有时他喜欢跟他的学生开开玩笑。比如,他到武城,听到弦歌之声,莞尔而笑,对当了武城长官的学生子游说:"割鸡焉用牛刀?"子游立即用孔子的教诲来反驳,"昔者偃也闻诸夫子曰：'君子学道则爱人，小人学道则易使也。'"《阳货篇》）这时孔子就自我解嘲地说：同学们，子游是对的，刚才我是在跟你们开玩笑呢。多幽默！再比如，他说子路弹瑟的水平不高，不像是出自他门下。这时他的一些学生对子路露出不敬的神情。孔子见状，马上又委婉地改口说，子路弹瑟的水平还是很不错的，只是还需要继续练习和提高。类似的例子，在《论语》中还有不少。

孔子是一个经历坎坷而又十分执著的人。他3岁丧父，10岁丧母，中年丧妻，老年丧子，人生的几大不幸他全遭遇了。早年受欺侮、受冷落、被蔑视，成人后虽然刻苦习礼，但仕途不顺。周游列国，历经磨难，有如丧家之犬，经历不可谓不坎坷。但孔子知其不可为而为之，执著追求清明政治，追求德政、克己复礼、追求个人修养。孔子很热爱生活，追求精致生活，"食不厌精，脍不厌细"（《乡党篇》）。自己从政虽仕途不顺，但却培养了不少政治人才。他好学，好仁，好德，好礼，好义，好勇，好直，好刚，一辈子"修己以敬"、"修己以安人"、"修己以安百姓"，执著地追求美德、追求理想。孔子严谨、好礼，但又不古板，不失幽默、诙谐。他"席不正，不坐"（《乡党篇》），"割不正，不食"（《乡党篇》），"非礼勿视，非礼勿听，非礼勿言，非礼勿动"（《颜渊篇》）。同时，孔子在家闲居时，又"申申如也，夭夭如也"（《述而篇》）。孔子是一个可敬可亲、可师可友的长者。

孔子是一个有政治抱负而没有政治包袱、有政治热情而非政治狂热、有政治智慧而不要政治手段的人。孔子一生奔波，周游列国，企望实现他的仁政理想。当子贡问他，现在有一块美玉，是把它藏在宝盒里还是拿去卖个好价钱时，孔子急切地说，"沽之哉！沽之哉！我待贾者也"（《子罕篇》）。同时孔子坚持政治理想，不苟且为官，顺应天命，孟子说孔子

"可以仕则仕,可以止则止,可以速则速,可以久则久",是"圣之时者"、"集大成者"。孔子是很有政治才能的。他在鲁国当过相当于今天司法部长的高官,很有政绩,曾使鲁国路不拾遗、夜不闭户,民风大有改进。他知道"文事需要武备",在同敌国谈判时,提出以军事力量作后盾,取得了很大的成功,体现了孔子务实、干练的政治才华和圆融的政治艺术。

孔子是一个和而不同、周而不比的人。他有原则,有信念,笃信好学,守死善道,但又不认死理,他擅长权变,讲究艺术。在为人的原则、大是大非问题上,他绝不含糊。虽然他渴望从政,希望在政治上能有所为,但如果"道不同",他就"不相为谋"。"卫灵公问阵",与孔子政见不同,"明日遂行";"齐人归女乐,季桓子受之,三日不朝"(《微子篇》),孔子十分失望,于是动身离开鲁国。孔子又是一个知进退、善权变的人,在一些非原则性问题上,能够适当作出让步。阳货要孔子出山帮助他,孔子不愿去。阳货是个政客,有政治手腕,他送一个烤乳猪给孔子,想这样逼讲究礼的孔子上门去见他。孔子还真有办法,他打听到阳货不在家时才去致谢。这些记载体现了孔子灵活变通的处事风格。所以,孔子并不是不谙世事、顽固迂腐的人,而是充满智慧、处事务实的智者。从孔子身上,确实能学到不少为人处世的方法。总之,孔子是一个令世世代代的中国人尤其是读书人景仰的万世师表,是一个值得我们纪念、缅怀、崇敬和学习、效仿的人。

经典《论语》 开卷有益

古今中外,书籍浩如烟海,特别是在当今这个科技迅猛发展、知识日新月异的时代,全世界每天都有大量新书问世。一个人要想读遍所有的书,是不可能的,正如庄子所说:"吾生也有涯,而知也无涯。"但有一些则是不同时代、不同民族、不同国家、不同职业的人都不可不读而又都在读的书。《论语》就是这样一本书。《论语》既是一本世世代代中国人一直在读的书,也是一本很多国家政要、知识精英、商界人士和普通平民都在读的书。

孔子被公认为世界十大文化名人之首,所以记录孔子言论的《论语》成为古今中外人士必读的一本书,也不奇怪。《论语》篇幅不算长,20篇,21000多字。作为一部流传两千多年的经典,一部儒家文化的源头经典,在今天这样一个科技迅猛发展的时代,我们研读它有没有益处?有什么益处?据我的体会,不论男女老少,不论从事何种职业,如果用心地读一读《论语》,一定会开卷有益。而且得结合亲身经历"用心"去读,且一定要读原文,切不可仅仅看别人的评论,嚼别人嚼过的馍。

如果对《论语》细加品味,至少能获取以下三个方面益处。

益处一:读《论语》,可以减轻一些烦恼,获得心灵的平和宁静。任何一个人,在生活中难免会遇到不如意的事,总会有苦恼、有忧愁。这些苦恼和忧愁,会让你焦躁不安,会使你感到沮丧,会损害你的健康。读读《论语》,你会消除一些不愉快,减轻一些苦恼,你的心境会趋于平静。当你为孩子的成绩不理想、或者人际关系不融洽、或者没有及时得到提拔、或者做生意没有赚到大钱而烦恼时,想想孔子"仁者不忧"的教诲,你会"为明天着想"而不是"为明天着急",心里便轻松一些、豁达一些、开朗一些;当你因为别人的不理解而生气时,想想孔子"人不知,而不愠,不亦君子乎"、"不患人之不己知,患不知人也"的宽慰话语,你的怨气就会减少些。甚至,当你经济拮据,生活困窘,而经过努力仍难以改变时,你用"君子固穷"、"贫贱不能移"来宽慰自己,内心的焦躁不安多少会减少一些。

益处二:读《论语》,可以获得启示、学到智慧。在生活中,常常会遇到一些困惑的事、棘手的事。读《论语》可以帮你消除疑虑,帮你找到解决难题的方法。你新到一个单位,对工作满腔热情,一下子给领导提了不少意见和建议,但是领导没有采纳。你一定百思不得其解,会埋怨领导不重视你。如果你读了《论语》,看到"信而后谏;未信,则以为谤己也"(《子张篇》)这句话时,你可能找到了原因:你新到一个单位,领导对你还不了解,还不够信任,你一下子提了许多意见和建议,领导不说你狂妄自大、自以为是,就已经很幸运了。设身处地地想想,你也会觉得自己有些操之过急了。劝谏朋友也是如此,需要注意场合与分寸,俗话说,"热心肠一副,温柔两片,说理三分",如果"言未及之而言",就过于急躁;如果"不见颜色而言",损害了友情、伤了和气,那样于事无补,就不值得了。作为下属,你对领导很尊重,协助领导做了许多工作,别人却讽刺你拍马屁,你会怎么办?孔子告诉你,"事君尽礼,人以为谄也"(《八佾篇》),意思是服从领导安排,做好下属应该做的工作,别人以为你谄媚,这是常有的事,并不奇怪,你大可不必在意。只要你尽职尽责,尽好自己的本分,人们自然会理解你。如果你是领导,在处理复杂问题时,你提出了一整套方案,但却未能得到认可和实施,你一定十分恼火。读读《论语》,想想"中庸之为德,其至矣乎"的道理,你会豁然开朗:解决复杂问题,要选择最佳方案,让各方面的人都能接受。

益处三:再往高处说,读《论语》可以拓宽视野,帮你从历史和哲学的角度,加深对科学发展观的理解。科学发展观是中国特色社会主义理论的重要组成部分,是马克思主义中国化的最新理论成果,是关于发展问题的世界观和方法论,反映了时代发展的新特征,同时也是对中国优秀传统文化中合理成分、精华内容的继承和发展。孔子曾说过:"富与贵,是人之所欲也;不以其道得之,不处也。贫与贱,是人之所恶也;不以其道得之,不去也。"(《里仁篇》)这段话表明,两千多年前的孔子并不否定追求物质财富、物质利益,而是肯定追求富贵,摆脱贫穷,渴望过上富足充裕、幸福美好的生活,是人的本性,是人类的共同理想、共同愿望,也是人类社会不断发展、不断进步的动力。《论语》第十三篇《子路篇》记载:"子夏为莒父宰,问政。子曰:无欲速,无见小利。欲速,则不达,见小利,则大事不成。"任何事物都有其自身的发展规律,经济发展同样有其规律。科学发展要尊重、遵循客观规律,而不能违背经济发展规律,不能一味图快、急功近利。经济发展的速度要与效益、质量相统一、相协调。《论语》还记载孔子"钓而不纲,弋不射宿"(《述而篇》),是说孔子捕鱼而不一网打尽,不在飞鸟栖息时赶尽杀绝,强调的是要处理好资源开发、利用与保护的关系,不能竭泽而渔、杀鸡取卵,说的正是可持续发展问题。《论语》中记载孔子说的话,从政要对民"富之、教之",意思是让老百姓富裕起来,丰衣足食,同时进行教化,使其懂得礼。这种富而后教的思想,对我们今天全面建设小康社会也很有启示:执政掌权,要大力发展经济,坚持和落实发展这个第一要务,大大增加群众的物质财富,不断提高人民群众的物质生活质量,使人民群众在衣食用行住等方面的生活不断改善。同时,要大力发展教育、卫生、文化事业,切实加强精神文明建设,既要满足人民群众的基本文化需求,又要提高文化层次,提高思想道德水平,实现人的全面发展。这些论述对我们加深以科学发展观的理解,应该是很有益处的。

总之,《论语》中没有那些大而空的说教,没有高不可及、深不可测的道理,有的是那些通俗易懂易解的道理。孔子犹如一位仁厚的长者,在向我们讲述生活中的常识,讲一些为人处世的浅显事理。经常读《论语》,真的受益无穷。

经典《论语》,开卷有益。

背《论语》与正学风

前一阵子,一位我很敬仰的领导,告诉我一位哲人说过的哲言:书不是读出来,而是背出来的。话很通俗、朴实,含义却极丰富、深刻,实际上讲了学风问题。在当今这个急功近利的年代,能静下心来读点书,已很不易,更别说去背了。因此,培养勤奋好学的良好学风可从背经典、背名著入手。"书是背出来的",包含了以下几层意思:首先是强调要重视读书,不读书就谈不上背书;其次是要读好书,一本值得读、值得背的书,理应是一本好书;再次是要多读、精读、深读,书读百遍,其义自见,一本书读了上百遍,又了解它的含义,还能不会背吗?还有读书背书,最重要的是学用结合,学以致用。否则,死记硬背是毫无意义的。"书不是读出来,而是背出来的",这句话给人以很大的启示,也给我很大鼓舞。

2009年年初,我在背熟《大学》、《中庸》之后,开始背诵《论语》。每天早上,花一个半小时,背上三四章。为了在理解的基础上记忆,我找了不少《论语》译注方面的书来看,比如朱熹的《论语集注》、张居正的《论语别裁》、南怀瑾的《论语别裁》、李泽厚的《论语今读》、安德义的《论语说解》,等等。通过几个月的努力,20篇的《论语》,我算是读通读熟,而且基本会背了。

花这么大工夫背《论语》,开始我是十分犹豫的,别人也不理解。在进入高科技时代的21世纪,我却在背两千多年前的古文,是不是太不合时宜了?不过,当读熟、背会了《论语》全书后,我感到,花了一百多个早晨来做这件事,还是挺值得的。一些有识之士认为,越是科技发展、越是知识更新,就越需要传统的人文精神和伦理道德。据报载,1988年,诺贝尔奖得主们在巴黎举行例行聚会,会上,当谈到21世纪人类需要什么思想时,他们几经斟酌后给出的答案,是孔子的思想。孔子的思想主要体现在《论语》中。只有在对全书认真研读甚至背诵后才能真正体会、领悟其真谛。

第一,熟读和背会《论语》,才能系统掌握全书。我们常说,书要精读。特别是对经典,只有深读、熟读,才能掌握其要领、领会其精髓、把握其体系。《论语》就是一部值得熟背而不只是一般泛读的经典。只有背熟,才能真正理解、领会,才能融会贯通,才不至于寻章摘句、断章取义。

《论语》的内容极为丰富,而且每一篇、每一章之间也都有内在的逻辑联系,它们不是彼此胡乱拼凑、随意堆砌的一段段语录。如果你只是泛泛地读,它们不是熟读成诵,那就很难找到它们之间内在的逻辑关系,就难以真正把握全书的主旨,就只能如盲人摸象,不得要领,甚至以为前后矛盾。事实上,正如书中所说,孔子的思想是"一以贯之"的。对于同一个问题,孔子虽然对于不同身份、不同个性的人作出过不完全相同的回答,但其中心意思是一致的。比如,《论语》中有多处讲到"仁",跟子路讲的"仁"与跟樊迟讲的"仁",表面上意思不一样。但当你熟读、背会了全书,你就能理解"仁"的真正意思,那就是:"己所不欲,勿施于人","己欲立而立人,己欲达而达人"。

第二,熟读和背会《论语》,才能真正了解孔子。孔子本来是一个平常而不平凡的人,一个内心世界非常丰富而又很务实的人。几千年来,封建统治者神化了孔子,赋予了他太多的符号意义。我以为,要真正了解孔子,还是要"听其言、观其行",深入研读记录其言行的《论语》。只有如此,才不至于人云亦云。比如,我们历来讲中国儒家文化"重义轻利",从而影响了经济发展。孔子不讲物质利益吗?非也!孔子并非不讲物质利益,而是重义不轻利。他说:"富与贵,是人之所欲也;不以其道得之,不处也。贫与贱,是人之所恶也;不以其道得之,不去也。"(《里仁篇》)孔子讲的是要用正当的手段追求物质利益,反对通过不正当的手段脱贫致富。所以,我们既要看到孔子说过"不义而富且贵,于我如浮云"(《述而篇》);也要看到他曾说过,"富而可求也,虽执鞭之士,吾亦为之"(《述而篇》),那意思是,为了过上富足的生活,即使是替人牵马、端盘洗碗、掏大粪扫大街之类粗活,只要合法正当、不悖情理,都可以去干。孔子还肯定子贡善于从商"而货殖焉,亿则屡中"(《先进篇》)。可见,《论语》中的义利观与现代市场经济并不矛盾。难怪被誉为"日本企业之父"和"日本现代文明创始者"的涩泽荣一,把《论语》与算盘有机地结合起来,提出了"《论语》与算盘"的儒家式经营理论,为儒家文化在现代的转化与复兴提供了有力见证。

第三,下气力背《论语》,对于克服浮躁学风、磨炼性子、养成良好的学风有积极意义。读书如果走马观花、浅尝辄止,就如同入宝山而不识宝。我们的古人是重视经典研读和背诵的。现代社会,科技迅猛发展,知识更新加快,每本书都精读既不可能也没必要,因此要处理好知识的广博与精深的关系。对于经典著作,还是需要精读、深读,以至于背诵的。当今时代,人们越来越浮躁,有的人嫌麻烦不重视读原著,只看别人的阐述;有的人只是泛泛地读一读就进行评论,或者简单地肯定和赞美,或者简单地批评和否定。就拿《论语》来说，有的人甚至一遍没读完，就批评其思想保守、缺少创新；也有的人只是随意翻一翻，就又对其言不及义地大加赞赏。这些都不是正确的态度。背《论语》，深化了我对如何读书、如何培养良好学风等问题的认识，那就是一定要重视读原著，对经典著作尤其要认真研读，精读、深读、熟读，以至能熟背。此外，在背《论语》的过程中，我还得到一点启示，那就是，读书学习不要有畏难情绪，只要持之以恒，就会有成效。开始背《论语》时，看到文章那么长，又不好懂，真有些害怕，心想，这要背到哪年哪月？但还是咬咬牙，开始了这项"浩大的工程"，每天背三四章，近百个字。没想到，坚持一段时间下来，还真有了一些积累。于是，更有了信心。慢慢地，还摸索出一些窍门。其实，不论干什么事，只要坚持，日积月累，就一定能取得效果。背《论语》，既锤炼了我的意志，也增强了我的毅力。

当然，对于《论语》这样的经典著作，光会背是很不够的，死记硬背同样不是正确的态度和良好的学风。记和背只是打基础，关键是要理解、要领悟，更要结合实际进行思考、运用，还要取其精华、去其糟粕。事实上，不仅是《论语》，任何经典作品，尤其是当代体现马克思主义中国化最新理论成果的重要文献，更重要的在于学以致用，用有所成。

(本文原载《宣城论坛》2007年第4期，收入本书时作了部分改动)

我们今天怎样用《论语》

2007年12月26日凌晨,我从梦中醒来。我梦见,在一个文化沙龙中,一位老领导执意要我讲点什么。我不假思索地说,那我讲讲《论语》,讲讲当今如何用《论语》。于是,我讲了《论语》之可以用于修身、用于齐家、用于治国平天下。从梦中醒来,我感到自己有些可笑,竟然梦到"如何用《论语》"这样高深的问题。看来,我研读《论语》是真有点入迷了。转而一想,又觉得这真是一个不错的话题,便继续思考起来。

党的十七大报告指出:要加强中华民族传统文化教育,利用民族文化丰富资源。过去,我们更多的是谈论如何读《论语》、研究《论语》、如何批判地继承《论语》中的思想,而对于如何"用"《论语》,似乎讲得不多。《论语》作为一部流传两千多年的经典,在我们今天这样一个科技迅猛发展的时代还有没有用?有什么作用?我们又该如何去使用?我个人认为,《论语》的用处实在太大。我们一定要充分利用,学习之,活用之。读书明理,读书的目的是为了使用,我们常说"学以致用",还说"古为今用"、"洋为中用",都是说使用。如果我们不去用它,而只是停留在对其字句的研究上,就会如《论语》中说的那样:"诵诗三百,授之以政,不达;使于四方,不能专对,虽多,亦奚以为?"(《子路篇》)事实上,《论语》对于我们每个人的生活、工作,对于修身、齐家、治国、平天下,对于从政、经商、教育、军事、外交等,都很有借鉴作用。

这天傍晚散步时,我把想法告诉了一位老朋友,他立即表示赞同,说这肯定是一个很有意义的话题。他还说,《论语》就像一位慈祥的老人牵着我们的手在向我们讲做人处事的道理。的确,《论语》不是呆板的条文,它与我们日常的工作、生活联系非常密切,而且对我们日常工作、生活也非常有用。北京大学教授袁行霈先生写过一篇《国学有什么用》的文章,发表在《人民日报》上。文章开头就单刀直入地说,"经常有人问我:国学有什么用? 要说没用也真没用,既不能当饭吃,也不教人投资赚钱。但其精华部分能丰富我们的精神世界,增强民族的凝聚力,协调人和自然的关系,能使人把自己掌握的技术用到造福于人类的正道上来。这就是国学无用之大用。"《论语》作为最重要的国学经典,虽然产生的时代与当今相隔两千多年,但却能流传下来,说明其有不朽的魅力。说《论语》是一个思想宝库丝毫不为过,说其是人生的教科书,也不为过。不论是商人、学者还是官员,都可以从《论语》中获得教益和启示。对于《论语》学习者而言,关键是要全面、正确地认识其作用,赋予其时代意义,并结合实际加以正确运用。

那么,《论语》到底有什么用? 从人的活动的不同层次看,《论语》可用于谋生、修身、齐家、治国、平天下;从人的活动的不同类型看,《论语》可用于交友、从政、经商、教育、军事、外交,等等。

一、从人的活动的不同层次分析

第一,《论语》可用于谋生。确实,《论语》没有教人如何炒股票、买基金,但其对谋生就业道理的讲述还是不少的。比如,《论语》说:"富而可求也,虽执鞭之士,吾亦为之;如不可求,从吾所好。"(《述而篇》)意思是说,富裕若能求得,即使是下贱的差事,我也会做;如果不能求得,就依从我所喜好的吧。用今天的话说,就是为了谋生,即使是替人牵马、端盘洗碗、掏大粪扫大街等粗活,只要合法正当、不悖情理、不失人格,都可以去干、应该去干。对于不同的行业,孔子并没有厚此薄彼,他认为任何职业都是平等的。他本人就是"少也贱,故多能鄙事"(《子罕篇》)。他肯定子贡"而货殖焉,亿则屡中"(《先进篇》),说明他并不反对做生意。他也不反对从事农业生产,这从他肯定"禹稷躬稼而有天下"(《宪问篇》)可以看出。过去常以"樊迟请学稼"一事来批判孔子轻视农业劳动。"樊迟请学稼。子曰:'吾不如老农。'请学为圃。曰:'吾不如老圃。'樊迟出。子曰:小人哉,樊须也"(《子路篇》)。以前认为孔子骂樊迟请求学稼、学圃是小人。其实这里的"小人",是小伙子的意思,是说樊迟这个小伙子,真不懂事,竟然向我学稼、学圃,这不是为难我吗?真以为我什么都懂呵,应该向老农、老圃学才对呀。联系《论语》全书来理解,这句话讲的是:孔子认为,在农事方面,他不如老农、老圃,樊迟要学稼、学圃,应该向老农、老圃这些懂行的土专家学。可见,孔子并不反对学农事。当然他也认为,由于社会分工的需要,并不是每个人都须学农事知识,谋生并不是学农事一条路。

孔子关于谋生的这些思想,对当代大学生树立正确的就业观不无启示。当前,我们国家就业压力大,尤其是大学毕业生,不再是天之骄子,不能像计划经济时代那样,一毕业就由国家负责分配工作,而要自己寻找、谋取职业。在择业时,大学生要有孔子这种职业不分高低贵贱的观念,不应该有过高的期望值,不能高不成、低不就。而要先就业再创业,可以考虑到基层、到艰苦的地方去经受锻炼、增长才干。工作是没有贵贱的,三百六十行,行行出状元,只要用心和坚持不懈,任何一个工作都能取得不凡的成绩。袁隆平终生研究水稻,大大提高了水稻的产量,为人类粮食问题的解决作出了杰出贡献,获得了国家最高科学奖。这是最典型的例子。

孔子认为学习谋生不仅要找对老师,而且要有正确的态度。"子张学干禄。子曰:'多闻阙疑,慎言其余,则寡尤;多见阙殆,慎行其余,则寡悔。言寡尤,行寡悔,禄在其中矣'"(《为政篇》)。意思是说学习本领时,要有谦虚的态度,多看多听,谨言慎行,才能学到真本事。如果不明白道理,就会"耕也,馁在其中矣"(《卫灵公篇》);而虚心学习,掌握了道理,就会"学也,禄在其中矣"(《卫灵公篇》)。所以孔子说,"君子谋道不谋食"(《卫灵公篇》),"忧道不忧贫"(《卫灵公篇》),说的都是年轻人要谦虚谨慎、勤奋好问多思,而不能自以为是,好高骛远,华而不实。

第二,《论语》可用于修身。《大学》中说,"自天子以至于庶人,壹是皆以修身为本",修身然后可以齐家、治国、平天下,身不修,不可以齐其家,也就不可以治国平天下。所以,儒家十分重视修身。至于如何修身,《论语》中有大量的论述,《论语》可谓是最好的修身教科书。"子路问君子。子曰:'修己以敬。'曰:'如斯而已乎?'曰:'修己以安人。'曰:'如斯而已乎?'曰:'修己以安百姓。修己以安百姓,尧舜其犹病诸?'"(《宪问篇》)"曾子曰:'吾日三省吾身:为人谋而不忠乎?与朋友交而不信乎?传不习乎?'"(《学而篇》)

如何修身?一要终身学习。《为政篇》第四章阐述了孔子一生的学习经历:"吾十有五而志于学,三十而立,四十而不惑,五十而知天命,六十而耳顺,七十而从心所欲,不逾矩。"今天我们无论是从政当公务员,还是经商做生意、从教做学问,肩负的责任越重、工作越复杂,越要坚持学习,不断提高修养。尤其是当领导的,平时更要多听多看多了解情况,谨言慎行,不做错误决策,不留后遗症。二要及时改过。如何对待过错,尤其是当别人指出自己的过错时应如何对待,其所展现的是一个人的修养。孔子赞扬颜回"不迁怒,不贰过",意思是说从政者要尽量避免工作失误,力求少犯错误、不犯错误,特别是不重犯错误;一旦工作出现失误,要勇于承担责任,绝不迁怒于人。孔子听到别人对自己的批评时感到很庆幸,"丘也幸,苟有过,人必知之"(《述而篇》);他说,"过而不改,是为过也",一个人有了过错不改,那是真正的过错。所以修身特别要有这种闻过则喜的胸怀和知错就改的勇气。我们共产党人是为人民服务的,有了缺点,我们不要怕别人批评指出,更要有为人民利益坚持真理,改正错误的勇气。三要努力成为德才兼备的君子。《论语》中多处提到君子,他们或者指有德有位的人,或者指有德但无位的人。如,"君子周而不比"(《为政篇》),"君子矜而不争,群而不党"(《卫灵公篇》),"君子和而不同"(《子路篇》),"君子先行其言而后从之"(《为政篇》),"君子思不出其位"(《宪问篇》),等等。《为政篇》中,有"子曰:君子不器"一章。意思是君子应该是全才通才,是复合型人才。今天的领导者既要懂业务,又要懂管理;既要懂经济、懂科技、懂法律,又要懂文化、懂历史、懂人文知识,要有合理的知识结构和较宽的知识面。

第三,《论语》可用于齐家。《大学》中说:"其家不可教而能教人者,无之。故君子不出家而成教于国","一家仁,一国兴仁;一家让,一国兴让"。封建宗法制社会早已成为历史,当今社会,家庭结构发生了很大的变化,四代五代同堂、兄弟姐妹妯娌众多的大家庭已经难得见到。但家庭是社会的细胞,家庭和睦,社会才能和谐;家庭兴旺,国家才能兴盛,这样的道理没有变;管不好家就很难管好一个单位、一个地方、一个国家的道理也没有变。我们常说,从一个干部的家风可以看出其品德、能力、形象，可见，齐家与治国并不是没有关系。《论语》没有专门篇章讲齐家问题，但讲齐家的道理却不少。《论语》对齐家道理的阐述至少体现在以下几个方面：

一是强调齐家以孝悌为本。第一篇第二章就借有子之口说："其为人也孝弟，而好犯上者，鲜矣；不好犯上，而好作乱者，未之有也。君子务本，本立而道生。孝弟也者，其为仁之本与？"（《学而篇》）孝悌是做人的根本，也是齐家的根本。孔子说，"弟子，入则孝，出则悌，谨而信，泛爱众，而亲仁。行有余力，则以学文"（《学而篇》），"出则事公卿，入则事父兄"（《子罕篇》）。至于什么是孝，《论语》中有不少的论述，孔子说，"事父母几谏，见志不从，又敬不违，劳而不怨"，"父母在，不远游，游必有方"，"父母之年，不可不知也。一则以喜，一则以忧"（《里仁篇》）。对于孟懿子、孟武伯、子游、子夏等的问孝，孔子都给予了不同的解释，但总的意思是，孝就是不仅要在物质上赡养父母，而且要在精神上给他们以慰藉，神情上敬重，要"事之以礼"、和颜悦色。

二是强调齐家要勤俭。孔子肯定君子，"食无求饱，居无求安，敏于事而慎于言"（《学而篇》）；奢侈和过于节俭都不好，但奢侈更坏（子曰：奢则不逊，俭则固。与其不逊也，宁固）；要正确看待富贵，通过正当手段追求富贵（子曰：富与贵，是人之所欲也；不以其道得之，不处也。贫与贱，是人之所恶也；不以其道得之，不去也）；他肯定子贡"贫而无谄，富而无骄"（《学而篇》），认为"贫而乐，富而好礼"（《学而篇》）的境界更高；他特别欣赏"一箪食，一瓢饮，在陋巷"（《雍也篇》）而不改其乐的颜回；也欣赏"衣敝缊袍，与衣狐貉者立，而不耻"（《子罕篇》）的子路，由此可知，孔子日常家居生活是有操守的。

三是强调要以诚挚的态度处事。孔子主张表里如一、心口如一。比如祭祀,孔子强调"祭如在,祭神如神在。子曰:'吾不与祭,如不祭'"(《八佾篇》)。古代社会对祭祀十分重视,但有不少人只是做做样子,心不在焉。孔子却不同,他在祭神时,就好像神就在跟前一样,表现出一种诚挚的感情。不仅如此,他认为为礼要敬,如果"为礼不敬,临丧不哀",这样的人是无所可取的。即便是对待借贷这样的事,他也认为自己有条件就借给别人,所谓"有马者借人乘之";如果自己没有条件,就不要打肿脸充胖子;所以孔子认为微生高并不直率,因为有人向他借醋,他却向邻居要来给他。

四是要有正确的婚恋观、法制观。孔子选女婿、侄女婿就体现了这种态度。《论语·公冶长篇》中说:公冶长虽然被投入监狱,但孔子认为,事出有因,并不是他的罪过,所以仍然把自己的女儿嫁给公冶长为妻。还有南容这个人,品德很好,当政治腐败时,他不同流合污,也不鲁莽行事,而是审时度势,作出正确选择,因而也能避免灾祸,所以孔子把侄女儿嫁给南容为妻。从《论语》的这些记载可以看出,孔子选择女婿、侄女婿是很注重品德和能力的,而不是看人一时的境遇和荣辱。这种婚恋观是值得借鉴的。

孔子还认为,在家庭生活中,不能越礼胡作非为、胆大妄为。他批评谓季氏"八佾舞于庭",批评"三家者以雍彻"(《八佾篇》),实际上是说一个家庭即使有钱有势,也不可以太张狂,等等。

此外,孔子也是很人性化、很务实的。当家中人犯有过错甚至是违法犯罪时,他认为应给他改过自新的机会,晓之以理、动之以情、导之以行,最好劝他自首,而不是即刻到司法机关举报,把其逼上绝路。孔子认为这样做效果更好,因而也是正确的做法(叶公语孔子曰:"吾党有直躬者,其父攘羊,而子证之。"孔子曰:"吾党之直者异于是。父为子隐,子为父隐,直在其中矣")。

当然,孔子的家居生活也讲究愉悦、轻松、精细。"子之燕居,申申如也,夭夭如也"(《述而篇》)。多么惬意!他对衣食虽不讲究,但求舒适、精致。穿衣注意颜色搭配、长短适宜、和环境氛围相协调,"君子不以绀緅饰,红紫不以为亵服","缁衣,羔裘;素衣,麑裘;黄衣,狐裘","亵裘长,短右袂;必有寝衣,长一身有半。狐貉之厚以居"(《乡党篇》)。在饮食方面,孔子同样比较讲究,"食不厌精,脍不厌细。食饐而餲,鱼馁而肉败,不食。色恶,不食。臭恶,不食。失饪,不食。不时,不食。割不正,不食。不得其酱,不食。肉虽多,不使胜食气。唯酒无量,不及乱。沽酒市脯不食。不撤姜食,不多食。祭于公,不宿肉。祭肉不出三日。出三日,不食之矣"(《乡党篇》)。由此可知,孔子对于饮食是很注重卫生、科学、适度的,体现了孔子既积极乐观、爱惜身体又节俭务实的人生态度,对今天一些放纵欲望、"宁可伤身体,不愿伤感情"的人,具有警示作用。

第四,《论语》可用于治国平天下。《论语》中包含有许多治国理政的理论,今天看来,仍然很有价值。孔子说:"能以礼让为国乎,何有?不能以礼让为国,如礼何?"(《里仁篇》)这里的礼,有礼法和礼仪、礼节两层意思,即:一方面强调依法治国,一方面强调精神文明建设,强调以德治国。意思是:从这两个方面进行治国,会有什么问题?相反,不从这两个方面去努力,怎能治理好国家?孔子又说:"道千乘之国,敬事而信,节用而爱人,使民以时。"(《学而篇》)领导治理国家,要敬业,讲诚信,提倡节俭,反对铺张浪费,要心系百姓,亲民爱民,关注民生。这些原则在今天看来,仍然是非常正确的。当颜渊问如何治理国家时,孔子说,要"行夏之时,乘殷之辂,服周之冕,乐则韶武。放郑声,远佞人"(《卫灵公篇》),意思是要以史为鉴,要崇尚健康和积极向上的风气,坚持德才兼备、以德为先,远离奸佞小人。

《论语》最后一篇集中讲了治国的道理。"尧曰:'咨!尔舜!天之历数在尔躬,允执其中。四海困穷,天禄永终。'舜亦以命禹。曰:'予小子履敢用玄牡,敢昭告于皇皇后帝:有罪不敢赦,帝臣不蔽,简在帝心。朕躬有罪,无以万方;万方有罪,罪在朕躬。'周有大赉,善人是富。'虽有周亲,不如仁人。百姓有过,在予一人。'谨权量,审法度,修废官,四方之政行焉。兴灭国,继绝世,举逸民,天下之民归心焉。所重:民、食、丧、祭。宽则得众,信则民任焉,敏则有功,公则说"(《尧曰篇》)。这一段话主要讲了三个方面的道理:一是治国要公正,允执允公。公平正义是文明社会的标志,也是人类的不懈追求。二是要有强烈的责任心和使命感,要有担当,敢于承担责任。当自然灾害降临时,要能深入到群众中去帮助群众。三是要健全法律制度,选贤任能,让百姓休养生息。这些都是治国的正确道理。

二、从人的活动的不同类型分析

第一,用《论语》于处人交友。一要广泛交友。"子夏之门人问交于子张。子张曰:'子夏云何?'对曰:'子夏曰:"可者与之,其不可者拒之。"'子张曰:'异乎吾所闻。君子尊贤而容众,嘉善而矜不能。我之大贤与,于人何所不容?我之不贤与,人将拒我,如之何其拒人也?'"(《子张篇》)子张的意思是,要广泛结交朋友,尊重贤者,包容普通人,尤其是有缺点、有过错、不如自己的人;赞扬良善的人,教导和挽救有过错的人。孔子喜欢结交朋友,他说"有朋自远方来,不亦乐乎"、"君子乐多贤友"!

二要慎重择友。"子贡问为仁。子曰:'工欲善其事,必先利其器。居是邦也,事其大夫之贤者,友其士之仁者。'"(《卫灵公篇》)广泛交友与慎重交友并不矛盾,广泛交友是说不要自我封闭、目中无人、自命清高,各方面朋友都要结交,但是,要重点结交贤者、仁者。我们常说近朱者赤、近墨者黑。尤其是从政当领导的,不能"傍大款"、"傍大腕",而要多与基层干部、群众交朋友,多与专家、学者交朋友。孔子还说:"益者三友,损者三友。友直,友谅,友多闻,益也;友便辟,友善柔,友便佞,损也。"(《季氏篇》)都是说交不同的朋友,或益或损,对自己的影响不同。

三要真诚待友。"子贡问友。子曰:忠告而善道之,不可则止,毋自辱焉"(《颜渊篇》)。对待朋友,要及时给予忠告,同时要讲究场合、方法和把握好分寸,以达到预期效果。要在取得朋友信任之后再进行劝诫,"信而后谏;未信,则以为谤己也"(《子张篇》)。

第二,用《论语》于从政。《论语》中有大量关于从政问题的论述,最重要的是强调"为政以德"。《论语》围绕"为政以德",讲了很多从政的道理。

首先,为政要爱民富民教民。富民教民,就是要使老百姓"仓廪足,知礼仪",就是要不断满足人民群众日益增长的物质文化需要。《子路篇》第九章讨论了这个问题。"子适卫,冉有仆。子曰:'庶矣哉。'冉有曰:'既庶矣,又何加焉?'曰:'富之。'曰:'既富矣,又何加焉?'曰:'教之。'"《论语》最后一篇《尧曰》第二章也讲了这个问题。当子张问孔子如何才能从政时,孔子说,"尊五美,屏四恶",就可以从政了。所谓"五美",就是"惠而不费,劳而不怨,欲而不贪,泰而不骄,威而不猛"(《尧曰篇》)。孔子这样解释五句话的意思:"君子因民之所利而利之";"择可劳而劳之";"欲仁而得仁";"无众寡,无小大,无敢慢";"正其衣冠,尊其瞻视,俨然人望而畏之"。对"四恶",孔子的解释是:"不教而杀谓之虐;不戒视成谓之暴;慢令致期谓之贼;犹之与人也;出纳之吝谓之有司。"这些话的中心意思就是说为政要富民、利民、惠民、教民。

其次,为政要忠信、敬业。忠,古代是指忠君,今天可以理解为忠于党、忠于国家、忠于人民,体现为自觉服从组织安排,认真执行党和政府的方针政策以及上级党委政府的指示。信,主要是讲领导干部向群众作出的承诺要如期兑现,不能敷衍、哄骗群众,也不能欺瞒组织和领导。制定政策要经过深入调研,经过专家论证,保证切实可行,而不能朝令夕改,半途而废,失信于民。当子贡向孔子请教如何从政时,孔子说要"居之无倦,行之以忠"(《颜渊篇》);子张问从政的品行时,孔子说要"言忠信,行笃敬"(《卫灵公篇》)。怎样算得上"忠"?孔子说,要像令尹子文那样,三次当令尹,没有得意、骄矜之喜色;三次被免令尹,也不愠怒、愤恨;更为可贵的是要能做到"旧令尹之政,必以告新令尹"(《公冶长篇》)。至于信,孔子说得更直接:"人而无信,不知其可。"可见,忠信是从政的重要品德。

为政当勤勉敬业。做公务员、当领导干部要认真对待本职工作,不能"饱食终日,无所用心"(《阳货篇》),也不能"群居终日,言不及义"(《卫灵公篇》)。一项工作来了,要慎重对待、考虑周全,多问几个"为什么"、"怎么做"。如果不多问几个"如之何、如之何",不考虑解决问题的预案,就糊里糊涂拍脑袋草率决策,势必造成恶果。孔子举例说,郑国发布政令,十分慎重,要经过很多程序:"裨谌草创之,世叔讨论之,行人子羽修饰之,东里子产润色之。"(《宪问篇》)孔子认为,从政要循序渐进,有始有终,不能急功近利,"无欲速,无见小利"(《子路篇》),因为"欲速,则不达;见小利,则大事不成"(《子路篇》)。领导者要"先之,劳之,无倦",率先垂范,发挥表率作用；要重视队伍建设，教育引导部下勤勉敬业，锐意进取，并且做到持之以恒，一以贯之，永不懈怠。

再次，为政要重视人才，正确选人用人，从政者要身正、公正。"为政以德，譬如北辰，居其所而众星共之"（《为政篇》），如果从政者道德高尚，就能吸引人、凝聚人、团结人，干成大事业。同时，为政之德还要通过有德之人带动、影响百姓。

为政必知人才宝贵。当仲弓问孔子应如何从政时，孔子回答："先有司，赦小过，举贤才"（《子路篇》），就是要合理设置职位，把人才放到合适的岗位上；要宽容小的过错，大力举荐贤能之才，不求全责备，"薄责于人"而"无求备于一人"（《微子篇》）；重用那些"可以托六尺之孤，可以寄百里之命，临大节而不可夺也"（《泰伯篇》）的忠良之才，重用那些"行己有耻，使于四方，不辱君命"（《子路篇》）的人才，重用那些"宗族称孝焉，乡党称弟焉"（《子路篇》）、"言必信、行必果"（《子路篇》）的人才。为政者要有爱才之心、惜才之情、求才之切、识才之能、用才之胆。

为政要善于识人。孔子说，识人要"视其所以，观其所由，察其所安"（《为政篇》），就是说识人要看其行为，留意其动机，考察其目的，就是我们今天说的看人要看本质。一个人，如果大家都喜欢他，或者大家都厌恶他，这样的人未必一定好或一定坏，对这样的人，要仔细考察。只有那些好人都说他好，坏人都说他不好的人，才是真正的善人。

用人必须公正。识人难，公正用人更难，而它又是最重要的。用人公正，干部群众信服，否则会挫伤干部的积极性，产生错误的用人导向。当鲁哀公问"何为则民服"时，孔子说："举直错诸枉，则民服；举枉错诸直，则民不服。"（《为政篇》）孔子还说过："举直错诸枉，能使枉者直。"（《颜渊篇》）子夏用事例解释这句话:"舜有天下,选于众,举皋陶,不仁者远矣。汤有天下,选于众,举伊尹,不仁者远矣。"(《颜渊篇》)这就是正确的用人导向产生的积极作用。

用人要公正,关键是用人之人即从政之人要正派正直。季康子问政于孔子,孔子回答说:"政者,正也。子帅以正,孰敢不正?"孔子也说过:"其身正,不令而行;其身不正,虽令不从。"(《子路篇》)孔子还说过:"苟正其身矣,于从政乎何有?不能正其身,如正人何?"(《子路篇》)意思是讲为政者要正心正身。

总之,《论语》中有大量关于从政活动的论述,对我们今天仍有借鉴意义。

第三,用《论语》于经商。孔子并非不讲物质利益,而是重义而不轻利,主张通过正当合法的渠道获取物质利益。他说:"富与贵,是人之所欲也;不以其道得之,不处也。贫与贱,是人之所恶也;不以其道得之,不去也。"(《里仁篇》)孔子讲的是要用正当的手段追求物质利益,反对通过不正当的手段脱贫致富奔小康,所以,他说"不义而富且贵,于我如浮云"(《述而篇》)。孔子还说:"我叩其两端,用其中于民","允执其中"(《尧曰篇》)。这种中和、中正的思想,与经济学中的均衡、帕累托定律蕴含的道理很相近。

第四,用《论语》于军事和外交。孔子思想的核心是"仁",表现在政治上是"仁政"。他说"仁者爱人",可见孔子是反对战争的。孟子说"春秋无义战",意思是说当时没有正义的战争,都是诸侯国之间的争夺。《论语》著名的一章"季氏将伐颛臾",很能说明孔子的战争思想。

冉有、季路见于孔子曰:"季氏将有事于颛臾。"孔子曰:"求!无乃尔是过与?夫颛臾,昔者先王以为东蒙主,且在邦域之中矣,是社稷之臣也。何以伐为?"冉有曰:"夫子欲之,吾二臣者皆不欲也。"孔子曰："求！周任有言曰：'陈力就列，不能者止。'危而不持，颠而不扶，则将焉用彼相矣？且尔言过矣，虎兕出于柙，龟玉毁于椟中，是谁之过与？"冉有曰："今夫颛臾，固而近于费。今不取，后世必为子孙忧。"孔子曰："求！君子疾夫舍曰欲之而必为之辞。丘也闻有国有家者，不患寡而患不均，不患贫而患不安。盖均无贫，和无寡，安无倾。夫如是，故远人不服，则修文德以来之。既来之，则安之。今由与求也，相夫子，远人不服，而不能来也；邦分崩离析，而不能守也；而谋动干戈于邦内。吾恐季孙之忧，不在颛臾，而在萧墙之内也。"（《季氏篇》）

孔子认为，季氏不能发动这场攻伐颛臾的战争，理由有：一是"夫颛臾，昔者先王以为东蒙主，且在邦域之中，是社稷之臣也。何以伐为？"二是"有国有家者，不患寡而患不均，不患贫而患不安。盖均无贫，和无寡，安无倾。夫如是，故远人不服，则修文德以来之。既来之，则安之"。三是如果"远人不服，而不能来也；邦分崩离析，而不能守也；而谋动干戈于邦内。吾恐季孙之忧，不在颛臾，而在萧墙之内也"（《季氏篇》）。

当然，我也认为，孔子并不迂腐，相反非常务实，很有智慧。《孔子家语》中有记载："有文事者，必有武备；有武事者，必有文备。"

他还说："善人教民七年，亦可以即戎矣。"（《子路篇》）意思是要对百姓进行长期训练，有了充分准备才能开战，相反，如果没有训练，仓促应战，是让老百姓去送死。"以不教民战，是谓弃之"（《子路篇》）。

在外交方面，《论语》记载："叶公问政。子曰：'近者悦，远者来'"（《子路篇》），"远人不服，则修文德以来之。既来之，则安之"（《季氏篇》）。就是要实行和平的外交政策，把握和平、发展、合作的外交主题，建立睦邻友好、和谐相处的国际关系,努力促进和谐世界的建立。同时,外交官既要维护国家利益、民族尊严,"使于四方,不辱君命"(《子路篇》);又要坚持平等,讲究礼节,不逞强凌弱,"执圭,鞠躬如也,如不胜。上如揖,下如授。勃如战色,足缩缩如有循。享礼,有容色"(《乡党篇》)。接受国书,要不卑不亢,从容、恭敬、有礼。

第五,用《论语》于教育。一直以来,孔子都被奉为"至圣先师"、"万世师表",今天我们仍肯定他为伟大的教育家,孔子的教育理论和教育实践确实对中国乃至世界都产生了极其深远、巨大的影响。《论语》中体现的孔子教育思想有以下几个方面:诲人不倦;有教无类;因材施教;启而不发。孔子一生从事教育事业,弟子数千人,贤者七十二。可谓诲人不倦。孔子也引以为荣。他说:"默而识之,学而不厌,诲人不倦,何有于我哉?"(《述而篇》)又说:"若圣与仁,则吾岂敢?抑为之不厌,诲人不倦,则可谓云尔已矣。"(《述而篇》)学而不厌、诲人不倦,正是孔子一生的真实写照。

孔子说自己"自行束脩以上,吾未尝无诲焉"(《述而篇》),学界虽然对于"束脩"一词的解释不同,但对于孔子办私学、不分贫富贵贱广收门徒这一点是确信无疑的。

在教育方法上,孔子最突出、最有影响的是因材施教理论。《论语》中记载:子路问:"闻斯行诸?"子曰:"有父兄在,如之何其闻斯行之?"冉有问:"闻斯行诸?"子曰:"闻斯行之。"公西华曰:"由也问闻斯行诸,子曰,'有父兄在';求也问闻斯行诸,子曰,'闻斯行之'。赤也惑,敢问。"子曰:"求也退,故进之;由也兼人,故退之。"(《先进篇》)这一段话极为典型,反映了孔子对不同性格、不同资质的学生,采用不同的教育方法。类似的例子,《论语》中还有很多。

在教育过程中,孔子主张实行启发式教育,引导学生举一反三、触类旁通。他说:"不愤不启,不悱不发。举一隅不以三隅反,则不复矣。"(《述而篇》)总之,孔子的教育思想对我们今天进行素质教育、培养人才具有重要的启迪作用。我们应该充分挖掘利用这一宝贵资源。

三、如何用《论语》

如何用《论语》,我以为可以用《中庸》中的话来概括,即:博学之、审问之、慎思之、明辨之、笃行之。也就是说,一是要广博地阅览经书,以加深对《论语》的理解。《论语》作为一部经典,涉及面广,内容丰富深刻,加上它是一部语录体的著作,全书20篇,一段段看似相互独立实际上具有内在的逻辑关系。要真正读懂并不容易。只有大量阅读相关书籍,尤其是要读中国诸子百家的经典作品,同时要读西方国家的文化典籍,包括古希腊、欧洲文艺复兴时的著作,马克思、恩格斯的著作,才能加深对其理解。二是要结合实际深入思考,才能真正弄懂悟透。《论语》是对孔子言论的记载,思想极为深刻。不反复阅读,没有一定的阅历,很难真正领会。而如果不能准确领会,就不可能恰当借鉴、运用其中的道理。三是要紧密联系现实来研究,赋予其新的时代意义。不能像腐儒那样,局限于对文辞的诠释。要找出《论语》与当今时代有联系的思想、主张、见解,加以弘扬,丰富、充实其思想内容,提升其思想、文化价值。四是要以景仰、敬畏的情感来研读《论语》,真心接受孔子的伟大思想,并与时俱进地积极实践。切不可心口不一、言行不一。如果读《论语》,不结合自身实际,不坚持学用结合、学以致用,就会如北宋大儒程颐说的那样:"未读时是此等人,读了后又只是此等人,便是不曾读。"

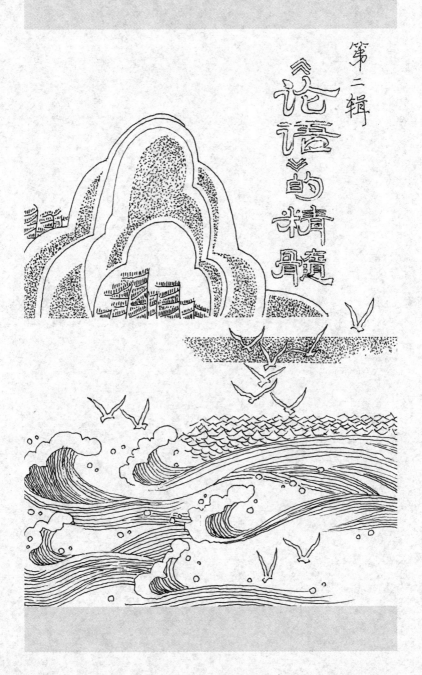

第二辑 《论语》的精髓

"学而时习之,不亦说乎"

"学而时习之,不亦说乎?"

这是《论语》第一篇第一章的第一句话,也可以说是千古以来最重要的一句话,即所谓学以立德、学以益智、学以长才。男女老少只要真正懂得了这句话,就可以找到解决人生问题的钥匙。短短一句话,寥寥数字,含义却非常深刻,不同时代、不同地域的人可以赋予它不同的意义,这也是"开放的《论语》"的一个显著特点吧?我认为,这句话至少可以从如下几个方面来理解。

一、为什么要学——学习的极端重要性

"学而时习之,不亦说乎?"这句话本身蕴含了孔子对学习的高度重视,对学习重要性的深刻认识。《论语》中讲学习的篇章很多,其中突出讲学习重要性的,有如下两例:一例是《卫灵公篇》第三十一章。"子曰:'吾尝终日不食,终夜不寝,以思,无益,不如学也'"。意思明白易懂。后来,荀子《劝学篇》说得更简洁,"吾尝终日而思,不如须臾之所学也",孔子自己也说"思而不学则殆"。可见,学习是思考、创新的基础和前提,不经学习的思考是胡思乱想,是异想天开。只有学在前,思考才有据有效。另一例是《阳货篇》第八章。"子曰:'由也!女闻六言六蔽矣乎?'对曰:'未也。'子曰:'居!吾语

女。好仁不好学,其蔽也愚;好知不好学,其蔽也荡;好信不好学,其蔽也贼;好直不好学,其蔽也绞;好勇不好学,其蔽也乱;好刚不好学,其蔽也狂'"。在孔子看来,仁、知、信、直、勇、刚都是高尚的品德,但如果不加强学习,这些美德就不会得到弘扬。比如,只有仁爱而不加强学习,就可能愚蠢;只有聪明而不加强学习,就会随意放荡;讲信用而不加强学习反而会坏事,等等。正因为学习如此重要,所以孔子"十有五而志于学"(《为政篇》),一辈子坚持学习,"发愤忘食,乐以忘忧,不知老之将至"。孔子对自己的好学也是引以为豪的,"子曰:'十室之邑,必有忠信如丘者焉,不如丘之好学也'"(《公冶长篇》)。古往今来,学习是极其重要的。往大处讲,治国平天下的本领,要靠学习得来;往小处讲,个人谋生、安身立命的本领,包括提高自身的素养,都需要经过长期刻苦的学习获得。

当今时代,科技发展日新月异,每个人不仅在学生时代要刻苦学习,而且要终身学习。我们要全面建设小康社会、和谐社会,实现中华民族的伟大复兴,都需要高度重视学习。大而言之,要建设学习型社会、学习型政党;小而言之,要建设学习型组织、学习型机关,每个人都要成为学习型干部。国外有一句名言:"如果要消灭一个民族,必须先炸毁他们的图书馆。"意思很简单,让一个民族不读书的杀伤力,远比核武器强大得多。而我们的干部队伍中普遍存在学风不浓的问题,不少领导干部在述职时都把学习抓得不紧,学习不够系统、不够深入作为存在的问题提出来,说明领导干部对这些问题已经有了认识。只有坚持不懈地学习,才能做好工作。学习是一种生活方式、工作方式,学习工作化、工作学习化已经是一种趋势。自2002年下半年以来,中央政治局坚持集体学习已达38次。中央这样重视学习,倡导学习,为全党、全国人民作出了表率。如果全党、全社会、全国人民都重视学习、乐于学习,书香浓浓,学风融融,难道不是"学而时习之,不亦说乎?"

二、学什么——学习内容的丰富性

孔子学习的内容是非常丰富的。所谓"六艺",诗书礼乐射御都是其学习的内容。孔子学习的重点,首先是诗、礼、乐。孔子对他儿子伯鱼说,"不学诗,无以言","不学礼,无以立"。他还说,"兴于诗,立于礼,成于乐"。诗即《诗经》,孔子说是"诗三百,一言以蔽之,曰:'思无邪'"(《为政篇》)。在古代,《诗经》是必读的典籍。孔子对他的学生说:"小子何莫学夫诗,诗可以兴,可以观,可以群,可以怨,迩之事父,远之事君。多识于鸟兽草木之名。"这一段话,概括了学诗的重要作用。孔子问他儿子伯鱼,"女为《周南》、《召南》矣乎?"并强调"人而不为周南、召南,其犹正墙面而立也与"(《阳货篇》)。《周南》、《召南》,是《诗经》中的名篇,在孔子看来,如果不学习《周南》、《召南》,就会没有见识,就像站在一堵墙前,什么也看不到。礼同样是孔子学习的重点,甚至比诗更重要。他说,"不知礼,无以立也"。"林放问礼之本。子曰:'大哉问!'"(《八佾篇》)为了学礼,"子入太庙,每事问"。礼的内容很广,涉及政治和日常生活的方方面面。孔子对礼是非常精通的,他说,"夏礼,吾能言之";"殷礼,吾能言之"。他知道"礼之用,和为贵,先王之道,斯为美,小大由之。有所不行,知和而和,不以礼节之,亦不可行也"。乐也是孔子学习的重点。他曾对鲁太师乐说:"乐其可知也:始作,翕如也;从之,纯如也,皦如也,绎如也,以成。"(《八佾篇》)除诗礼乐之外,孔子还重视学习许多其他知识,比如说,易,孔子说,"加吾数年,五十以学易,可以无过矣"。还有"军旅之事",虽然他在回答卫灵公问阵时说自己"未之学也",但事实上他还是主张学一点军事的,他说,"以不教民战,是谓弃之","善人教民七年,亦可以即戎矣"。他强调学点军事,是为了自卫,而不是为了侵略别人。即使是种庄稼之类的事,他也不认为谁都可以不学。"樊迟请学稼。子曰:'吾不如老农。'请学为圃。曰:'吾不如老圃。'"(《子路篇》)不少人都认为,孔子反对学农事,其实不然,他曾说过"禹稷躬稼而有天下"。因此要联系《论语》全书来理解孔子的意思。一方面,孔子认为,在农事方面,他不如老农、老圃,樊迟要学稼、圃,应该向老农、老圃学;另一方面,由于分工的需要,不是每个人都要学农事知识,这并不是孔子看不起农民。事实上,孔子知识面很宽,即使一些粗鄙的事,他也是从小就学习的。这一点从他说自己"吾少贱,故多能鄙事"可以看出。

今天,社会分工越来越细,知识分科也越来越细。要贯彻落实好科学发展观,需要知识丰富的复合型人才。一个人,尤其是公务员,要做好工作,必须有多方面的知识,不仅要学习政治理论,还要学习现代经济知识、科技知识、社会管理知识、法律知识,以及其他方面的知识。通过学习,提高驾驭市场经济的能力、自主创新的能力、管理社会的能力、依法办事的能力。通过全面学习,不断提高素质,不断增强能力,难道不是"学而时习之,不亦说乎?"

三、如何学——学用结合、学以致用的实践性

学习不是一件简单的事情。真学与假学,深入学、专心学与表面地学、泛泛地学,长期坚持学与断断续续地学,结合实际学与脱离实际学,效果会大不相同。关于如何学习,孔子在《论语》中讲得很多。首先,孔子提出要专心地读书学习,不为生活境遇所左右。读书是学习最重要的形式,听讲

座、搞研讨是学习的辅助形式。只有精读原著,才能心有所悟、心有所得、心有所悦。当子路说"有民人焉,有社稷焉,何必读书,然后为学"时,孔子批评他是"佞辩"。他认为,学习要心无旁骛,"三年学,不至于谷,不易得也"(《泰伯篇》)。意思是读书学习多年,并不存在做官的念头,这是难得的。他要求自己"默而识之,学而不厌,诲人不倦"(《述而篇》);"笃信好学,守死善道";"博学于文,约之以礼"(《颜渊篇》);担心自己"学如不及,犹恐失之";认为"德之不修,学之不讲,闻义不能徙,不善不能改,是吾忧也"(《述而篇》)。他说,"君子食无求饱,居无求安,敏于事而慎于言,就有道而正焉,可谓好学也已"(《学而篇》)。《论语》还记载子夏关于专心学习的话:"百工居肆以成其事,君子学以致其道。"(《子张篇》)其次,孔子提出要虚心学习,要勤学好问。他对子路说,"知之为知之,不知为不知,是知也";他对子贡说,要"敏而好学,不耻下问";还记载子夏的话:"博学而笃志,切问而近思,仁在其中矣";"日知其所亡,月无忘其所能,可谓好学也矣";曾子的话:"以能问于不能,以多问于寡;有若无,实若虚,犯而不校"(《泰伯篇》)。孔子认为学习要广泛从师,"三人行,必有吾师焉"。当公孙朝问子贡"仲尼焉学"时,子贡说:"文武之道,未坠于地,在人。贤者识其大者,不贤者识其小者。莫不有文武之道焉。夫子焉不学?而亦何常师之有?"(《子张篇》)意思是不论贤者还是不贤者,只要懂文武之道,孔子就向他们请教学习,而不囿于一两位老师。学习要多见多闻,"多闻阙疑,慎言其余,则寡尤;多见阙殆,慎行其余,则寡悔"(《为政篇》)。"多闻,择其善者而从之;多见而识之"(《述而篇》),而不能"有不知而作之者"(《述而篇》),还没学到一点东西就胡乱发表意见。最后,突出强调要学用结合,学以致用。对学习的知识要加以思考,因为"学而不思则罔"。要从学习日常生活的道理入手,孔子说,青年人要"入则孝,出则悌,谨而信,泛爱众,而亲仁。行有余力,则以学文"(《学而篇》)。子夏甚至说:"贤贤易色;事父母,能竭其力;事君,能致其身;与朋友交,言而有信。虽曰未学,吾必谓之学矣。"(《学而篇》)学习要"志于道,据于德,依于仁,游于艺"。如果读书虽多,却不能联系实际,不能学以致用,则毫无意义,"诵诗三百,授之以政,不达;使于四方,不能专对;虽多,亦奚以为?"(《子路篇》)学习也不是简单地重复,死记硬背,而是要融会贯通,孔子对子贡说:"赐也,女以予为多学而识之者与?""非也。予一以贯之。"(《卫灵公篇》)就是说,用一个基本的概念把学习的知识贯通起来,使之系统化。

  学用结合、学以致用这一点十分重要。学习成效如何,关键就体现在这上面。学风的好坏,也体现为能否坚持学用结合、学以致用。今天,我们进行理论创新、理论学习,都必须从实际出发,坚持理论联系实际。胡锦涛总书记在中纪委七次全会上要求领导干部自觉成为"学以致用、用有所成的表率,着眼于解决改革发展稳定中的实际问题,把学习的体会和成果转化成为谋划工作的思路、促进工作的措施、领导工作的本领,特别是要转化为全面建设小康社会、构建社会主义和谐社会的能力,转化为推动党的能力建设和先进性建设的能力"。如果我们都能做到学用结合、学以致用、用有所成,难道不是"学而时习之,不亦说乎?"

(本文原载《宣城日报·皖南晨刊》2007年7月14日)

再谈"学而"

《论语》是中国优秀传统经典之一,和《大学》、《中庸》、《孟子》并称"四书"。最早谈论"论语"的是汉朝的班固,他在《汉书·艺文志》中说:"《论语》者,孔子应答弟子、时人,及弟子相与言,而接闻于夫子之语也。当时弟子各有所记,夫子既卒,门人相与辑而论纂,故谓之《论语》。"《论语》是儒家的重要经典,内容十分丰富,全书20卷,2万多字。

前不久,市委姚书记在理论中心组学习会议上强调,要大兴学习之风,做一个有素养、有学问、有追求、精神富有的学习型干部,要求干部好学、乐学、善学、勤学。姚书记的"四学",是对干部读书学习问题具体而综合的要求,这一要求涵盖了读书学习的动力、态度、兴趣、习惯、方法和能力等方面。今天,我仅围绕《论语》第一卷第一章第一句"学而时习之,不亦说乎",结合《论语》、《大学》、《中庸》及《孟子》中关于读书学习问题的论述,以及自己业余读书三十余年的经历和一些心得、感受,和大家交流,希望能给大家以启示,少走一些弯路,少费一些力气,少下一些冤枉的功夫。

一、"性相近,习相远"——读书学习的重要性

这是孔子在勉人为学。人的本性相近,但由于习染而有着善恶的不同。荀子说:"干、越、夷、貉之子,生而同声,长而异俗,教使之然也。"《阳货篇》第八章记载孔子的话说,"子曰:'由也!女闻六言六蔽矣乎?'对曰:'未也。''居!吾语女。好仁不好学,其蔽也愚;好知不好学,其蔽也荡;好信不好学,其蔽也贼;好直不好学,其蔽也绞;好勇不好学,其蔽也乱;好刚不好学,其蔽也狂'。""六言六蔽",是说六种美名及其易产生的流弊。在孔子看来,仁、知、信、直、勇、刚都是高尚的品德,但如果不加强学习,这些美德就不会得到弘扬。对个人而言,就不能明白事物所以然的道理,对事理情况看不清楚,对利害得失也想不透彻,就会出现愚(昧)、(放)荡、贼(害)、绞(偏激)、(迷)乱、(颠)狂等弊害。这是孔子借礼义的熏陶,使天赋的表现合于正道,以成就美德。英国著名思想、教育家洛克也说过类似的话:"在缺乏教养的人身上,勇敢就会成为粗暴,学识就会成为迂腐,机智就会成为逗趣,质朴就会成为粗鲁,温厚就会成为谄媚。"《汉书·董仲舒传》中也说:"常玉不琢,不成文章;君子不学,不成其德。"都是说读书学习的重要性。这一点,我是有切身体会的。

1981年7月,十八岁的我从宁国师范毕业,被分配到绩溪县家朋小学任教。报到那天,在学校教导处程灶桃主任那间位于许家祠堂的办公室破旧的办公桌玻璃板下,我看到了一张发黄的小纸条,上面写着这样一段话:"勤学如春起之苗,不见其增,日有所长;辍学如磨刀之石,不见其损,日有所亏。"这是陶渊明鼓励家乡后辈读书的一段话,从那时起,我坚持业余读书至今。每当我动摇、疑惑、迷惘时,那些我知道的有关读书的名人名言、美谈佳话就会浮现在我的脑海中,给我以动力、勇气和毅力。其中给我感触最深的是明朝宋濂的《送东阳马生序》,开头一段:"余幼时即嗜学,家贫,无从致书以观。每假借于藏书之家,手自笔录,计日以还。天大寒,砚冰坚,手指不可屈伸。弗之怠。录毕,走送之。不敢稍逾约。以是人多以书假余,余因得遍群书矣。"

二、"三军可夺帅也,匹夫不可夺志也"——读书要坚定心志、努力向学

孔子说:"三军可夺帅也,匹夫不可夺志也。"(《子罕篇》)意思是,三军的主帅,固然兵多将广,势力强大,但他的权力威势都是外来的。匹夫虽然只有一人,势单力微,个人的意志根源于心;内在的意志,无待于外,可以圆满自足,故其志不可以夺。在当今这样一个浮躁的社会,要静下心来读书,不受金钱、美色、名利、权位的诱惑和影响,需要有十分的定力,要有"匹夫不可夺志"的毅力。

孔子说:"生而知之者上也,学而知之者次也;困而学之又其次也;困而不学,民斯为下矣。"(《季氏篇》)《中庸》也说,或生而知之,或学而知之,或困而知之。表面上看,好像是将人作高下之分,其实是在勉人向学,原因是,"生而知之者",只存在于理论之中,人没有不学而能的,实际上并无真正生而知之者。一般人有资质高低之别,资质高仍有赖于学,学后,就能知晓道理,这是"学而知之者";资质较低,只要肯学,一样可以知晓道理,这是"困而学之";如果不肯学,那就迷糊度日,如行尸走肉,这是"困而不学",成为被大家看不起的最下等人了。所以《中庸》中说:"人一能之,己百之;人十能之,己千之。果能此道矣,虽愚必明,虽柔必强。"

三、"行有余力,则以学文"——要精心挑选书

孔子说:"弟子,入则孝,出则悌,谨而信,泛爱众,而亲仁。行有余力,则以学文。"(《学而篇》),这是孔子教人先学做人,以德为本;其次才学文,求书本上的知识。入孝出悌,谨身信言,爱众亲仁,这是做人的本分,必须把这些都做到,书本上的知识才能为我所用,否则就会舍本逐末,反而会成为害人害己的工具,社会上所谓的智能型犯罪,就是此类。

所以，我们求学，固然要追求知识，但必须尽到做人的本分，并且在日常生活中加强实践，培养德育。

孔子的学生子夏说："贤贤易色；事父母，能竭其力；事君，能致其身；与朋友交，言而有信。虽曰未学，吾必谓之学矣。"（《学而篇》）孔子论学，最强调人伦道德的实践。子夏这番话，就是在阐述孔子的观点。其实生活即是学习，尊敬贤人，善事父母，忠于职守，以诚信待朋友，等等，都要通过学习而来。真正的教育，不只在于记诵知识，或求取文凭、学历，最重要的是要懂得做人的道理，并且将之落实于伦常日用间。《红楼梦》中说："世事洞明皆学问，人情练达即文章。"孔子所强调的是，德行优先于知识，成德才是为学的终极目标。并非认为不需要学。总之，求学的内容包括德性和知识，重点在于德性。

《大学》开头一段也强调学习的根本目的在于修齐治平："大学之道，在明明德，在亲民，在止于至善。知止而后有定，定而后能静，静而后能安，安而后能虑，虑而后能得。物有本末，事有终始，知所先后，则近道矣。古之欲明明德于天下者，先治其国；欲治其国者，先齐其家；欲齐其家者，先修其身；欲修其身者，先正其心；欲正其心者，先诚其意；欲诚其意者，先致其知；致知在格物，物格而后知至，知至而后意诚，意诚而后心正，心正而后身修，身修而后家齐，家齐而后国治，国治而后天下平。自天子以至于庶人，壹是皆以修身为本，其本乱而末治者，否矣。其所厚者薄，而其所薄者厚，未之有也。此谓知本，此谓知之至也。"这段话的主要意思是，一个人要实现齐家、治国、平天下的理想，首先要修身，把人做对、做好。"人对了，这个世界就对了"。而要"做对"人，要修身，就要心正、意诚、致知、格物，读书学习是前提、是条件、是基础。

如何通过读书学习，达到修齐治平的目的？首先要正确地选书。当今时代,出版业高度发达,各种图书令人目不暇接、眼花缭乱。不同品位、不同档次、不同质量的书,对人的影响各有不同。有一些人读厚黑术、麻衣神相之类的书,反而把本性搞坏了。所以要精心挑选。读什么书?如何选书?相信不少人都有过这样的苦恼,不知该读什么书?我的体会有四点:首先读教人如何做人的书;其次读哲学方面的书;再次读历史书;最后干什么活读什么书。

先说读关于教人做人的书。最重要的是"四书":《大学》、《论语》、《中庸》、《孟子》。我一直以为,无论从政、经商,还是做学问,做人都是第一位的。人的品德不好,干什么都会害人害己。个人认为,如果人品不好,千万不要从政,否则真是害了"三人",即:害了别人、害了家人,也害了本人。至于经商,人品同样十分重要。否则,会见利忘义,成为奸商,生产销售假冒伪劣产品,最后害人害己。从教、做学问也是如此,学术界经常爆出某某教授抄袭论文、剽窃学术成果的丑闻。可见做人是第一位的,多读些教人做人的书是必要的。国庆节前两天,也就是9月28日,在孔子诞生2564年之际,我收到中华书局出版的《中华文化基础教材》。我国台湾地区60多年来在高中一直安排有《中国文化基本教材》,属于必修科目,内容主要涵盖传统儒家"四书"。中华书局经过认真调研论证,认为原教材所承载的文化内容是中华传统文化的经典内容,具有跨海峡的共通性与跨越时代的普适性,对原教材进行改写,正式出版,供内地的高中开展中华传统文化教学使用。可见,教人做人的儒家"四书",越来越受到人们的重视。

关于做人,说到底是如何处理人际关系的问题。其实,读懂了"四书",也就不难理解、不难把握和处理人际关系,就是孔子说的"己欲立而立人,己欲达而达人"(《雍也篇》)、"己所不欲,勿施于人"(《颜渊篇》),就是事事设身处地、时时换位思考、处处将心比心;就是要亲亲、仁民、爱物;就是要对己"忠"、对人"恕";就是"以直报怨,以德报德"(《宪问篇》);就是要有"恻隐之心、羞恶之心、辞让之心、是非之心"(仁义礼智之端);就是要"有诸己而后求诸人,无诸己而后非诸人"(《大学》);就是要"居上不骄,为下不倍"(《中庸》),等等。

读哲学方面的书。我一直记得这样一句话:隔行如隔山,隔行不隔理。前半句是说各行各业、各个领域都要有自己的特点,都要有专业知识,所以干什么活要读什么书;后半句话是说,各行各业、各个领域又都有普遍的规律、相同的要求,也就是相同的"理",这个"理",就是哲学思想、观点、主张,就是辩证唯物主义和历史唯物主义,就是辩证唯物论和唯物辩证法。陈云同志曾指出:"学习理论,最要紧,是把思想方法搞对头。因此,首先要学哲学,学习正确的观察问题的思想方法。如果对辩证唯物主义一窍不通,就总是要犯错误。"关于读哲学书,李瑞环同志也有过很多论述。他的几本书,都是哲学书。《辩证法随谈》、《学哲学、用哲学》、《务实与求理》,等等,都值得研读。

读历史书。首先是读国史和党史书。习近平总书记在中央政治局学习会议上强调,历史是最好的教科书。学习党史、国史,是坚持和发展中国特色社会主义、把党和国家各项事业继续推向前进的必修课。这门功课不仅必修,而且必须修好。要继续加强对党史、国史的学习,在对历史的深入思考中做好现实工作、更好地走向未来。道路自信、理论自信、制度自信,来源于实践、来源于人民、来源于真理。中国特色社会主义这条道路来之不易,它是在改革开放 30 多年的伟大实践中走出来的,是在中华人民共和国成立 60 多年的持续探索中走出来的,是在对近代以来 170 多年中华民族发展历程的深刻总结中走出来的,是在对中华民族 5000 多年悠久文明的传承中走出来的,具有深厚的历史渊源和广泛的现实基础。

读历史书,还指不论干什么工作,都要了解这项工作、这门学问的历史。从事经济工作,不能不学习、了解中国经济史乃至世界经济史,干法律工作不能不学习了解中外法制史。当然,如果能集中时间,读一读中国通史、世界通史,对问题的看法就会有历史眼光、世界视野。有了历史知识作基础,才有可能站在前人的肩膀上,推陈出新,提高工作水平。我在报社工作时,读中国新闻史;在组织部干部科做干部考核工作时,读中国人才思想史和干部考核学,包括司马光《资治通鉴》中关于人德与才关系的论述。这些历史知识在我做好工作方面发挥了重要的作用。

读历史书,还有一层意思,就是读一个单位历年的工作总结。昨天是今天的历史,今天是明天的历史。读工作总结,是了解一个地方发展、一个单位工作最直接、最快捷的办法。2008年,为总结改革开放30周年以来的工作,我从市档案局复印出30年来的工作总结,把有特色、有影响、在全省全国有位次的工作摘录出来,写了总结材料,我个人也写了文章《在总结继承中改革创新——30年组织工作巡礼》,产生了较大反响,得到安徽省委组织部领导的充分肯定。

至于干什么活读什么书,意思十分明白,就是要坚持学用结合,围绕本职工作学习。这不仅有利于做好本职工作,而且干了许多不同的工作,读了许多不同的书,就会具备多方面知识。当然,也有弊端,就是可能什么都知道一些,什么都了解得不深。人的一辈子时间很短,真正想要有成就,就要集中精力专攻某一方面知识。这是我读书最大的体会。业余读书30年,读了很多书,经史子集、政治经济、经济法律、新闻管理等,都有涉猎,但都只懂一点皮毛。

四、"学而不思则罔,思而不学则殆"——读书为学要坚持学思并重

孔子认为,学与思必须并重,不可偏废。研究学问有两条途径:一是积存,一是消化。只有积存,不能消化,如同只进不出的仓库,久而久之,里面的东西必定朽败腐坏。只求消化而不积存,就会肚中无物。可见两者是不可或缺、不能偏废的。只知学习而不能思考,就如鹦鹉学语,不知其义;只知思考而不学习,则会闭门造车,出不合辙,结果弄得疲惫不堪。英国思想家洛克说:"阅读只能提供知识的材料,若要据为己有,必须依靠思索之力。"德国哲学家叔本华说:"读书而不加以思考,绝不会有心得,即使稍有印象,也浅薄而不生根,大抵在不久后又会淡忘丧失。"

我的感受是,思考是理论联系实际的桥梁,是感性知识上升为理性知识的纽带;思考,才能融会贯通、举一反三;思考,才能有读书心得,才能有深切体会。我过去在组织部工作时写的一些干部工作方面的业务论文,如《从调查研究视角看干部考核工作》《从经济学角度看干部工作效率》《努力推进干部工作科学化》,都是我学习、思考的一点成果。比如,《努力提高机关工作效能》,全文包括三个部分的内容,"做正确的事和正确地做事"、"没有任何借口——提高执行力"、"细节决定成败",这些内容都是读了《致加西亚的信》、《没有任何借口》、德鲁克的管理学著作、海尔总裁张瑞敏和汪中述的《细节决定成败》等书后,结合当时市委提高机关效能活动作出的一些思考。

五、"予一以贯之"——为学应持真诚态度,珍惜时间,及时努力

孔子曾感叹:"逝者如斯夫! 不舍昼夜。"(《子罕篇》)他以岁月如流,勉人惜时进学。陶渊明《杂诗》云:"盛年不再来,一日难再晨。及时当勉励,岁月不待人。"古人说,"黑发不知勤学早,白发方悔读书迟。"明朝文徵明之子文嘉《明日歌》:"明日复明日,明日何其多!日日待明日,万事成蹉跎。世人皆被明日累,明日无穷老将至。晨昏滚滚水东流,今古悠悠日西坠。百年明日能几何?诸君听我《明日歌》。"有关勉人惜时进取的名篇佳作很多,但能真正努力把握时光的又有几人?孔子此言,毫无教训意味,而用感慨口气表述。圣贤如孔子,都有这种感触,我们能不被警醒而更加珍惜时光吗?

孔子说:"赐也,女以予为多学而识之者与?"(《卫灵公篇》)子贡说:"然,非与?"曰:"非也,予一以贯之。"(《卫灵公篇》)读书学习就是要一以贯之。

孔子还说:"后生可畏,焉知来者之不如今也?四十、五十而无闻焉,斯亦不足畏也已。"(《子罕篇》)在这里,孔子勖勉年轻人及时进取,前途当不可限量;若蹉跎岁月,则将老大无成。

朱熹有一首诗《偶成》:"少年易老学难成,一寸光阴不可轻。未觉池塘春草梦,阶前梧叶已秋声。"

曹丕的《典论论文》虽然是讲写文章的,"盖文章,经国之大业,不朽之盛事。年寿有时而尽,荣乐止乎其身,……未若文章之无穷。"但用在读书上也同样适合。"古人贱尺璧而重寸阴,惧乎时之过已。而人多不强力,贫贱则慑于饥寒,富贵则流于逸乐,遂营目前之务,而遗千载之功。日月逝于上,体貌衰于下,忽然与万物迁化,斯志士之大痛也"。

胡适《人生大策略》说人生三味药:信心丸、问题丹、兴趣散。"凡是要等到有了图书馆才读书的,有了图书馆也不肯读书";"每天花上一点钟读10页有用的书,每年可看3600页,30年可看10万多页书,足以成为某一方面的学者了"。

有些人总以工作忙为由,放松读书学习。最近李克强总理到瑞士访问,在回答一位大学生提问时,说无论工作再忙都要抽时间来读书。

不想读书,当然会有许多借口。"春来不是读书天,夏日炎炎正好眠。秋有蚊蝇冬有雪,抱着书包待明年。"

读书学习,不仅要惜时,还要有恒心。孔子说:"譬如为山,未成一篑;止,吾止也。譬如平地,虽覆一篑;进,吾往也。"(《子罕篇》)孔子以堆土成山、平地堆土为喻,说明为学贵在有恒,并特别指出,持之以恒或半途而废关键在于自己。荀子《劝学篇》也有一段话:"不积跬步,无以致千里;不积小流,无以成江河;骐骥一跃不能十步;驽马十驾,功在不舍;锲而舍之,朽木不折;锲而不舍,金石可镂。"

《论语》记载,冉求对孔子说:"非不说子之道,力不足也。"孔子回答说:"力不足者,中道而废。今女画。"(《雍也篇》)孔子用走路作比喻,鼓励冉求要勇往直前不可画地自限。

孔子还说:"学如不及,犹恐失之。"(《泰伯篇》)再次强调,为学之道有如逆水行船,不进则退。因此必须孜孜不倦、勤勉以求,否则无法获得高深的学问。

毛主席早年自题对联自勉:"贵有恒,何必三更起五更睡;最无益,只怕一日曝十日寒。"都是说明读书学习持之以恒的重要。

六、"温故而知新,可以为师矣"——为学既要追求新知,又要温习已获得的学问

有的书可泛读、粗读、略读,对于经典,则要研读,要深读、细读、精读,最好会背。2006年到2008年这三年里,我每天早晨花一小时时间,背诵《大学》、《中庸》、《论语》、《孟子》"四书",4本书全部背了下来。有的文章,有的书,全部

背不太可能,可以挑其中的经典段落背背。比如,上面我引用的《送东阳马生序》、《典论论文》。通过背,可以加深理解,"背会"促进了"体会"。

温故而知新,就是要好学,不断学习、坚持学习。好学有三层意思:一是爱好、喜好、喜爱读书。好学才能上进,依靠学习走向未来。在现今这样一个知识更新日新月异的时代,工作学习化、学习工作化已经是一种常态。读书学习如同吃饭、睡觉,是生活中不可缺少的重要组成部分。宋代大文学家苏轼说,三天不读书,便觉面目可憎。这话固然有些极端和绝对,但现在一天不看报、不上网,便不敢开口讲话。当然,更重要的是,读书学习,能提高自己处理问题的能力。我曾写过一篇文章《"五个 w"——领导工作的金钥匙》,提出"五个 w"能把复杂问题简单化,提纲挈领、化繁为简。此文后来发表在《现代领导》杂志上。

二是好好学、用心学、刻苦学。好好学习,才能天天向上。学理论,学政策,学业务,学方法。特别要用心学习、钻研政策。我们常说,用足用好用活政策,前提是要把政策学明白、研究透。上级很多政策,含金量很高。要对这些政策进行梳理,找到与实际工作的结合点。对于这方面知识的学习研究,企业家比政府工作人员更注重。有些企业家在领导去调研时,会提出非常具体的问题,这些问题与政策的关联性很强,且都是经过精心准备的。所以领导每去一次,都能帮助他们解决一些很实际的问题。而一些地方、一些部门的领导,由于没有深入学习研究政策,当领导来时,只能提一些很笼统、很模糊的建议、请求,让领导不知如何入手给以帮助。

三是能学好、容易学、有办法学。学习的平台多、渠道多。运用网络信息量大的优势,可以迅速了解所需要的资料。比如，如何做好接待工作？很重要的一点，是要通过网络对接待对象进行全面了解，了解其工作经历、性格特点、思想观点、主要成就等，让其产生被尊重、被认同的满足感，同时也让其知道你对他进行了深入了解，从而不敢糊弄、应付你。

七、学而时习之，不亦说乎？——为学读书之乐

《论语》开卷第一章："学而时习之，不亦说乎？有朋自远方来，不亦乐乎？人不知，而不愠，不亦君子乎？"三句话其实都是讲读书学习之乐。读书学习，并把学到的理论、知识、方法、经验运用到实际工作中，使业务不断进步，水平不断提高，不是一件很快乐的事吗？有志同道合的朋友从远方来，共同探讨、相互切磋，求大同存小异，不也是一件很愉快的事吗？如果前来探讨的朋友，不理解、不认同、不赞成你的观点，甚至你的亲人、同事不理解你的主张，你也能做到不怨恨、坦然面对，不也体现了你的君子风范吗？

孔子一辈子坚持读书学习。他"十有五而志于学，三十而立，四十而不惑，五十而知天命，六十而耳顺，七十而从心所欲，不逾距。"（《为政篇》）他说："若圣与仁，则吾岂敢？抑为之不厌，诲人不倦。"（《述而篇》）他还说，"十室之邑，必有忠信如丘者焉，不如丘之好学也。"（《公冶长篇》）所以，读书学习之乐，是心灵之乐，是追求真理之乐，是感情愉悦之乐。看了庄子与惠子关于鱼之乐与我之乐的讨论，你一定会忍俊不禁。

读书破万卷，下笔如有神，能不乐？

读书学习，从中获益，让人发现真理，发现人生真谛，能不乐？读书学习，让人做人从容、待人宽容、处世圆融，能不乐？

清晨,沐浴着朝霞,听着窗外小鸟的啾啁,你会因读书受到启迪而神清气爽,充满自信地走向办公室;周末午后,望着窗外朦胧的细雨,手捧一杯新泡的绿茶,读着书,你会感觉整个身心都被洗涤了一般。夜晚,当拖着疲惫的身体从办公室加班回家,洗完澡,歪在床上,读几页书,也能消除些许疲劳和烦恼,平静地进入甜美的梦乡。

拿一个单位来说,如果读书学习的氛围浓一些,风气就会正一些,是非就会少一些,干部的业务能力也会强一些,工作水平、工作质量会高一些,在系统里的位次会靠前一些,外界的形象会好一些,民主考评中优秀科长会多一些,干部的进步会快一些,提拔人才的面会大一些,干部、职工会更快乐一些。

八、"志于道,据于德,依于仁,游于艺"——为学之道

善于向人学。孔子说:三人行,必有吾师。一要向长者学。古罗马皇帝马可奥勒留的《沉思录》一开头,就谈了从母亲、父亲、祖父、老师那里学到的许多美德。二要向年轻人学习。一次,在和一位二十出头的韩国留学生交谈,当谈到为什么唐宋时期许多文化名人都来过宣城的话题时。他说,汉唐时期的宣城,就像今天美国的"硅谷"。讲得太好了。年轻人思维活跃,思路开阔,特别是留学生,注意中外对比,有国际视野和世界眼光,值得学习。三要重视向领导学,学习他们如何批阅文件、如何作决策、如何处理复杂的信访事项。

善于向书本学。读书是最重要的学习。"腹有诗书气自华。"如何才算善于读书?

一要系统地学习。一段时间,相对固定地读某一类书、某一专题方面的书。上大学时,我曾集中读过有关三大和谐方面的书,如《绿色文化与绿色美学》、《寂静的青天》、《增长

的极限》等。到宣州教育学院工作时,集中读清初宣城诗人施闰璋的诗;到报社工作时,集中读新闻学方面的书,包括标题学方面的书;在组织部工作时,系统读过干部考核学、人力资源学等方面的书,后来专门读"四书",读朱熹的《四书集注》,特别是有关《论语》的书,张居正、南怀瑾的《论语别裁》,还有李泽厚的《论语今读》,日本涩泽荣一的《论语与算盘》,还有宣城人聂猷轩的《孔子经典言论全编》、《孔子学说新论》等。前些年,系统地读了稻盛和夫的《活法》和《干法》,很有收获。还有机械工业出版社出版的《没有任何借口》、《自动自发》、《致加西亚的信》。2013年以来,读了许多城市规划、建设方面的书,比如《城市的发展》、《城市规划管理》、《城市景观设计》、《城市绿色主义》、北京宪章等。读书要读名著、读专著、读原著。如读经济学家茅于轼的经济学专著《生活中的经济学》、《经常学白话》、《一个经济学家的良知》等,以及彼德·圣吉的《学习型组织》、德鲁克的管理学著作。要固定读几份报纸。十年来,我坚持读《人民日报》、《经济日报》、《光明日报》等。要读几个固定栏目,如人民论坛、人民时评、声音、思想纵横、国学、智慧。要固定读某一个专题。2008年下半年读了《经济日报》有关产业集群方面的20多篇报道,2009年上半年读了专业市场方面的报道30篇。2013年以来,读了近百篇"文化产业调研百城行"。要固定时间读。每天早晨读一小时。不断积累知识,积累资料,积累思想,积累经验。

二要坚持学用结合。以城市主题文化理论的学习运用为例。2013年以来,我读了城市主题文化创始人、中国国际城市主题文化设计院院长付宝华先生的《城市主题文化——与市长高端谋划城市》、《城市主题文化与世界名城崛起》、《城市主题文化与名牌城市崛起战略》等一系列城市规划建设管理方面的书籍,受到很大教育和启发。我结合宣城实际作了一些思考,并在随市党政代表团赴铜陵、安庆、池州学习考察的基础上,写了一篇体会文章。

关于如何读书学习,还有几点心得:一是未必要从头读起。因为不是所有的书,一开头就十分精彩,引人入胜,有的书开头甚至可能晦涩、枯燥。对这样的书,可以随意翻翻,从最感兴趣、最吸引人的章节读起,然后不断往前、往后阅读,从而读完全书。这时才可能体会到,那样的开头原来是作者的匠心独具。

二是序言不可不读。书的序言一般对该书作者的经历和思想观点、著作的背景和主要内容,有一个大概介绍。读了书的序言,会对这些情况有一个大概了解。一般来说,给一本书作序的人比该书的作者学问要高。所以,读"书的序言",同样会取得很大收获。

三是抓住关键词,通过抓住关键词归纳全书的主要内容。抓住若干关键词,再用一根线索把它们贯穿起来,对全书内容就会有大致了解。这就是一本书,在读的过程中,随着由厚变薄、由薄变厚的不断循环往复,书的内容也就被消化、了解、掌握了。

四是要运用联系的观点。联系的观点是唯物辩证法的重要观点。将联系的观点运用于读书,有两层意思:第一,不论读什么书,要搞清其内在的逻辑关系。比如,十八大报告,除前言、结语外,全文十二个部分。分为四大板块:第一部分,"过去五年的工作和十年的基本总结",为第一板块;第二、三部分,总述中国特色社会主义的指导思想、总体目标,为第二板块;第四至十一部分,分别论述中国特色社会主义市场经济、民主政治、先进文化、和谐社会、生态文明、国防和军队、一国两制和祖国统一、外交事业,为第三板块;第十二部分,全面提高党的建设科学化水平,论述党的建设,为第四板块。还有《论语》20卷,并不是随意、胡乱编纂而成,而是有严密的内在逻辑关系。新燕顿旺的《隐藏的论语》中说,《论语》一书采用的是非常典型的凤头、猪肚、豹尾的结构模式。"学而"为凤头,是论语总纲,提出学习利益时代、影响他人、提升自己三大原则,学习内容包括知言、知礼、知天命等三大内容。接着用十八篇的篇幅具体阐述孔子的天命、礼、君子的学问,即道、德、仁的学问。第二至九篇阐述一些原则性观点,第十一至十九篇分别对上半部的篇章进行补充,由内明引申出为政、礼乐的外用之学,内容丰富,气势磅礴。最后以"尧曰"总结,强调仁德之学的传承,点出知天命、知礼、知言三大重点。如同演乐,让人回味无穷。联系还有一层意思是,要把《论语》各章、各节、各卷联系起来读,把《论语》与《大学》《中庸》《孟子》联系起来读,把"四书"与儒家其他经典,如五经(特别是易经)、《荀子》联系起来读,与其他学派如以老子、庄子为代表的道家思想,与后来的佛家思想联系起来研究。陈立夫《四书道贯》,把《大学》《论语》《孟子》《中庸》的内容,分为格物、致知、诚意、正心、修身、齐家、治国、平天下八个方面,进行阐述,很有意思,值得研读。同时,我们还要看到,儒学、佛教、基督教都是讲做人道理的。当代国学大师南怀瑾更是儒佛道都精通,他的《论语别裁》《孟子旁通》《原本大学微言》,都是儒佛道共参。因此,他能看高、看远、看深、看准、看淡。读书的人就是要能"看透人生,但不看破红尘"。看透人生,就会把名利看得淡一些,名利生带不来,死带不去,不要为了名利,"白天坐不住,晚上睡不着"。当然,也不要看破红尘,看破红尘,人生也就没有意思了。

　　五是自己买书读。袁枚曾说过:"书非借不能读也。"这话固然有道理。很多人认为自己买的书,日后可以慢慢看,所以不着急看；倒是借来的书，因为要在规定时间内归还，必须抓紧阅读，所以袁枚感叹"书非借不能读也"。我倒认为，书非"买"不能读也。因为，我是主张和坚持"不动笔墨不读书"的，既然要在书上画画写写，不是自己的书当然不方便。

总之，读书可以思接千载，意驰万里。给我们的生活以激情，给工作以动力，丰富人的心智，解除人生的烦闷。读书学习，思考总结，体验实践，才能不断创新，不断提高工作水平、工作质量，才能不断进步。这是我的最大感受、最深刻体会。

关于治学，王国维先生有三种境界，也是读书的三种境界、人生的三种境界。2009年5月13日，时任中共中央政治局常委、中央书记处书记、中央党校校长的习近平同志，在中央党校春季学期第二批进修班暨专题研讨班开学典礼上讲话中，重点讲了干部读书"三要"，要求领导干部读书学习要有这三种境界：首先，要有"望尽天涯路"那样志存高远的追求，有耐得住"昨夜西风凋碧树"的清冷和"独上高楼"的寂寞，静下心来通读苦读；其次，要勤奋努力，刻苦钻研，舍得付出，百折不挠，下真功夫、苦功夫、细功夫，即使是"衣带渐宽"也"终不悔"，"人憔悴"也心甘情愿；再次，要坚持独立思考，学用结合，学有所悟，用有所得，要在学习和实践中"众里寻他千百度"，最终"蓦然回首"，在"灯火阑珊处"领悟真谛。这三种境界启示我们，读书不仅要有明确的目标、有坚定的恒心，还要提高读书效率和质量，讲究读书方法和技巧，在爱读书、勤读书、读好书、善读书中提高思想水平、解决实际问题、实现自我超越。

（本文是作者应邀在宣城烟草专卖局"论语与人生"讲座上的报告）

"为政以德"

一直以来,我都以为,不论是从政、经商还是读书做学问,无德、缺德都不可能获得真正的成功。尤其是从政,如果无德、失德,必然害国害民,最终也将害己害家人。对一个从政者来说,有德有才是正品,有德无才是次品,有才无德是危险品,无才无德是废品。一个从政的人如果无德是很可怕的。两千多年前孔子曾大声疾呼:"为政以德!"这疾呼声,犹如响雷,一直在历史的长空回荡。"为政以德"一语,出自《论语·为政篇》:"为政以德,譬如北辰,居其所而众星共之。"用今天的话说,做公务员、当领导干部,要讲究官德,全心全意为人民服务,努力做出经得起群众、历史和实践检验的政绩。这样,群众才会拥护你、支持你。"为政以德",是《为政篇》的主旨,也可以说是《论语》这本书的主旨。它还是亘古不变的原则和道理。今天看来,"为政之德"至少体现在以下几个方面:

一、为政之德,始于孝悌,本在爱民富民教民

据《孔子家语·哀公问政》记载,子曰:"立爱自亲始,教民睦也;立敬自长始,教民顺也。教之慈睦,而民贵有亲;教以敬,而民贵用命。民既孝于亲,又顺以听命,措诸天下,无所不行。"所以,为政之德生于内心,始于孝悌,由己及人,本在爱民富民教民。

（一）为政之德，从孝悌开始

《学而篇》指出："君子务本，本立而道生。孝弟也者，其为仁之本与？"孝悌是为人之本，是仁德之本。治国理政，首先要做到孝悌。这是由人的本性决定的。一个爱国爱民的人，肯定是爱父母兄弟的，爱国爱民是爱父母爱家人之心的推而广之。《为政篇》的第五至第八章专门讨论了孝的问题，说明孝顺父母是从政道德的起始。在孔子看来，做到了孝悌，才有资格谈从政；做到了孝悌，带头倡导、培育尊老敬老之良好风气，从一定意义上讲，就是在进行精神文明建设，也是在从政。自古以来，很多仁人志士都难以做到忠孝两全。最近，新闻媒体报道了重庆梁平县虎城镇党委书记邓平寿的事迹，其中一篇报道的题目是《爱家的人才会爱别人》，文中有这样一段感人的描写："吃饭的时候，邓平寿总拉着妻子一起坐在靠墙的位置上，让母亲坐在上席，把瘦肉夹给老人。饭后，邓平寿都会打来洗脚水，用手试好水温后，把母亲的双脚放进去，一边慢慢地搓揉，一边和母亲拉家常。冬天，他还要把母亲的脚放在自己的怀里焐暖和后，才扶老人上床休息。"邓平寿非常关心老百姓的疾苦，一心帮助群众致富，从大道理上讲，这体现了他作为共产党员全心全意为人民服务的崇高理想，从小的方面上讲，这是他把对母亲的孝敬之心推及家乡的父老乡亲身上的体现。所以，为政之德始于孝悌。

（二）为政之德本在爱民富民教民

从政者仅仅做到孝悌是远远不够的，还必须做到孟子说的"老吾老以及人之老，幼吾幼以及人之幼"，即所谓大孝孝于天下、大爱爱于天下。怎样才算爱民？就是要富民教民，使老百姓"仓廪足，知礼仪"，就是要不断满足人民群众日益增长的物质文化生活需要。《子路篇》第九章讨论了这个问题。"子适卫,冉有仆。子曰:'庶矣哉!'冉有曰:'既庶矣,又何加焉?'曰:'富之。'曰:'既富矣,又何加焉?'曰:'教之。'"《论语》最后一篇《尧曰篇》第二章也讲了这方面内容。当子张问孔子如何才能从政时,孔子说,"尊五美,屏四恶",就可从政了。所谓"五美",就是"惠而不费,劳而不怨,欲而不贪,泰而不骄,威而不猛"。孔子这样解释五句话的意思:惠而不费是指"因民之所利而利之";劳而不怨是指"择可劳而劳之";欲而不贪是指"欲仁而得仁";泰而不骄是指"无众寡,无小大,无敢慢";威而不猛是指"正其衣冠,尊其瞻视,俨然人望而畏之"。对"四恶",孔子的解释是:"不教而杀谓之虐,不戒视成谓之暴,慢令致期谓之贼,犹之与人也,出纳之吝谓之有司。"这些话的中心意思都是说为政要富民、利民、惠民、教民。

在小农经济时代,富民、教民的目标就是要实现孟子描绘的蓝图:"五亩之宅,树之以桑,五十者可以衣帛矣;鸡豚狗彘之畜,勿违其时,七十者可以食肉矣;百亩之田,勿夺其时,数口之家,可以无饥矣;谨庠序之教,申孝弟之义,斑白者不负戴于途。"孔子还说要缩小贫富差距,"丘也闻有国有家者,不患寡而患不均,不患贫而患不安。盖均无贫,和无寡,安无倾"(《季氏篇》);要"君子周急不继富"(《雍也篇》)。同时,从政者不仅要"仁民",还要"爱物","子钓而不纲,弋不射宿"(《述而篇》),说的是要正确处理资源开发、利用与保护的关系,以保持可持续发展。

今天,我们国家总人口已经超过十三亿,可谓"庶矣",社会也发生了巨变,进入社会主义初级阶段和全面建设小康社会时期。富民、教民的水平更高,内容更加丰富,任务更加艰巨。我们党始终代表最广大人民群众的根本利益。党的各级领导干部应亲民爱民,"情为民所系,权为民所用,利为民所谋",坚持以人为本,把发展作为党执政兴国的第一要务,始终坚持以经济建设为中心,全面建设小康社会,让人民过上更富裕的生活;切实加强精神文明、政治文明与和谐社会建设。同时,要高度重视、关心弱势群体,建立和完善社会保障体系,让全体人民共享改革发展的成果。孔老夫子若活在今日,一定会既感欣慰又自叹不如了。

二、为政之德,首在忠信、敬业,立于礼制

全心全意为人民服务,是我们党的根本宗旨。为党和人民的事业鞠躬尽瘁、死而后已,坚持对上负责与对下负责相结合,是我们党的干部高尚的职业道德。科学执政、民主执政、依法执政是我们党的执政方式。从政之德,自然要忠信、敬业,严格依法办事,把依法治国与以德治国有机结合起来。这些思想是对包括《论语》在内的中国优秀传统文化的继承、发展和创新。

(一)为政之德,忠信为先

忠,古代是指忠君,今天可以理解为忠于党、忠于祖国、忠于人民,体现在自觉服从组织安排,认真执行党和政府的方针政策和上级组织的指示。信,主要是讲领导干部对群众作出的承诺要如期兑现,不能敷衍、哄骗群众,也不能欺瞒组织和领导。制定政策要经过深入调研,经过专家论证,保证切实可行,而不能朝令夕改,半途而废,失信于民。当子贡向孔子请教如何从政时,孔子说要"居之无倦,行之以忠";子张问从政的品行时,孔子说要"言忠信,行笃敬"(《卫灵公篇》)。怎样算得上"忠"? 孔子说,要像令尹子文那样,三次当令尹,没有得意、骄矜之色;三次被免令尹,也不愠怒、愤恨;更为可贵的是能做到"旧令尹之政,必以告新令尹"(《公冶长篇》)。

至于信,孔子说得更直接:"人而无信,不知其可也。"(《为政篇》)可见,忠信是从政的重要品德。

(二)为政之德,当勤勉敬业

孔子说过,领导、治理一个拥有千辆兵车的大国,要"敬事而信,节用而爱人"(《学而篇》),不能"饱食终日,无所用心",也不能"群居终日,言不及义"。要慎重对待,考虑周全,不能糊里糊涂拍脑袋草率作决策,造成恶果。同时,要"无欲速,无见小利",因为"欲速则不达,见小利则大事不成"。此外,领导者还要"先之,劳之,无倦",率先垂范,发挥表率作用;要教育、引导部下勤勉敬业、锐意进取、持之以恒、一以贯之。

(三)为政之德,立于礼制

孔子说:"恭而无礼则劳,慎而无礼则葸,勇而无礼则乱,直而无礼则绞。"(《泰伯篇》)应该说,恭敬、谨慎、勇敢、直率都是美德,但是没有"礼"、不讲"礼",会出现很多问题。因此,为政之德还要讲礼、从礼。《论语》中记载了孔子关于礼的特征及作用的论述:"礼之用,和为贵","知和而和,不以礼节之,亦不可行也",法制、规矩的使用,要以有利于人际关系的和谐为目的;但"和"不是和稀泥,不是是非不分,而是要遵从法制规矩。没有"礼"是不行的,所谓没有规矩、不成方圆。孔子也说过:"道之以政,齐之以刑,民免而无耻;道之以德,齐之以礼,有耻且格。"(《为政篇》)没有法律是万万不能的,但法律也不是万能的。如果不通过道德教育提高人的道德水平,就会有人刻意钻法律的空子,恶意地利用法律。所以,一定要把依法治国与以德治国结合起来,使二者相互促进,相得益彰。

三、为政之德,在于得人,在于从政者身正、公正

"为政以德,譬如北辰,居其所而众星共之"(《为政篇》),

意思就是如果从政者道德高尚,就能吸引人、凝聚人、团结人,干成大事业。同时,为政之德还要通过有德之人带动、影响百姓。现在有人说,中央政策是好的,但好政策出不了中南海。那就是一些官员截留了好政策,执行政策不积极、不认真,也就是官员官德缺失。因此,为政之德重在得人,而要得有德之人,领导者又必须自己身正,用人公正,树立正确的用人导向,激发广大干部的积极性。

(一)识人必须准确

为政唯在得人,得人首先要识人。准确识人确实不易。孔子说,识人要"视其所以,观其所由,察其所安"(《为政篇》),就是说识人要看其行为,留意其动机,考察其目的,就是我们今天说的看人要看本质。考察干部当然要广泛听取意见,但对了解到的情况还要认真分析。孔子说,一个人,如果大家都喜欢他,或者大家都厌恶他,这样的人未必一定好或一定坏,对这样的人,要仔细考察。只有那些好人都说他好、坏人都说他不好的人,才是真正的善人。

因此,我们在考察干部时,一方面要坚持群众公认的原则,对多数人不拥护的干部不能重用;另一方面又不能简单地以票数取人。对在民主测评中优秀票得全票、在民主推荐时得全票的干部要认真分析,防止那些到处讨好卖乖、不坚持原则的"乡愿"即老好人得便宜。

(二)用人必须公正

识人难,公正用人更难,而又是最重要的。用人公正,干部群众才会信服,否则会挫伤干部的积极性,产生错误的用人导向。当鲁哀公问"何为则民服"时,孔子说:"举直错诸枉,则民服;举枉错诸直,则民不服。"(《为政篇》)孔子还说过:"举直错诸枉,能使枉者直。"(《颜渊篇》)子夏用事例解释这句话:"舜有天下,选于众,举皋陶,不仁者远矣。汤有天下,选于众,举伊尹,不仁者远矣。"(《颜渊篇》)这就是正确的用人导向产生的积极作用。

用人要公正,关键是用人之人即从政之人要正派正直。季康子问政于孔子,孔子回答说:"政者,正也。子帅以正,孰敢不正?"孔子也说过:"其身正,不令而行;其身不正,虽令不从。"(《子路篇》)孔子还说过:"苟正其身矣,于从政乎何有?不能正其身,如正人何?"(《子路篇》)意思是讲为政者要正心正身。

四、为政之德,贵在修身

为政之德,并非生而有之,而是要通过后天修养而成。《大学》中说,"自天子以至于庶人,壹是皆以修身为本","身修而后家齐,家齐而后国治,国治而后天下平"。可见修身对人尤其是从政者的重要性。

（一）从政者要终身学习

《为政篇》第四章阐述了孔子一生的学习经历:"吾十有五而志于学,三十而立,四十而不惑,五十而知天命,六十而耳顺,七十而从心所欲,不逾矩。"我们今天做公务员、当领导干部,肩负的责任更重、工作更复杂,更要坚持学习,不断提高修养。平时要多听多看多了解情况,慎重表态,慎重决策,以免留下后患。

（二）从政者修身要及时改过

如何对待过错,尤其是当别人指出自己的过错时应如何对待,其所展现的是一个人的修养。孔子赞扬颜回"不迁怒,不贰过",意思是说从政者要尽量避免工作失误,力求少犯错误、不犯错误,特别是不重犯错误;一旦工作出现失误,绝不迁怒于人。孔子听到别人对自己的批评时感到庆幸,"丘也幸,苟有过,人必知之"(《述而篇》);他说,"过而不改,是为过也",一个人有了过错不改,那是真正的过错。"法语之言,能无从乎?改之为贵"(《子罕篇》)。所以,修身特别要有这种闻过则喜的胸怀和知错能改的勇气。我们共产党人是为人民服务的,有了缺点,我们不要怕别人批评指出,更要有为人民利益坚持真理、改正错误的勇气。

(三)从政者要努力成为德才兼备的君子

《论语》中多处提到君子,大部分指的是品德高尚的人。如,"君子周而不比"(《为政篇》)、"君子矜而不争,群而不党"(《卫灵公篇》)、"君子和而不同"(《子路篇》)、"先行其言而后从之"(《为政篇》)、"君子思不出其位"(《宪问篇》),等等。当子路问怎样才能成为君子时,孔子告诉子路:要"修己以敬"、"修己以安人"、"修己以安百姓"。在《为政篇》中,有"子曰:君子不器"一章。意思是君子应该是全才通才,是复合型人才。今天的领导者既要懂业务,又要懂管理;既要懂经济、懂科技、懂法律,又要懂文化、懂历史、懂人文知识,要有合理的知识结构和较宽的知识面。

总之,从政是很不容易的。孔子对从政者的要求很高,把从政看成有德有才者才能担当的大事。

(本文原载《宣城工作》2007年第9期)

"礼之用 和为贵"
——《论语》对和谐社会建设的启示

"礼之用,和为贵",出自《论语》第一篇第十二章。"有子曰:'礼之用,和为贵。先王之道,斯为美;小大由之。有所不行。知和而和,不以礼节之,亦不可行也。'"主要意思是,礼的运用,要以和谐为最高目标。"礼"是《论语》中一个极为重要的概念,书中讲礼的地方有73处之多,仅次于仁。礼的含义很丰富,主要有:一是指礼节、仪式、习俗,如"子贡欲去告朔之饩羊。子曰:'赐也!尔爱其羊,我爱其礼。"(《八佾篇》)这里的"礼"是指祭祀的仪式。二是指人的行为规范、道德准则,如"子曰:'恭而无礼则劳,慎而无礼则葸,勇而无礼则乱,直而无礼则绞。'"(《泰伯篇》)三是指典章、法律、制度,如"子曰:'殷因于夏礼,所损益,可知也;周因于殷礼,所损益,可知也。其或继周者,虽百世,可知也。'"(《为政篇》)

礼说到底是一种文化,是一种价值观念,对人起着潜移默化而又深刻持久的影响。无论是法律制度、礼节仪式还是行为规范,总的功用都是为了协调人类社会的各种关系,正如《左传》中所说:"夫礼者,所以经国家,定社稷,序民人,利后嗣者也。"可见,礼有利于人际关系的和睦、社会的和谐、天下的太平、世界的和平。孔子关于"礼"与"和"的关系的论述,对我们今天构建社会主义和谐社会有着积极的借鉴意义。

一、礼的作用是深刻广泛的，功用在于协调人类社会的各种关系

中国素有"文明古国"、"礼仪之邦"的美称。即使在当今时代的社会生活中，礼的作用也是很广泛的。

第一，礼作为一种仪式，可以培养人的高尚情操和真挚情感，使人保持内心和谐。仪式，作为礼的一种外在形式，会对人产生很大影响。过去，我们常批评繁文缛礼。繁文缛礼固然要抛弃，但必要的仪式、礼节非但不能少，还是很必需的。比如，结婚举行一定的仪式，请亲戚朋友参加，让众人见证，可以增强男女双方的幸福感和责任感，改变对婚姻的随意态度。比如，基督教每周举行礼拜，对于净化教徒心灵、保持教徒内心的宁静是有积极作用的。再比如，一些企业，天天召开晨会，举行升旗仪式，可以增强员工对企业价值观的认同和他们的归属感、荣誉感。再从大的方面讲，天安门广场天天举行升国旗仪式，各级党组织、政府、群团组织举行集会时，要唱国歌，这都有利于增强人民群众对祖国的感情、民族自豪感，凝聚全中国人民的力量，为中国特色社会主义事业而奋斗。从这个意义上讲，"礼之用，和为贵"中的"和"，不单是和睦、和谐的意思，还有统一思想意志、凝聚力量、凝聚人心、增强荣誉感的意思。

作为一种礼节，礼可以构筑连心桥，促进人与人之间关系的融洽和谐。礼节是进行人际交往的重要纽带，古人说，"来而不往，非礼也"。这个礼就是礼节的意思。仪式其实也是礼节的一种。国家元首进行国事访问时，被访问国都要举行欢迎仪式。国与国之间的关系，如同人与人之间的交往，道理都是一样的。这就是礼节的作用。

第二，礼作为规范和约束人的行为的一种形式，可以起到维护和谐的人际关系和稳定的社会秩序的作用。孔子说过:"君子博学于文,约之以礼,亦可以弗畔矣夫。"(《雍也篇》)意思就是,如果君子用礼这种规范来约束自己的行为,就不会有大的过失。相反,如果没有行为规范,不受行为规范约束,就会"恭而无礼则劳,慎而无礼则葸,勇而无礼则乱,直无而礼则绞"(《泰伯篇》)。所以孔子多次说,"不学礼,无以立",他还说:"能以礼让为国乎?何有?不能以礼让为国,如礼何?"(《里仁篇》)可见,礼对于维护和谐的人际关系和稳定的社会秩序,是十分重要的。

第三,礼作为一种典章、法律制度和政策,是维护社会安定的重要保证。古代中国只有刑律而没有法律,现代意义上的法很多存在于礼法之中,许多政策其实也存在于礼法之中。比如,"周急不继富"(《雍也篇》)、"损有余而补不足"等政策,都有利于缓和社会矛盾,协调不同利益集团的社会成员之间的关系。

二、礼的运用要以有利于和谐为最高目标,"和"是礼的根本价值取向

本文开始就引用了孔子的弟子有子的话,"礼之用,和为贵",意思是礼的运用要以有利于"和谐"为最高目标。无论是礼节仪式、行为规范还是典章制度,其作用都是为了人际关系融洽,为了社会和谐,为了世界和平、天下太平,为了化解矛盾纠纷,为了防止和避免冲突、战争。所以,礼的运用要着重把握以下几个方面:

第一,礼存在于生活的时时处处,为礼要随时随处随事。马克思说过:"人的本质,并不是单个人所固有的抽象物。在现实性上,它是一切社会关系的总和。"正因为如此,人在社会关系中有种种不同的角色或者说不同的身份,人与人之间时时存在交往,所以,礼也时时处处存在。《论语》第十篇记载了孔子的日常生活,从中可以看出,孔子是时时处处讲究礼的。在家乡,与父老乡亲讲话时,孔子"恂恂如也,似不能言者",而不是自以为是、故意卖弄、夸夸其谈,"乡人饮酒,杖者出,斯出矣",表现出敬老、礼让的品质。文中还记载了孔子在上朝时,与上级、下级、国君讲话时的不同态度,记载了接待外宾、出使他国时的情景,对待朋友、家人、居丧者、残疾者的情形等,都体现出孔子时时处处重视礼、讲究礼。

第二,为礼要发自内心,不在乎形式,不为礼而礼。孔子曾说:"居上不宽,为礼不敬,临丧不哀,吾何以观之哉?"在他看来,为礼要有发自内心的感情,如果为礼内心不敬,徒有其表,没有任何意义,正如第三篇《八佾篇》中记载,"林放问礼之本。子曰:'大哉问!礼,与其奢也,宁俭;丧,与其易也,宁戚'",要求为礼必须发自内心。最典型的是孔子批评宰予的话。"子曰:食乎稻,衣乎锦,汝安乎?(宰予)曰:安。(子)曰:汝安则为之。君子居其丧也,食脂不甘,闻乐不乐,居处不安。今汝安,则为之"。孔子是这样说,也是这样做的。他"食于居丧者之侧,未尝饱也",是因为他内心真正有悲切的感情。所以,当我们唱国歌、向国旗敬礼时,要有真正的爱国情感,否则,就起不到强化热爱祖国的情感的作用。至于当今一些人,为了达到某一目的,心里在痛骂着一个人,却要去给其送礼,还要说出一大堆动听的话来,即如孔子说的那样,"匿其怨而友其人",那就完全不是行礼,而是在谄媚与巴结权贵了。

第三,为礼不能僭越。孔子曾批评季氏等三个大夫家开家庭舞会时,场面盛大,搞了个由八列、每列八人共六十四人组成的乐队。这在当时是违背礼制的。按礼制,这样的阵容只能是天子才可以用,而诸侯只能是"六佾",大夫是"四佾"。

所以,孔子批评季氏越礼,并提出,季氏连这样的事都能做,还有什么不敢做呢?不仅季氏这样,孟、叔两家也在家里唱起《雍》这种只能在朝廷演奏的"国歌",同样是违背礼法的。有人批判儒家的礼教是吃人的礼教,是搞封建等级制。对此,我们应该全面辩证地分析。一方面,从历史来看,周公制礼,是为了适应宗法封建制,是为了分别上下尊卑。孔子制礼,是为了重新理顺各种人际关系,以维护社会的安定,促进社会的发展,他认识到"礼,时为大,顺次之",就是说,坚持顺应时代发展趋势的制礼原则是首要的,而是否顺乎等级名分则是次要的。另一方面,孔子是主张人格平等的,他的"君君臣臣、父父子子",强调的是君臣父子的相互义务和权利,强调的是人格的平等,而承认尊卑、长幼不同,在今天也是客观存在的。比如,我们今天说要尊老爱幼,尊敬领导,关心下属,就有这样的意思。可见,孔子的礼是处理各种人际关系所必须遵守的行为规范。

第四,为礼要恰当,不搞繁文缛礼。孔子是主张"中庸"、认为"过犹不及",在为礼上也是这样。为礼要恰当,有利于和谐,但并不是礼越多越繁越好。如果为礼过度,那就完全成了形式,反而是一种负担,令人生厌,没有实际意义。礼节过多,人们会感到太繁,觉得不自在;规矩太多,束缚了人的思想,不利于人的身心和谐;法律制度太多,"刑之以法,民免而无耻"。秦始皇时刑律繁杂,终致秦王朝存在几十年就灭亡了。法律的运用同样有助于人际关系的和谐,有助于矛盾的化解。《学治臆说·法贵准情》中引用杭州行金玉府副总管罗世荣判的案例说明了这个道理:"有匠人程限稽违案具,吏引决。罗曰:'吾闻其新娶,取责之,舅姑必以新妇不利、口舌之余不测击焉;姑置勿问。后或再犯,重加惩治可也。'此真仁人之言。"这就是律设大法、礼顺人情的道理。

在运用礼时,要注意礼与仁、义、智、信、乐的关系。在孔子那里,礼与仁、义、智、信、乐是密切关联的。礼的根本是仁,礼是仁的外在形式,孔子说过:"人而不仁,如礼何?人而不仁,如乐何?"(《八佾篇》)"颜渊问仁。子曰:'克己复礼为仁。一日克己复礼,天下归仁焉'"(《颜渊篇》)。礼要恰当、适宜,也就是礼要以"义"为原则;无论是制礼还是为礼都要有智慧;为礼还要讲究信用、诚信,内心要诚敬;礼还与乐关系密切,礼很多情况下要通过音乐来表现。

三、孔子之礼对后世的影响及其现实意义

《论语》中的礼,对后世影响深远。我们常说,中国是文明古国、礼仪之邦。世世代代,国人都重礼、崇礼、守礼。礼对于维护社会秩序的稳定,起着重要的积极作用。但孔子的礼在后世也发生了变化,被封建统治阶级所利用。比如,孔子说的"君君臣臣、父父子子",强调的是君臣父子的相互关系,但后来发展成"君为臣纲、父为子纲、夫为妻纲",到后来更演变成"君叫臣死,臣不得不死,父叫子亡,子不得不亡"。所以,五四运动时期,这些伦理纲常被批判为吃人的封建礼教。这与孔子制礼的目的已经大相径庭了。

当今时代呈现出很多新的特点:一是随着世界多极化、经济全球化、科技一体化的发展,信息的传输速度大大加快,人与人之间的空间距离大大缩短,但心与心的距离却扩大了;二是由于工作、生活节奏的加快,人们更加重视效率,人们之间的交流趋向简单化,作为传统交流方式的书信,已鲜有人用,人们用电话、短信来交流,而且特别吝啬词句;三是由于物质财富的丰富,人们更加重视物质利益、物质享受,人们的交往趋向功利化;四是随着民主政治的不断发展,人们的平等观念进一步强化,同时又往往把人格平等与身份上的

不可能平等、把权利平等与事实上的不平等混为一谈，使人与人的交往趋向随意化，从而导致人际关系的无序。所以，时代呼唤建立新的礼教，构建新的人际关系。在这样的时代背景下，对传统的人伦礼教进行改造，古为今用，其意义是不言而喻的。

再从国内来看，现今我们党处于执政地位，是执政党。与革命时期相比，党的任务、执政理念发生了质的变化。过去，我们党为砸碎一个旧世界，"与天斗其乐无穷，与地斗其乐无穷，与人斗其乐无穷"。现在的任务是建设一个新世界，更多的是建设，是维护社会安定、政治稳定。十六大以来，我们党提出了构建社会主义和谐社会的战略思想。建设和谐社会，和谐文化创建十分重要。

创建和谐文化一个重要的方面，就是继承、弘扬中华民族优秀传统文化，包括赋予传统的人际伦常以新的、符合时代精神的含义，从而促进社会的和谐。具体说来，在深入贯彻科学发展观、实现经济社会又好又快发展、大大增加社会财富的过程中，要特别注意做好几件事：一是重视礼仪教育培训。例如，当年我国承办奥运会，体现人文奥运理念很重要的一个方面，就是向全世界展示中国的灿烂文明，而其最重要的载体就是中国人的言谈举止。所以，进行礼仪的教育培训迫在眉睫。据报道，为迎接奥运会召开，有关方面曾加紧对礼仪小姐进行集训、对北京市民进行礼仪教育。二是提高道德水平和文化素养，这是礼仪教化的本质要求。礼是仁的外在形式，道德水平和文化素质不提高，礼仪礼节就只能是作秀、做作。三是进一步完善法律制度。社会和谐不是没有矛盾，建设和谐社会也不是回避矛盾，不分是非，搞一团和气。《论语》中说："知和而和，不以礼节之，亦不可行也。"（《学而篇》）可见，实现社会和谐，需要包括行为规范、法律制度在内的"礼"来调节,这与建设社会主义和谐社会需要"民主法制"是一致的。法律制度是最后一道屏障,是对人的行为的强制性约束。法律不是万能的,但没有法律是万万不能的。四是坚持可持续发展战略,正确处理经济发展与人口、资源、环境保护的关系,把资源的合理开发与保护有机结合起来,实现和促进人与自然的和谐。"礼之用,和为贵"不仅体现在人的身心和谐、人际和谐、社会和谐上,也体现在人与自然的和谐上。

"里仁为美"

"里仁为美",是《论语》第四篇《里仁篇》的第一句:"子曰:'里仁为美。择不处仁,焉得知?'"意思是,使自己处在"仁"的状态中才是好的、美的;如果不处在"仁"的状态中,怎么能算是聪明呢?这一篇是《论语》中最重要的一篇,较为集中地记载了孔子的仁学思想。另外,第十二篇《颜渊篇》也重点论述了"仁"的问题。"仁"的思想是孔子最重要的思想,"仁"的学说是孔子学说的核心,也是孔子及其弟子毕生追求的最完美的道德境界。据统计,《论语》有58段论述"仁"的问题,提到"仁"的地方共有109处。《论语》对什么是"仁","仁"对人的生活、工作、发展及对人的幸福、健康有什么意义和价值,怎样才能使人有仁心仁德、成为一个仁人等问题进行了阐释,赋予"仁"以丰富的内涵。我们每个人,不论是做学问、经商、从政还是干别的营生,也无论是对待苦乐、是非、穷达、贫富,都应该以仁为本,使自己成为真正"大写的人"。

一、《论语》中"仁"的丰富内涵

"仁"这个字,是象形字,是两人鞠躬的形态,表示亲爱、平等的含义。《中庸》记孔子之言说:"仁者,人也,亲亲为大。"可见,"仁"表示与人相处以相亲为最高原则,即以平等、亲爱的心态面对自己、面对世界、面对他人。在《论语》中,孔

子直接、正面回答什么是仁的,有下面若干章句:

"樊迟问仁。子曰:仁者先难而后获,可谓仁矣"。(《雍也篇》)孔子回答樊迟问仁的话,意思是:有仁德的人,有困难率先承担,有好处最后享受,这可以算是仁了。这同后代范仲淹的"先天下之忧而忧,后天下之乐而乐",与我们今天倡导的吃苦在前、享乐在后,意思都是相同的。

"颜渊问仁。子曰:'克己复礼为仁。一日克己复礼,天下归仁焉。为仁由己,而由人乎哉?'颜渊曰:'请问其目。'子曰:'非礼勿视,非礼勿听,非礼勿言,非言勿动。'颜渊曰:'回虽不敏,请事斯语矣。'"(《颜渊篇》)孔子对颜渊的回答是"克己复礼"。"文革"时对孔子批判最多的就是这四个字,现在看来,当时是曲解了孔子的意思。理性地思考,人的动物性是与生俱来的,如果不克制自己的欲望,不加强修养,就不能达到仁。对那些不符合法律、道德的行为,只有不去看、不去听、不去说、不去做,才能达到仁的境界。

"仲弓问仁。子曰:'出门如见大宾,使民如承大祭。己所不欲,勿施于人。在邦无怨,在家无怨。'仲弓曰:'雍虽不敏,请事斯语矣。'"(《颜渊篇》)这里,孔子从三个方面回答仲弓关于仁的提问。所谓"仁",一是要敬,像接待贵宾、举行大祭那样,心怀诚意和敬意;二是设身处地替他人着想,进行换位思考,自己不喜欢、不乐意的事不强求别人去做;三是无论在单位、在社会上还是在家里都不无端怨恨别人。

"司马牛问仁。子曰:'仁者,其切言也。'曰:'其言也切,斯谓之仁已乎?'子曰:'为之难,言之得无切乎?'"(《颜渊篇》)孔子说,"仁"就是说话要谨慎。

"樊迟问仁。子曰:'爱人。'问知。子曰:'知人。'樊迟未达。子曰:'举直错诸枉,能使枉者直。'樊迟退,见子夏,曰:'乡也吾见于夫子而问知,子曰:举直错诸枉,能使枉者直,何谓也？'子夏曰：'富哉言乎！舜有天下，选于众，举皋陶，不仁者远矣。汤有天下，选于众，举伊尹，不仁者远矣'"。(《颜渊篇》)仁者爱人，是对孔子"仁"思想最多最通俗的阐述。其实，"仁者爱人"的意思非常丰富，爱人，指爱他人，爱亲人，爱自己，爱一切值得爱的人。

"樊迟问仁。子曰：居处恭，执事敬，与人忠。虽之夷狄，不可弃也。"(《子路篇》)孔子又回答樊迟说，仁，就是恭、敬、忠。

"子张问仁于孔子。子曰：能行五者于天下为仁矣。请问之。曰：恭，宽，信，敏惠。恭则不侮，宽则得众，信则人任焉，敏则有功，惠则足以使人"(《阳货篇》)。孔子回答子张，仁是恭、宽、信、敏、惠。

"子贡曰：'如有博施于民而能济众，何如？可谓仁乎？'子曰：'何事于仁！必也圣乎！尧舜其犹病诸！夫仁者，己欲立而立人，己欲达而达人。能近取譬，可谓仁之方也已？'"(《雍也篇》)这里，孔子对"仁"的回答是，"仁"是"己欲立而立人，己欲达而达人"。自己想有所建树，也能让其他人有所建树；自己想做到的，也能帮助别人做到。

上面是孔子回答弟子什么是仁。可以看出，孔子对不同的人回答不同，即使是同一个人，比如樊迟，在不同的情况下，孔子的回答也有不同。《论语》中还记载有孔子的学生对"仁"的理解。如，"子夏曰：博学而笃志，切问而近思，仁在其中矣"(《子张篇》)。"有子曰：其为人也孝弟而好犯上者，鲜矣；不好犯上，而好作乱者，未之有也。君子务本，本立而道生。孝弟也者，其为仁之本与？"(《学而篇》)这些都是对孔子"仁"思想的重要补充。

从上面的分析看，孔子并没有简单、笼统地给"仁"下一个定义，而是列举哪些行为可以算作是仁。这一方面说明

"仁"确实是一个复杂的伦理范畴,不是一两句话可以概括的;另一方面也体现了孔子的务实谦虚。为了把"仁"的问题说透彻一些,孔子还从反面论述哪些行为不能算是"仁"。如:

"子曰:巧言令色,鲜矣仁"(《学而篇》)。孔子说,巧言令色,左丘明耻之,丘亦耻之;还说"巧言乱德";当有人批评冉雍"仁而不佞"时,孔子就说,那些口才好、会说好听话的人未必仁。

"宪问耻。子曰:'邦有道,谷;邦无道,谷,耻也。'曰:'克、伐、怨、欲不行焉,可以为仁矣?'子曰:'可以为难矣,仁则吾不知也。'"(《宪问篇》)在孔子看来,仁是不容易的,"克、伐、怨、欲不行焉",已难做到,更别提达到仁了。

此外,孔子还用具体例子说明什么是仁、什么不是仁。如:

"子钓而不纲,弋不射宿"(《述而篇》)。孔子在捕鱼、射猎时,不是一网打尽、竭泽而渔,而是讲究适度,体现了爱物的情怀,用今天的话说,就是坚持走可持续发展的路子,把对资源的开发、利用与保护统一起来。这是一种"仁"的精神。

"子路曰:'桓公杀公子纠,召忽死之,管仲不死。'曰:'未仁乎?'子曰:'桓公九合诸侯,不以兵车,管仲之力也。如其仁,如其仁'"。

"子贡曰:'管仲非仁者与?桓公杀公子纠,不能死,又相之。'子曰:'管仲相桓公,霸诸侯,一匡天下,民到于今受其赐。'微管仲,吾其被发左衽矣。岂若匹夫匹妇之为谅也,自经于沟渎而莫之知也"(《宪问篇》)。

这两段话,通过孔子对子路、子贡"管仲不仁"评论的纠正,说明真正的大仁,不拘泥于个人的名节,而在于为百姓谋福利、对社会作贡献。孔子还以微子、箕子、比干为例,说明

什么是仁。"微子去之,箕子为之奴,比干谏而死。孔子曰:殷有三仁焉"。(《微子篇》)

下面几段话,孔子列举子路、冉有、公西华、子文、陈文子、子张、宰予没有达到仁,来说明未仁的行为。

"孟武伯问'子路仁乎?'子曰:'不知也。'又问。子曰:'由也,千乘之国,可使治其赋也,不知其仁也。''求也何如?'子曰:'求也,千室之邑,百乘之家,可使为之宰也,不知其仁也。''赤也何如?'子曰:'赤也,束带立于朝,可使与宾客言也,不知其仁也'"。(《公冶长篇》)

"子张问曰:'令尹子文三仕为令尹,无喜色;三已之,无愠色。旧令尹之政,必以告新令尹。何如?'子曰:'忠矣。'曰:'仁矣乎?'曰:'未知,焉得仁?''崔子弑齐君,陈文子有马十乘,弃而违之。至于他邦,则曰:犹吾大夫崔子也。违之。之一邦,则又曰:犹吾大夫崔子也。违之。何如?'子曰:'清矣'。曰:'仁矣乎?'曰:'未知,焉得仁?'"(《公冶长篇》)

"宰我问:'三年之丧,期已久矣。君子三年不为礼,礼必坏;三年不为乐,乐必崩。旧谷既没,新谷既升,钻燧改火,期可已矣。'子曰:'食夫稻,衣夫锦,于女安乎?'曰:'安。''女安,则为之!夫君子之居丧,食旨不甘,闻乐不乐,居处不安,故不为也。今女安,则为之!'宰我出。子曰:'予之不仁也!子生三年,然后免于父母之怀。夫三年之丧,天下之通丧也,予也有三年之爱于其父母乎!'"(《阳货篇》)

子路可使治其赋,冉有可为之宰,公西华可言于宾客,但不能说已经达到"仁";令尹子文忠、陈文子清,也不能说达到"仁";子张难能可贵,不敢说"仁";至于宰予,不能守孝三年,更是不仁。

通过上面的分析,我们对于"仁"的内涵有了大致了解,对之,可以作如下概括:第一,仁要爱人。仁始于孝悌,亲亲,仁民,爱物。首先是爱亲人、爱身边的人,并且推己及人,推而广之,大爱无疆。《礼记·礼运篇》中记载:孔子对子游说:大道之行也,天下为公。选贤与能,讲信修睦,故人不独亲其亲,不独子其子;使老有所终,壮有所用,幼有所长,鳏寡孤独废疾者,皆有所养。第二,仁有"五德",恭、宽、信、敏、惠。第三,仁要惠及百姓、众生,仁民爱物,讲究实际效果。第四,仁要明是非、有原则,不能搞"糊涂的爱"。

"仁"作为一种伦理,体现在人本哲学上,就是要修身以达到最高的道德境界;体现在政治上,就是实施仁政;体现在教育上,就是有教无类,促进人的全面发展;体现在方法上,就是中庸,中正、中和,执其两端、允执其中,和而不同。

二、"仁"对于人的意义和价值

仁,本来就是一个人为人、处事、行政的正确原则和伦理,仁之于人,具有十分重要的意义。《论语》对此也多有阐述。

"子曰:人而不仁,如礼何?人而不仁,如乐何?"(《里仁篇》)如果不仁,怎么能讲礼讲乐呢?

"子曰:不仁者不可以久处约,不可以长处乐。仁者安仁,知者利仁"(《里仁篇》)。不仁的人,既不能长久地处于贫困中,也不能长久地处于富贵中。不仁的人,必然"穷斯滥矣","好勇疾贫,乱也";不仁的人富而后骄,富而后淫,因此也不能久处富贵。正如孔子所说,"知及之,仁不能守之;虽得之,必失之"(《卫灵公篇》)。

"子曰:苟志于仁矣,无恶也"(《里仁篇》)。有志于仁的人,不会作恶。

"子曰:富与贵,是人之所欲也;不以其道得之,不处也。贫与贱,是人之所恶也;不以其道得之,不去也。君子去仁,恶乎成名？君子无终食之间违仁，造次必于是，颠沛必于是"（《里仁篇》）。君子离开了"仁"，就不会成就英名，所以君子时刻坚守仁，连一餐饭的时间也不放下仁。

"子曰：民之于仁也，甚于水火。水火，吾见蹈而死者矣，未见蹈仁而死者也"（《卫灵公篇》）。"仁"的品德对于人有百益而无一害，百姓对于仁的需要，比水火还迫切。

仁对于人的作用，犹如今天说的正确的世界观、人生观、价值观对人的决定作用；追求仁，其实就是追求真、善、美，对于党员、干部来说，就是爱党、爱国、爱民，就是要坚持立党为公、执政为民，就是要坚持情为民所系、权为民所用、利为民所谋，就是要为党和人民的事业鞠躬尽瘁、死而后已。只有明白这些道理，具备这些仁德，才能做"一个高尚的人，一个纯粹的人，一个脱离了低级趣味的人，一个有益于人民的人"。

三、"仁"的追求与实现

"仁"对于人这样重要，那么如何才能追求仁、达到仁呢？孔子一方面认为，达到仁不容易。他说自己也没有做到仁，"若圣与仁，则吾岂敢？抑为之不厌，诲人不倦，则可谓云尔已矣"。至于治国行仁政，那就更不易，因为政治有它自身的规律，所以孔子说，"如有王者，必世而后仁"。意思是，即使圣王治国，也要30年才能行仁政。

另一方面认为只要努力去追求，就可达到"仁"，他说："仁远乎哉？我欲仁，斯仁至矣。"（《述而篇》）很多人不愿意行仁，却说自己能力不够，实际上是没有努力，只要努力就完全可以达到"仁"的境界。"有能一日用其力于仁矣乎？我未见力不足者。盖有之矣，我未之见也"（《里仁篇》）。如果真心追求仁，仁就会长久不离身，孔子赞扬颜回"其心三月不违仁"(《雍也篇》),但如果不能一以贯之的坚持,那么仁就只能"日月至焉而已矣"(《雍也篇》)。

至于如何学习、实践"仁",孔子提出了一些方法。

"子贡问为仁。子曰:工欲善其事,必先利其器。居是邦也,事其大夫之贤者,友其士之仁者"(《卫灵公篇》)。孔子的意思是,为仁要与贤者、仁者结交,向他们学习。《论语》中还借用曾子的话来说明结交贤人的作用。"曾子曰:君子以文会友,以友辅仁"(《颜渊篇》)。

当然,君子为仁结交贤友,要防止上当受骗,提防小人的"陷阱"。《论语》中记载了宰予与孔子的一段对话,值得重视。"宰我问曰:仁者,虽告之曰:井有仁焉,其从之也?子曰:何为其然也?君子可逝也,不可陷也;可欺也,不可罔也"。因为"志士仁人,无求生以害仁,有杀身以成仁"(《卫灵公篇》),所以切不可仅有一颗善良的心,仁还要有智慧才行。总之,追求仁一是可能,二是不易,正如孔子所说,"君子而不仁者有矣乎,未有小人而仁者矣"。

四、与"仁"紧密相关的概念

《论语》中,有几个概念常与"仁"联系在一起,如知、礼、道、德等。罗列如下。

子曰:知者乐水,仁者乐山。知者动,仁者静。知者乐,仁者寿。(《雍也篇》)

子曰:志于道,据于德,依于仁,游于艺。(《述而篇》)

子曰:恭而无礼则劳,慎而无礼则葸,勇而无礼则乱,直无而礼则绞。君子笃于亲,则民兴于仁;故旧不遗,则民不偷。(《泰伯篇》)

曾子曰:士不可以不弘毅,任重而道远。仁以为己任,不亦重乎?死而后已,不亦远乎?(《泰伯篇》)

子曰：知者不惑，仁者不忧，勇者不惧。(《子罕篇》)

子曰：君子道者三，我无能焉：仁者不忧，知者不惑，勇者不惧。子贡曰：夫子自道也。(《宪问篇》)

子张问于孔子曰：何如斯可以从政矣？子曰：尊五美，屏四恶，斯可以从政矣。子张曰：何谓五美？子曰：君子惠而不费，劳而不怨，欲而不贪，泰而不骄，威而不猛。子张曰：何谓惠而不费？子曰：因民之所利而利之，斯不亦惠而不费乎？择可劳而劳之，又谁怨？欲仁而得仁，又焉贪？君子无众寡，无小大，无敢慢，斯不亦泰而不骄乎？君子正其衣冠，尊其瞻视，俨然人望而畏之，斯不亦威而不猛乎？子张曰：何谓四恶？子曰：不教而杀谓之虐；不戒视成谓之暴；慢令致期谓之贼；犹之与人也，出纳之吝谓之有司。(《尧曰篇》)

从上面的分析看，仁与知、礼、乐、道、德等都是有紧密联系的。

五、其他典籍中关于孔子谈"仁"的记载

孔子关于"仁"的论述，主要集中在《论语》中，在上文中所引用《中庸》及其他典籍中也有记载。聂猷轩先生的《孔子经典言论全编》还列举了以下几段：

"孔子曰：仁不可为众也。夫国君好仁，天下无敌"。(《孟子·离娄上》)主要讲"仁"的重要作用，意思是，仁的巨大威力，不能以人数众多来代替。如果国君爱好仁，就可以天下无敌。

"子曰：无欲而好仁者，无畏而恶不仁者，天下一人而已矣。是故君子议道自己，而置法以民"。(《礼记·表记》)

"子曰：仁有三，与仁同功而异情。与仁同功，其仁未可知也；与仁同过，然后其仁可知也。仁者安仁，知者利仁，畏罪者强仁。仁者右也，道者左也。仁者人也，道者义也。厚

于仁者薄于义,亲而不尊;厚于义者薄于仁,尊而不亲。道有至,义,有考。至道以王,义道以霸,考道以为无失"。(《礼记·表记》)

"子言之:仁有数,义有长短大小,中心憯怛,爱人之仁也。率法而强之,资仁者也。《诗》云:丰水有芑,武王岂不仕?诒厥孙谋,以燕翼子。武王烝哉!数世之仁也。《国风》曰:我今不阅,皇恤我后,终身之仁也"。(《礼记·表记》)

"子曰:仁之为器重,其为道远,举者莫能胜也,行者莫能致也。取数多者,仁也。夫勉于仁者,不亦难乎?是故君子以义度人则难为人;以人望人则贤可知已矣"。(《礼记·表记》)

"子曰:中心安仁,天下一人而矣。《大雅》曰:德辑如毛,民鲜克举之。我仪图之,唯仲山甫举之,爱莫助之。"(《礼记·表记》)

"子曰:仁之难成久矣!人人失其所好。故仁者之过,易辞也。"(《礼记·表记》)

子曰:恭近礼,俭近仁,信近情。敬让以行,此虽有过,其不甚矣。夫恭寡过,情可信,俭易容也,以此失之者,不亦鲜乎?《诗》曰:温温恭人,惟德之基"。(《礼记·表记》)

"温良者,仁之本也;敬慎者,仁之地也;宽裕者,仁之作也;孙接者,仁之能也;礼节者,仁之貌也;言谈者,仁之文也;歌乐者,仁之和也;分散者,仁之施也。儒皆兼此而有之,犹且不敢言仁也,其尊让有如此者"。(《礼记·儒行》)

六、我们今天应该继承和发扬孔子"仁"的哪些思想

"文革"时期,批林批孔,说孔子是没落奴隶主阶级的代表,孔子的仁爱是有阶级性的,他爱的是奴隶主阶级,而不可能爱劳动人民。今天人们的理解不再这么狭隘。但孔子的

仁学思想,毕竟产生于两千多年前。今天我们要赋予它以新的时代意义和内涵,使其体现时代性,更加贴近时代,贴近人民,从而服务于中国特色社会主义事业。

经商做生意不能不仁。我们所处的是市场经济时代。市场经济以市场为基础配置资源,这决定每一个经济主体都努力追求利益的最大化。在经济生活中,应用"仁"的道德标准来衡量,追求自身利益要"以其道得之",应强调合法合理合情,也就是要用正当合法的手段,"以诚实守信为荣,以见利忘义为耻","以团结互助为荣,以损人利己为耻"。

从政当公务员不能不仁。我们现在所处的是民主政治日益发展的文明社会。人民当家做主,干部是公仆。所以,在政治和社会活动中,要用仁的标准来要求。一个公务员,不仅要爱父母、爱妻子,还要把这种爱推及到广大人民群众身上,热爱人民,热爱祖国,全心全意为人民服务,真正做到情为民所系、权为民所用、利为民所谋;要以人民拥护不拥护、同意不同意、高兴不高兴为标准;要问政于民、问计于民、问需于民,坚持发展为了人民、发展依靠人民、发展成果由人民共享。

做学问、当教师不能不仁。我们所处的是一个科技发展日新月异的知识经济时代。做学问、当教师,教学相长。所以,用仁的标准来衡量,要谦虚好问,"知之为知之,不知为不知";要学而不厌,诲人不倦,有教无类,循循善诱。不剽窃他人的科研成果,也不急于成为学术超男、超女。

最后,我们回过头再来看"里仁为美"的意思。里仁为美,就是让自己的思想、心境处在仁的状态,也就是说,让自己心存和怀抱仁爱、仁厚、仁义、仁德。这样,不仅会使自己受人敬重,人际关系和谐,而且使自己内心平静、平和、和谐,从而有益于身心健康。我们常说,助人为乐。确实,经常行善，经常帮助别人，是快乐、幸福、有助于身心健康的。相反，一个人不仁、不义，不忠、不孝，心里阴暗，经常想着得不义之财，存非分之想，行亏心之事，或者贪污受贿，或者趋炎附势，跑官买官，心里经常处于冲突、紧张状态，身体就会分泌出毒素，即使侥幸有所得，又有什么快乐可言呢？难怪那些贪官说自己搞腐败特别辛苦。至于那些长期畏罪潜逃的人，东躲西藏，更是苦不堪言，只有自首或者被抓获后心里才有些许轻松。这不就是"里仁为美"的道理吗？

听其言 观其行
——谈谈孔子的知人识人方法

知人识人，历来不易。平常我们说的"察言观色"，是一种识人的方法。所谓"察言观色"，就是看一个人说了什么话（包括发表了什么演讲、写了什么文章），是怎么说的，说这些话时是什么神情，从而识别他说的话是真话还是假话，是实话还是虚话、空话、套话、废话，从中了解一个人的品德。这还不够，还要看一个人做了什么，是怎么做的，说的与做的是否一致，也就是要"听其言 观其行"。了解一个人的德和才，主要考察其言行。

早在两千多年前，孔子就说过看人要"听其言，观其行"。《论语》第五篇《公冶长篇》记载："宰予昼寝。子曰：朽木不可雕也，粪土之墙不可杇也；于予与何诛？子曰：始吾于人也，听其言而信其行；今吾于人也，听其言而观其行。于予与改是。"孔子指出自己识人的不足，认为不能听其言就信其行。这对于我们今天全面、准确、真实地看待人、认识人、了解人，是很有借鉴意义的。《公冶长篇》及《雍也篇》中，记载了孔子对其弟子及先人的评价，这些评价都是孔子通过"听其言，观其行"得出的。比如，他说公冶长"可妻也，虽在缧绁之中，非其罪也"，并"以其子妻之"。公冶长虽然进了监狱，但孔子通过长期观察，认为他没有罪，还把女儿嫁给了他。孔子认为南容"邦有道，不废；邦无道，免于刑戮"，"以其兄之子妻之"。孔子认为,如果光"听其言"就"信其行",那么认识就可能不全面、不准确,必须"听其言,观其行"。

"听其言,观其行",是一种重要的识人方法。言行一致的君子并非没有,对于他们,"听其言"就可以"信其行"。但是,古往今来,口是心非、言行不一的也大有人在。比如,李登辉、陈水扁,一会儿信誓旦旦不搞"台独",一会儿又搞"去中国化"、搞"入联公投";再比如,达赖集团,表面上说不反对中国举办奥运会,说不搞分裂祖国活动,暗地里却策划组织"3·14"打砸抢烧事件,干扰奥运圣火传递。对于他们,就要擦亮眼睛,不仅要"听其言",更要"观其行"。一些腐败分子也是这样。他们在台上反腐败喊得震天响,慷慨激昂,有的还给组织写血书,信誓旦旦表示坚守清廉,但是一有机会就经受不住诱惑,伸出了贪婪之手,谋取不义之财。因此,看人、考察干部,不仅要看其说什么、怎么说,更要看其干什么、怎么干,不被其动听的演讲、报告所蒙蔽,而要在实践中、到老百姓中去了解。只有这样,才能全面、真实、准确地了解干部的德才素质。

"听其言,观其行",二者不能偏废,两者都需要。语言是思想的载体,人的思想、感情要通过语言来表达。说话写文章,一定程度上体现了一个人的综合素质,从中可以看出一个人的理论水平、分析问题判断是非的能力、逻辑思维能力、应变能力,可以看出一个人的品德、修养和诚实程度。研究生考试中的面试、各类招聘考试及公开选拔中的面试,都主要"听其言"(当然同时看其仪表神情)。上级组织和领导也常常通过汇报工作、座谈发言,来了解一个干部的工作责任心、专业知识水平及对基层情况的了解。应该说,"听其言",在一定程度上是可以了解人、认识人的。鲁迅先生说过:从水管里流出来的是水,从血管里流出来的是血。这说明,从一个人说的话可以初步了解他的心理、内在素质和个性特征,特别是结合观察讲话时的神情,了解可能更准确。孔子曾说过,"察言而观色,虑以下人"(《颜渊篇》),就是通过察言观色来认识人。所以,有的领导往往通过一两次汇报和座谈发言,就能发现一些人才,也是不奇怪的。

事实上,《论语》中有许多关于孔子"听其言"而察人的记载。比如,大家熟知的"巧言令色,鲜矣仁"(《学而篇》)、"巧言乱德"(《卫灵公篇》)。说明孔子认为那些花言巧语的人,往往少有仁德,多是谗佞之人。他认为,"有德者必有言,有言者不必有德"(《宪问篇》)。意思是有道德的人,一定会说出有价值的话;而能说出有价值的话的人,却不一定有道德。比如,孔子从子路平常讲的话及讲话的神态,认为他是个直率、讲义气的人,他说"由也果"(《雍也篇》)、"由也兼人"(《先进篇》)、"由也好勇过我"(《公冶长篇》),并预料子路日后不得善终,后来的结果证明孔子没有看错。孔子赞扬闵子骞"夫人不言,言必有中"(《先进篇》),批评有的人"群居终日,言不及义"(《卫灵公篇》)。孔子是通过言语了解弟子性格的,下面一段人们所熟知的对话最为生动典型:

> 子路、曾皙、冉有、公西华侍坐,子曰:"以吾一日长乎尔,毋吾以也。居则曰:不吾知也。如或知尔,则何以哉?"子路率尔而对曰:"千乘之国,摄乎大国之间,加之以师旅,因之以饥馑;由也为之,比及三年,可使有勇,且知方也。"夫子哂之。曰:"求,尔何如?"对曰:"方六七十,如五六十,求也为之,比及三年,可使足民。如其礼乐,以俟君子。""赤!尔何如?"对曰:"非曰能之,愿学焉。宗庙之事,如会同,端章甫,愿为小相焉。""点!尔何如?"鼓瑟希,铿尔,舍瑟而作,对曰:"异乎三子者之撰。"子曰:"何伤乎?亦各言其志也。"曰:"莫春者,春服

既成,冠者五六人,童子六七人,浴乎沂,风乎舞雩,咏而归。"(《先进篇》)

这段记载中,子路、冉有、公西华、曾皙的性格得到了充分体现,孔子正是通过弟子说话的神情来全面了解他们的。

总之,通过观察一个人说什么话,怎么说话,可以了解他的一些特点。有的人不事张扬,"敏于事而慎于言"(讷于言)(《学而篇》);而有的人缺乏智慧,"言未及之而言","言及之而不言","未见颜色而言"(《季氏篇》),这三种人,孔子谓之"躁"、谓之"隐"、谓之"瞽"。

但人是很复杂的,仅仅通过听其言,还不能完全、准确了解之。比如颜回,孔子认为"回也不愚"。孔子说:"吾与回言终日,不违,如愚。退而省其私,亦足以发。"(《为政篇》)可见,要真正、准确地了解一个人,还需要"观其行"。孔子主张,"君子不以言举人,不以人废言"(《卫灵公篇》)。

"观其行",首先要看其言与行的关系,看其言行是否一致。孔子说:"其言之不怍,则为之也难。"(《宪问篇》)意思是说一个人说起话来大言不惭,那么要他兑现承诺是很困难的。关于言行关系的论述,《论语》中也有不少。比如,"子贡问君子。子曰:先行其言而后从之"(《为政篇》);"子曰:君子耻其言而过其行"(《宪问篇》);"古者言之不出,耻躬之不逮也"(《里仁篇》)。都是说君子言行一致。言行不一有几种情况:言而不行者属于空言,言行不符者属于虚言,言先行后者属实言,行先言后者属慎言,行之而始终不言者属缄言。孔子是主张慎言甚至不言的。他说:"天何言哉?四时行焉,百物生焉,天何言哉?"(《阳货篇》)天地生养了万物,却没有说过什么。我们今天也说"桃李不言,下自成蹊"。人们言行一致的程度不同,品德就会有很大的不同。《荀子·大略篇》中说:"口能言之,身能行之,国宝也;口不能言,身能行之,国器也；口能言之，身不能行，国用也；口言善，身行恶，国妖也。治国者敬其宝，爱其器，任其用，除其妖。"因此，我们今天应该大力选拔任用既能干、又能说的"国宝"。要重视那些说得少、干得多的实干家，要限制那些"只会说、不会干"的"空谈家"，警惕、防止那些"口言善、身行恶"的"国妖"。

"观其行"，要"视其所以，观其所由，察其所安"（《为政篇》）。就是既要考察其言行的动机，又要观其言行的效果，还要看其言行的途径、方法。用我们今天的话来说，要看一个领导干部的政绩，就是要看他为什么创造政绩，是为自己还是为人民群众；要看其如何创造政绩，是坚持科学发展，创造经得起实践、人民和历史检验的政绩，还是搞面子工程、路边工程？还要看其在创造政绩的过程中，是否干干净净干事，是否坚持权为民所用、利为民所谋。

"观其行"，要充分听取群众意见，看社会公认程度。正如孟子所说："左右皆曰贤，未可也；士大夫皆曰贤，未可也；国人皆曰贤，然后察之，见贤焉，然后用之。"意思是要大力发扬民主，广泛听取意见。当然，在听取意见的过程中，要进行深入科学的分析，不可以被表面现象所蒙蔽。正如《论语》的一段记载："子贡问曰：乡人皆好之，何如？子曰：未可也。乡人皆恶之，何如？子曰：未可也；不如乡人之善者好之，其不善者恶之。"（《子路篇》）又有："众恶之，必察焉；众好之，必察焉。"（《卫灵公篇》）意思是说对民意要进行具体分析。用今天的话说，就是在干部考察中，对民主测评、民主推荐的票数，要认真分析，众口一词说好，推荐得满票、测评全是优秀的，要深入分析原因；相反的情况，也要进行分析。对多数群众不拥护的干部，不予重用，同时又不能简单地以票取人。既不能让埋头干事、坚持原则、不怕得罪人的老实人吃亏，也不能让不干事、会来事、封官许愿、投机取巧的人得便宜。

"听其言,观其行"的识人方法,今天仍在运用。在 2008 年年底召开的全国组织部长会议上,时任中央政治局常委、国家副主席的习近平同志提出,"考察干部的德,既要注重在突发事件、抗御自然灾害、个人进退留转等关键时刻的表现,又要注重在日常工作生活中的表现,以小节观其大节;既要听其言,又要观其行,既要看其表又要看其里,既要识其始,又要识其变",便是有力的证明。

至德中庸

"中庸"这个词,在中国思想史上首次出现,是在《论语》第六篇《雍也篇》中。"子曰:中庸之为德也,其至矣乎!民鲜久矣"。意思是说,中庸作为一种品德,可以说是最高的境界了。当然,做到中庸,非常不容易,一般人缺少这种品德已经很久了。中庸是一种什么品德,为什么得到孔子这样高的评价,又为什么说很不容易做到,以致造成它很长时间的缺失呢?"文革"期间,孔子的中庸之道是被批判得最激烈的思想,说孔子混淆是非,抹杀和调和阶级矛盾。今天看来,显然是非常荒唐、可笑的。中庸的思想,确实非常丰富、深刻,虽然"中庸"这个词,在《论语》中仅出现过一次,但中庸这种思想、精神和处世方法,在《论语》中却多有论述。这些论述在为人处世方面给我们提供了很重要的启示。

一、中庸是孔子思想体系的重要内容

仁是孔子思想的内容,礼是其形式,中庸则是实现仁与礼的方法。中庸是孔子智慧与思想的集中体现,是孔子最先将其发现,并将之确立为一种世界观与方法论的。

二、中庸的含义

中庸就是能够中和之作用;中庸是不偏不倚,无过无不

及;中庸是"执其两端"(《子罕篇》)、"允执其中"(《尧曰篇》);中庸是恰当、适度、适中;中庸是一种最佳方案、最佳选择,是帕累托定律。中庸,表现在为人处世上,就是把握好分寸,凡事讲究合适、恰当。要消除对中庸的误解,以为中庸就是保守,排斥竞争。当然,中庸不是静止不变,也不是和稀泥,而是寻求最佳的选择,选择的过程既是整合的过程,也是优胜劣汰的过程。不走极端,保持最佳状态,才是中庸的真正含义。推行中庸的肌理是"物极必反",也就是凡事走极端、搞绝对化,好就是绝对好,坏就是绝对坏,绝对正确,绝对错误,那是不可能的。中庸极富辩证思想,即用全面的、联系的、发展的观点看问题,主张对立统一、一分为二,不搞绝对化、片面化,重视"度",讲究分寸、尺度。

中庸是一种理想状态,是一种至善至美的境界。

中庸是一项原则,是富有理性的标准。

中庸是一种思维方法,是一种辩证唯物的思维方式。

中庸也是一种领导原则和方法,是对最优方案的恰当选择。领导工作最重要的是作决策。决策是综合各方面情况后对最佳方案的选择。选择的原则是优化各种资源的配置,发挥各种资源的最大效用,既要讲究效率,又要体现公平。《论语·尧曰篇》中说:"子张问于孔子曰:何如斯可以从政矣?子曰:尊五美,屏四恶,斯可以从政矣。子张曰:何谓五美?子曰:君子惠而不费,劳而不怨,欲而不贪,泰而不骄,威而不猛","子张曰:何谓四恶?子曰:不教而杀谓之虐,不戒视成谓之暴,慢令致期谓之贼,犹之与人也,出纳之吝谓之有司"。孔子认为,如果懂得"五美"、"四恶",就可以从政了。而"五美"、"四恶"学说,讲的就是中庸之道。

三、中庸的运用

健身、修身需要遵循中庸的原则。比如锻炼。生命在于运动,如果不加强锻炼,显然不行。但锻炼不能过度,要讲究科学、正确的方法,而且要循序渐进。过于剧烈、过长时间的锻炼,同样不利于健康。营养不良不利于健康,营养过剩也不利于健康,只有营养适当、适合才有利于健康。不快乐不利于健康,快乐过度同样不利于健康。所以,孔子赞扬《诗经·关雎》"乐而不淫、哀而不伤"。比如读书学习,需要遵循中庸的原则。学而不思则罔,思而不学则殆。边学边思,学思结合,才能取得好的效果。如果学思不结合,必然没有效果,即使"终日不食,终夜不寝,以思,无益,不如学也"。仁、知、信、直、勇、刚,都是好的德行,但如果学习不把握好度,就会出现很多的弊病:"好仁不好学,其蔽也愚;好知不好学,其蔽也荡;好信不好学,其蔽也贼;好直不好学,其蔽也绞;好勇不好学,其蔽也乱;好刚不好学,其蔽也狂。"(《阳货篇》)

对于人的性格而言,过软过硬都不妥。过软,立不起来,会被歧视、被欺负,过硬易折,所以孔子主张"温而厉,威而不猛,恭而安"。

处理人与人之间的关系,孔子主张宽以待人。"子曰:参乎,吾道一以贯之。曾子曰:唯。子出,门人问曰:何谓也?曾子曰:夫子之道,忠恕而已矣"(《里仁篇》);"子曰:赐也,女以予为多学而识之者与?对曰:然,非与?曰:非也。予一以贯之"(《卫灵公篇》);"子贡问曰:有一言而可以终身行之者乎?子曰:其恕乎!己所不欲,勿施于人"(《卫灵公篇》)。孔子还说:"躬自厚而薄责于人,则远怨矣"(《卫灵公篇》);又说"宽则得人","君子尊贤而容众,嘉善而矜不能。我之大贤与,于人何所不容?"(《子张篇》)孔子在处理人际关系上,一直坚守对别人宽容的原则。但孔子是讲中庸的,他的"恕",是非分明,是有原则的。他说要"以直报怨,以德报德"(《宪问篇》),就是一个很好的例子。比如,在人与人的关系密切程度上，要注意合适，过疏过密都不妥当。刺猬取暖，亲密有间，分寸合适。劝告朋友，也要讲究中庸，不劝谏和过多的批评，效果都不好。"忠告而善道之，不可则止，毋自辱焉"（《颜渊篇》）。"事君数，斯辱矣；朋友数，斯疏矣"（《里仁篇》）。"所谓大臣者，以道事君，不可则止"（《先进篇》）。"可与言而不与之言，失人；不可与人言而与之言，失言。知者不失人，亦不失言"（《卫灵公篇》）。在上下级关系上，主张"君君臣臣"，强调权利和义务的对应，君不君，则臣可不臣，君使臣以礼，则臣事君以忠；君视臣如股肱，则臣视君为心腹。

比如，对待礼的态度上，过与不及都不对。过了，就是僭越；"孔子谓季氏：八佾舞于庭，是可忍也，孰不可忍也！""三家者以雍彻。子曰：相维辟公，天子穆穆。奚取于三家之堂！""林放问礼之本。子曰：大哉问！礼，与其奢也，宁俭；与其易也，宁戚。"（《八佾篇》）不及就是不敬。子曰："居上不宽，为礼不敬，临丧不哀，吾何以观之哉！"（《八佾篇》）

在对待物质利益、财富上，孔子不反对去积极追求，但主张用正当的手段获取。"富而可求也，虽执鞭之士，吾亦为之。如不可求，从吾所好。"（《述而篇》）"赐不受命，而货殖焉，亿则屡中"（《先进篇》）。"富与贵，是人之所欲也；不以其道得之，不处也。贫与贱，是人之所恶也；不以其道得之，不去也"（《里仁篇》）；"饭疏食饮水，曲肱而枕之，乐亦在其中矣。不义而富且贵，于我如浮云"（《述而篇》）。这些都体现了中庸的原则。

在人与自然的关系上，主张"钓而不纲，弋不射宿"（《述而篇》），一方面要开发好、利用好自然资源，另一方面要保护好自然资源，保持可持续发展。

在财富分配上，主张"周急不继富"（《雍也篇》），既讲公平又讲效率，更加注重公平（"不患寡而患不均"），既要让一部分地区、一部分人通过诚实劳动和合法经营先富起来,又要先富带动后富,防止两极分化,逐步实现共同富裕。

在经济发展上,供求关系,生产与消费、积累关系,税收与利润关系,等等,都有一个帕累托改进问题,这最佳点就是中庸。

总之,中庸是实现人自身和谐、人与社会和谐、人与自然和谐的重要原则和方法。

"学而不厌 诲人不倦"

"学而不厌,诲人不倦",是孔子一生的写照,也是孔子被世代誉为"至圣先师"的主要原因。综观孔子一生,可以说他是一直坚守、奉行"学而不厌,诲人不倦"的。孔子自己也不讳言这一点,并终身引以为豪。在《论语·述而篇》中,孔子两次说到自己的这一特点。一是第二章:"子曰:默而识之,学而不厌,诲人不倦,何有于我哉?"二是第三十四章,"子曰:若圣与仁,则吾岂敢?抑为之不厌,诲人不倦,则可谓云尔已矣"。这里的"为之"应是学习、实践的意思,"为之不厌"也就是"学而不厌"。《孟子·公孙丑上》也有类似的记载,"子贡问于孔子曰:夫子圣矣乎?孔子曰:圣则吾不能,吾学不厌而教不倦也"。看来,孔夫子对自己比较肯定的就是"学而不厌,诲人不倦"这一点。在科技迅猛发展、知识更新日新月异的今天,更需要这种"学而不厌,诲人不倦"的精神。

一、"学而不厌"与"诲人不倦"的关系

"学而不厌,诲人不倦",是仁、知的表现和途径。子贡说:"学不厌,知也;教不倦,仁也,仁且知,夫子圣者与。"《中庸》中说,"好学近乎知,力行近乎仁"。"学而不厌",是学习永不满足的意思。"学而不厌",是"诲人不倦"的前提,只有"学而不厌",才能不断获得新知识,才能不断进德修业,才有

资格"诲人不倦";"诲人不倦"是学习成果的深化、转化,只有"诲人不倦",才能"己欲立而立人,己欲达而达人"。孔子认为自己是好学的,他说:"十室之邑,必有忠信如丘者焉,不如丘之好学也。"(《公冶长篇》)如果不学,就会产生"六言六弊":"好仁不好学,其蔽也愚;好知不好学,其蔽也荡;好信不好学,其蔽也贼;好直不好学,其蔽也绞;好勇不好学,其蔽好乱;好刚不好学,其蔽也狂。"(《阳货篇》)仁、知、信、直、勇、刚,都是好品德,但如果不加强学习,这些好品德就会出现偏差,成为弊端。可见,学习确实是极其重要的,所以,孔子坚持终身学习,"吾十有五而志于学,三十而立,四十而不惑,五十而知天命,六十而耳顺,七十而从心所欲,不逾矩"(《为政篇》)。孔子终身"学而不厌",所以一直能"诲人不倦",教出三千弟子、七十二贤人。

孔子这种"学而不厌,诲人不倦"的精神,不仅对承担教书育人职责的教师有很重要的启示,而且对领导干部也有积极的借鉴作用。一方面做好领导工作,只有坚持不懈地学习,才能不断提高自身素质和水平,才能做好工作;另一方面领导干部还担负着带队伍、育人才的责任,自己在"学而不厌"的同时,还要重视队伍建设,加强对部下的教育管理,从而带好队伍,不断提高干部队伍的素质。

二、如何做到"学而不厌"

"学而不厌",看似简单,做到实在不易。一时一阵地勤勉学习,做到不难,而终身学习、学而不厌,就不易做到了。而且学习还有个内容选择问题。有位哲人说过:"一个人的阅读史,就是一个人的精神发育史。"不仅要好读书,而且要读好书,这样,才有利于社会、有利于时代、有利于自己。"学而不厌",还有方法问题、学思结合和学问结合的问题,等等,主要有以下几个方面要注意：

(一)学习要突出重点

学习当然首先是要博学。孔子一直倡导和力行博学。他说："博学而笃志，切问而近思，仁在其中矣"，"博学之，审问之，慎思之，明辨之，笃行之"(《中庸》)。虽然上面的引文都是把博学与思考、好问结合在一起说的，但都把博学摆在第一位，可见博学的重要。其次是要在博学的基础上，突出重点。孔子说："志于道，据于德，依于仁，游于艺"(《述而篇》)，又说："君子学道则爱人，小人学道则易使也"(《阳货篇》)；又借子夏之言说："百工居肆以成其事，君子学以致其道。"(《子张篇》)都是说学《道》的重要。关于学《诗》的作用，孔子说过："诗，可以兴，可以观，可以群，可以怨。迩之事父，远之事君；多识于鸟兽草木之名"(《阳货篇》)；孔子对他儿子伯鱼说："人而不为《周南》、《召南》，其犹正墙面而立也与"(《阳货篇》)；孔子还说过："不学诗，无以言"、"不学礼，无以立。"(《季氏篇》)关于学《易》，孔子说："加我数年，五十以学易，可以无大过矣。"(《述而篇》)《道》、《诗》、《易》是当时读书人必读的书，也是中国传统文化的经典，所以，要重点学习。今天，我们不少人读着外国卡通书、读着《哈利·波特》长大，而对中国优秀的传统文化知之甚少。所以，应该加强中国优秀传统文化的学习教育，大力弘扬中华文化。

(二)学习要专心，经常温习、有所感悟，才能体会到乐趣

"叶公问孔子于子路，子路不对。子曰：女奚不曰：其为人也，发愤忘食，乐以忘忧，不知老之将至云尔"(《述而篇》)。当叶公问子路，孔子是一个什么样的人时，子路一下子被问住了，不知如何用一两句话来概括老师的特点。孔子就说自己做人的最大特点是"发愤忘食，乐以忘忧，不知老之将至"，可见孔子学习的专心与获得知识的快乐，所以孔子的感受是

"知之者不如好之者,好之者不如乐之者"(《雍也篇》)。《论语》开篇第一句也讲了学习之乐:"学而时习之,不亦说乎?"孔子赞扬颜回好学,"贤哉,回也!一箪食,一瓢饮,在陋巷,人不堪其忧,回也不改其乐。贤哉,回也!"(《雍也篇》)这些都是说,学习专心、深入,不断有所感悟、有所心得,就会获得很多的乐趣。说学习要专心,还有不能急功近利的意思,读书学习不能心存"书中自有千钟粟,书中自有颜如玉"的幻想,所以孔子赞赏"三年学,不至于谷"(《泰伯篇》)的正确态度。

(三)学习要谦虚好问

"子入太庙,每事问。或曰:孰谓鄹人之子好礼乎?入太庙,每事问。子闻之,曰:是礼也"(《八佾篇》)。孔子到太庙里学礼,每遇到不懂的就问,并认为这才是真正的懂礼。《论语》引用曾子之言说:"以能问于不能,以多问于寡;有若无,实若虚,犯而不校,昔者我友尝从事于斯矣。"(《泰伯篇》)由于孔子勤学好问,他的弟子也好问,《论语》中记载了很多孔子与弟子的答问。问得比较多的内容是,仁、知、孝、政、礼,等等,所以《论语》中多有"子贡问政"、"子游问孝"、"樊迟问仁"这样的话。当然,如果学生与老师有不同的看法,可以讨论,甚至可以辩论;学生经过思考坚信自己是正确的,也应该敢于提出并坚持自己的意见,孔子鼓励学生"当仁,不让于师"(《卫灵公篇》)。

(四)学习要学思结合

大家非常熟悉的有"学而不思则罔,思而不学则殆"(《为政篇》),"吾尝终日不食,终夜不寝,以思,无益,不如学也"(《卫灵公篇》)等章句。都强调学思结合的重要。学习还要"攻乎异端,斯害也已"(《为政篇》),就是思考时,应该综合考虑,不能"抓住一点不及其余",还要能运用发散思维,举一反三,融会贯通,要像颜回那样"闻一以知十"(《公冶长篇》)、"退而省其私,亦足以发"(《为政篇》),要善于同自己的实际结合起来,不断完善自己、提高自己,不断改正不良习性。

三、怎样才算是"诲人不倦"

为人"学而不厌"不易,做到"诲人不倦"更难。虽然不少人都好为人师,但终身"诲人不倦",不要说一般人做不到,即使教师,也会有倦怠的时候。"诲人不倦",既要面向全体学生,又要因材施教;既要"传道",又要"释疑、解惑",要循循善诱。

(一)有教无类

孔子说自己"自行束脩以上,吾未尝无诲焉"(《述而篇》),意思是孩子到了读书年龄,只要愿意求学求教,他都不拒绝。孔子认为,"性相近,习相远也",人天生本性差别不大,但后天学与不学,结果大不一样。有教无类,还表现在教学内容上。"子以四教,文行忠信","文行忠信"是最重要的教学内容。对学生进行素质教育,首先要教育学生怎样做人。这是教育第一位的任务。如果只重视知识的教育,而忽视对品德、素质的培养,学生就不可能全面发展。有教无类还体现在孔子教学生毫不隐瞒、毫无保留上。他对学生说,"二三子以我为隐乎?吾无隐乎尔。吾无行而不与二三子者,是丘也"(《述而篇》)。而且,孔子对自己儿子的教育,丝毫也不比其他学生多。《论语》第十六篇《季氏篇》中说,"陈亢问于伯鱼曰:子亦有异闻乎?对曰:未也。尝独立,鲤趋而过庭。曰:学诗乎?对曰:未也。不学诗,无以言。鲤退而学诗。他日,又独立,鲤趋而过庭。曰:学礼乎?对曰:未也。不学礼,无以立。鲤退而学礼。闻斯二者,陈亢退而喜曰:问一得三,闻诗,闻礼,又闻君子之远其子也"。孔子教儿子的,也就是《诗》、《礼》这些内容,并没有给儿子"开小灶"。

(二)因材施教

在《论语》中,我们可以看到,针对相同问题,孔子对不同性格、不同特长、不同爱好的学生的回答,是不同的。比如,对于子路问政、子贡问政、子夏问政、子张问政,孔子的回答都不完全相同,充分体现了因材施教的特点。最为典型的是如下一段:"子路问:'闻斯行诸?'子曰:'有父兄在,如之何其闻斯行之?'冉有问:'闻斯行诸?'子曰:'闻斯行之。'公西华曰:'由也问闻斯行诸,子曰,有父兄在;求也问闻斯行诸,子曰,闻斯行之。赤也惑,敢问。'子曰:'求也退,故进之;由也兼人,故退之'"(《先进篇》)。子路、冉有都问孔子:听到了就去做吗?孔子根据子路好冲动、冉有优柔寡断的特点,给出不同的回答。这也充分说明孔子对学生是非常了解的,否则也就无法因材施教。今天的学校,一个班六七十个学生,老师负担重,对学生也很难有太多了解,因材施教不大容易做到。至于领导对下属,如果能量才而用就已十分难得,因材施教就更不易为之了。

(三)循循善诱

"颜渊喟然叹曰:仰之弥高,钻之弥坚。瞻之在前,忽焉在后。夫子循循然善诱人,博我以文,约我以礼,欲罢不能。既竭吾才,如有所立卓尔。虽欲从之,末由也已"(《子罕篇》);"不愤不启,不悱不发。举一隅不以三隅反,则不复也"(《述而篇》)。颜渊说孔子不仅品德高尚、学问好,而且教导学生耐心细致,善于运用启发式教学。《论语》中这样的例子很多。以第一篇《学而》为例。这一篇第十六章,是孔子与学生有子、曾子、子夏、子贡等关于学问问题的问答,老师说一段,学生说一段,看起来就像一次主题班会,从中可以看出孔子与学生之间平等、融洽的师生关系,体现了孔子循循善诱的教学特点。

今天,我们无论是为人父母当家长、教书育人当老师,还是从政当领导、经商当老板,都要以身作则,带头读书学习、终身学习,不断掌握新知识、明白新道理,同时对孩子、对学生甚至对下属、对员工,要耐心教导、精心指导,不离不弃,不厌不倦,从而使孩子、学生、下属、员工不断进步、不断提高,自己也同时获得进步和提高,以达到"教学相长"。这大概就是"学而不厌"、"诲人不倦"对人与己的最大益处吧?

"立于礼,成于乐"
——孔子的礼乐思想与素质教育

"兴于诗,立于礼,成于乐",出自《论语·泰伯篇》。这一篇主要阐述诗、礼、乐对于国家、个人的重要作用,尤其是在个人品德修养方面的重要性。"兴于诗"、"立于礼"、"成于乐"的主体是德,可理解为:仁德之志在诗经中兴起,仁德之功在社会礼仪规范中建树,仁德之美在音乐文化中成就。这句话反映了孔子的诗教、礼教、乐教思想,简称"礼乐思想"。礼乐思想是孔子思想体系的重要组成部分。《论语》中,仅"礼"字出现了73次,"乐"字出现了46次,"诗"字出现了多次。孔子礼乐思想内容丰富,对后代影响深远,对于净化、优化社会风气,对于今天加强素质教育、促进人的全面发展,对于改进干部教育、提高党员和干部的综合素质,对于繁荣社会主义先进文化、增强民族凝聚力和文化软实力、复兴中华文化,都有一定的借鉴意义。

一、孔子礼乐思想的主要内容

孔子礼乐思想是非常丰富的,至少体现在以下几个方面:

(一)礼是仁的外在表现形式

礼乐思想既是修身、齐家、治国平天下的准则,又是对仁的体现与实施。匡亚明先生在《孔子评传》中说过,"从孔子的伦理学角度去看,礼是人们的行为准则,体现了社会对人的外在约束;仁则是人的本质,是修己爱人的内在自觉性。因此外与内,礼与仁必须统一起来。以礼的准则行仁,以仁的自觉复礼"。正如《论语·八佾篇》所说,"人而不仁,如礼何？人而不仁,如乐何？"一个人如果不仁,怎么可能理解并诚心崇尚礼乐、遵循礼乐呢？《阳货篇》中说,"礼云礼云,玉帛云乎哉？乐云乐云,钟鼓云乎哉？"意思就是,如果没有"仁"的思想内涵,只有玉帛和钟鼓等礼的形式,就不能称其为礼。关于仁与礼的关系,通过《八佾篇》中子夏与孔子的对话可以看出:"子夏问曰:巧笑倩兮,美目盼兮,素以为绚兮,何谓也？子曰:绘事后素。曰:礼后乎？子曰:起予者商也！始可与言诗已矣。"这段话运用比喻的方法,说明仁是绘画的底色,礼是绘画。如果底色差,绘画也定然好不了,意思就是说礼在仁后,先有仁后有礼。礼是仁的外在体现和要求。孔子的礼乐思想以仁为基础,而"仁"的最大特点就是爱人,就是推己及人、推而广之,大爱无疆。所以,礼乐思想也散发着人性的光辉。

(二)诗、礼、乐对个人品德的重要作用

上面说过,《论语·泰伯篇》主要是讲诗、礼、乐对个人品德、国家治理的重要作用。第一、二两章,以"泰伯让天下"表现他的崇高品德,指出礼在个人品德修养方面的重要性,第三至七章曾子提出个人修养要注意的几个地方,比如好学、谦虚、大度等。第八至十二章内容是:

子曰:兴于诗,立于礼,成于乐。

子曰:民可使由之;不可使知之。

子曰:好勇疾贫,乱也。人而不仁,疾之已甚,乱也。

子曰:如有周公之才之美,使骄且吝,其余不足观也已。

子曰:三年学,不至于谷,不易得也。

这五章重点讲诗、礼、乐在个人品德修养方面无可替代的重要作用。人的智慧不能速成,恶习也无法速改,都要通过诗、礼、乐的教育、感化才能达成。普通的技能教育或可令人具周公之才,却无法具周公之德。而多数学生是为了功名利禄而读书,无法成就品德修养。唯有依靠诗、礼、乐的教化,才能教人不断改恶从善。第十三至十七章,重点讲如何培养道德品质,最后四章以舜、禹的品行,表明至德对修身、治国的重要性。

《张居正讲评论语》对"兴于诗,立于礼,成于乐",是这样解释的:"君子立教,不过要人为善去恶而已。然所以兴起其好善恶恶之良心者,每得之于《诗》。盖《诗》本性情,有邪有正,其言词明白易知,而吟咏之间,抑扬反复,其感人又易入。于此学之,则其好善恶恶之心,有油然感发而不能自已者,所以说兴于《诗》。此可见《诗》之当学也;善念既兴,又必卓然有以自立。然后善在所必为,恶在所必去。而其立也,则得之于《礼》。盖《礼》以恭敬辞让为本,而有节文度数之详,可以敛束人之身心,坚定人之德性。于此学之,则自能卓立持守,而不为外物之所摇夺。所以说立于《礼》,此可见《礼》之当学也;既能自立,又必造到那纯粹至善的地位,乃为成就,而其成也,则得之于乐。盖乐以和为主,其声容节奏可以养人之性情,而荡涤其邪秽,消融其渣滓。于此学之,则自然义精仁熟,而和顺于道德矣,所以说成于乐,此可见乐之当学也。"这段话说明诗、礼、乐之教,皆发于性情之正、中和之德,故能成就人才。

(三)诗、礼、乐相融合,礼通过诗、乐来体现

诗、礼、乐就其形式来说是一体的,《诗经》的所有篇章都可以谱成乐曲来歌唱。《八佾篇》主要是讲礼的,同时也比较集中地将礼与诗、乐结合起来讲。孔子删诗书,也正是为了

弘扬周礼,使礼文化传承下来。《论语》中引用《诗经》的很多诗句来说明道理。比如,"唐棣之花,偏其反而。岂不尔思?室是远而。子曰:未之思也,夫何远之有?"(《子罕篇》)孔子还直接将诗与礼配合起来进行评价:"《关雎》,乐而不淫,哀而不伤。"(《八佾篇》)从礼的角度看,诗乐表达情感要适度、恰当,不能过度。而《关雎》正是这样的典范,所以孔子把《关雎》放在《诗经》的首篇。"子所雅言,《诗》、《书》、《执礼》,皆雅言也"(《述而篇》)。这也是把诗与礼并列而论。《孟子》中借子贡的话说:"见礼可以知其政,闻诗可以知其德",也是诗礼并列而论。《大学》、《中庸》中都引用不少诗来说明道理。同时,由于《诗经》中的诗都可以吟唱,所以诗乐是一体的,"子曰:师挚之始,《关雎》之乱,洋洋乎盈耳哉"(《八佾篇》)。从乐对礼的表现看,有高下之分、雅俗之分。孔子就把韶乐与武乐进行对比:"子谓韶,尽美也,又尽善也;谓武,尽美也,未尽善也。"(《八佾篇》)孔子酷爱韶乐,"子在齐闻韶,三月不知肉味。曰:不图为乐之至于斯也"(《述而篇》),"颜渊问为邦。子曰:行夏之时,乘殷之辂,服周之冕,乐则韶武。放郑声,远佞人。郑声淫,佞人殆"(《卫灵公篇》)。这里讲了治理国家要运用礼乐的道理:用夏代的历法,乘殷代的车,戴周人的帽子,音乐则韶武,而不用郑国的音乐。可见,音乐与礼是密切联系的。诗、礼、乐应该彼此相称、相得益彰。如果配合、运用不当,诗、乐就会影响、妨害礼。比如,季氏"八佾舞于庭",孔子认为是越礼,季孙、孟孙、叔孙"三家者以雍彻",孔子认为这样做,是违礼、僭越。在《论语》中我们还看到,孔子经常是礼乐并用。《季氏篇》中说:"天下有道,则礼乐征伐自天子出;天下无道,则礼乐征伐自诸侯出。"在孔子与子路那段著名的关于正名的讨论中,孔子更是将礼乐并提:"名不正,则言不顺;言不顺,则事不成;事不成,则礼乐不兴;礼乐不兴,则刑罚不中;刑罚不中,则民无所措手足矣";《论语·先进篇》中,孔子说:"先进于礼乐,野人也;后进于礼乐,君子也。如用之,则吾从先进。"上述例子都说明,礼乐是紧密联系的。

(四)礼乐需要在继承中不断创新

"子张问:十世可知也? 子曰:殷因于夏礼,所损益,可知也;周因于殷礼,所损益,可知也。其或继周者,虽百世,可知也"(《为政篇》)。这里,实际上论述了礼的继承与创新的关系。殷商的礼乐制度,来源于夏代,是在对夏礼有所增益的基础上建立、完善起来的;周代的礼乐制度,来源于殷商,是在对殷商礼乐有所借鉴、有所增益的基础上建立、完善起来的。后代同样会在对周礼继承的基础上有所创新。孔子和儒家并不像人们说的那样保守。《大学》中说:"汤之盘铭曰:苟日新,日日新,又日新";"康诰曰:作新民";"诗曰:周虽旧邦,其命惟新"。可见,孔子对汤、周之革新是赞同的。时代是前进的,社会是发展的,礼乐这些上层建筑的东西,同样需要不断创新、变革,与社会、时代的发展相适应、相协调。

二、孔子礼乐思想的影响及其启示

孔子的礼乐教化思想,对后代影响深远。世代开明的统治者都用礼乐教化百姓。孔子主张"礼让为国"、"为国以礼",用礼乐教化百姓,从一定意义上说,如同今天我们说的把依法治国与以德治国有机结合起来,既重视法治,又重视德治,重视礼乐教化,重视精神文明建设、思想道德建设。孔子到卫国,冉有随从,孔子看到卫国人口众多,就说"庶矣",冉有就问:既庶矣,如之何? 孔子回答:让老百姓富裕;冉有问:既富矣,如之何? 孔子说:教之。教他们什么呢? 当然是礼乐。这可以用孔子到武城看望学生子游的故事来说明。

孔子到武城,听到弦歌之声,就说割鸡焉用牛刀?当子游反问孔子时,他赶紧承认错误,认为子游用音乐教化百姓做得对:"二三子!偃之言是也。前言戏之尔。"(《阳货篇》)孺悲欲见孔子,孔子不想见,就推辞说自己身体不好。当孺悲即将离开时,孔子又"取瑟而歌,使之闻之",用音乐来教化他、启发他。

中国古代知识分子继承了用诗、礼、乐进行感情熏陶的传统。他们下朝以后,读诗书弄音乐,陶冶情操。这是古代官吏道德、文章、事功非常出色的重要原因。

孔子礼乐教化思想启示我们,当一个公务员、一个领导干部,要认真落实胡锦涛总书记提出的"生活健康、情趣高雅"的要求,带头践行社会主义荣辱观;要学礼、懂礼、用礼,这样才能融洽人际关系,使内心和谐、人际关系和谐、社会和谐。文艺工作者要创造优秀的作品奉献于人民、奉献于时代,宣传部门要用科学的理论武装人,用正确的舆论引导人,用优秀的作品教育人,用高尚的形象激励人。学校要重视素质教育,加强行为习惯养成教育,教育学生如何做人、如何礼敬待人。素质教育当然包括音乐、美术、科技等方面的教育,但最重要的是如何做人的教育,使学生明白在学校如何尊敬老师、团结同学,做个好学生;在社会如何做个好公民;在家里如何孝敬父母,做个好孩子;长大后,如何做个好丈夫、好妻子和好父母、好职工。要加强和改进思想品德教育,开设中小学生修身课。早在五四时期,北大校长蔡元培先生就编著了《中学生修身教科书》,很全面、很实在,对我们今天进行素质教育,很有借鉴意义。学校开设音乐、美术等艺术教育课,都要围绕教育学生做人、培养学生高尚品德来进行。离开做人教育进行素质教育,是本末倒置、舍本逐末。

《论语》等儒家经典中的科学发展思想

《论语·子罕篇》中说:"子罕言利",意思是孔子不轻易讲物质利益。不轻易讲,说明孔子谈论利益问题很慎重。不轻易讲,并不是不讲,也不是不重视、不追求物质利益,而是说其慎重谈论利益问题。慎重谈论并没有什么不好。慎重讨论,慎重研究、作决策,使经济更平稳、更理性、更有效地发展,不具有科学发展的意思吗?其实,儒家经典是重视物质生产、经济发展的,而且其中不少关于物质生产、经济发展的论述,具有一定的合理性,甚至还比较先进,这对于我们今天深刻理解和全面贯彻科学发展观,有一些积极的启示。

一、"无恒产则无恒心"——物质利益是基础,发展是硬道理

孔子曾说过:"富与贵,是人之所欲也;不以其道得之,不处也。贫与贱,是人之所恶也;不以其道得之,不去也。"(《里仁篇》)这段话充分说明,孔子并不否定物质财富,并非不讲物质利益,并不是不喜欢、不追求富与贵。追求富贵,摆脱贫穷,渴望过上富足充裕、幸福美好的生活,是人的本性,是人类的共同理想、共同愿望,也是人类社会不断发展、进步的动力。一个正常的人,没有谁喜欢过食不果腹、衣不蔽体的生活,没有谁不希望得到别人的尊重、过上有尊严的生活。否认物质利益,过苦行僧的生活,搞空洞的政治说教,那不是马

克思主义，不是中国特色社会主义，同样也不是孔子及儒家的思想。孔子强调的是要用合法正当、合理正确的方法积累、创造物质财富。孔子所代表的儒家主张"富而后教"，管子也说过"衣食足然后知礼义，仓廪实而后知廉耻"。《孟子》中多处讲到有恒产才能有恒心，无恒产则无恒心，还具体讲了如何进行物质生产："五亩之宅，树之以桑，五十者可以衣帛矣；鸡豚狗彘之畜，无失其时，七十者可以食肉矣；百亩之田，不违其时，数口之家可以无饥矣。"虽然这是低水平的小农经济的物质生产模式，但说明孟子是重视物质生产的。

二、"欲速则不达"——速度与质量、效益相统一

《论语》第十三篇《子路篇》记载："子夏为莒父宰，问政。子曰：无欲速，无见小利。欲速，则不达，见小利，则大事不成。"任何事物都有其自身的发展规律，经济发展同样有其规律。科学发展要求尊重、遵循客观规律，不能违背规律，不能一味图快、急功近利。经济发展的速度要与效益、质量相统一、相协调。要着重转变经济发展方式，不能完全依靠投资这一驾马车带动经济发展，而要依靠投资、出口、消费并重来带动经济发展方式转变。不能以牺牲环境、资源为代价来求得暂时的短期的发展和表面的虚假的繁荣；生产关系的发展同样有其规律，生产关系一定要适应生产力的发展；超越生产力发展阶段的生产关系，会影响、妨害生产力发展。"见小利，则大事不成"(《子路篇》)，是说不能急功近利。发展经济当然不能忽视眼前利益、局部利益，但更不能忽视整体利益、长远利益。

从"无欲速，无见小利"(《子路篇》)中，我们还可以品味出其有重视基础工作的意思，特别是要重视那些投资周期长、见效比较慢的工作。比如，教育、文化、科技等事业，需要长期投资、长期发展才能显现政绩。一个地方的党政领导，要有战略眼光和长期打算，高度重视教育、科技、文化工作，为经济发展提供智力支持和人才支持。

三、"子钓而不纲，弋不射宿"——实施可持续发展战略

"子钓而不纲，弋不射宿"（《述而篇》），是说孔子捕鱼而不一网打尽，不在飞鸟栖息时赶尽杀绝。意思就是要处理好资源开发与利用、保护的关系，不能竭泽而渔，杀鸡取卵。《孟子》中也说："不违农时，谷不可胜食矣；数罟不入洿池，鱼鳖不可胜食也；斧斤以时入山林，材木不可胜用也。谷与鱼鳖不可胜食，材木不可胜用，是使民养生丧死而无憾也。养生丧死无憾，王道之始也。"人类进入工业社会以来，科技迅猛发展，人类真的以为"人能胜天"，疯狂地向自然界攫取物质资源，致使自然资源大大减少，一些珍稀动植物濒临灭绝，加上气候变暖、环境恶化等，自然界的生态平衡、物种平衡遭到严重破坏。这些现象不能不引起人类的重视。因此，要正确处理好资源开发、利用和保护的关系，要关闭那些高能耗、高污染、低效益的企业。同时要保护好自然环境，切实做好环境污染防治工作。西方的工业化走了很大弯路，先污染再治理，不仅投入巨大，而且使人类受到了惩罚。我们国家的发展，要吸取教训，坚持以人为本，真正做到发展为了人民、发展依靠人民、发展成果由人民共享。中国传统文化敬畏自然，讲究"天人合一"，强调人与自然的和谐相处。这对我们今天深刻理解、切实实施可持续发展战略，有一定的启迪。

四、"庶矣，富之，教之"——保持适当的人口数量，提高人口质量

古代人口少，封建王朝把增加人口作为重要任务，把人

口增加作为考核官员政绩的重要指标。《孟子》中,记载齐宣王的话说:"察邻国之政,无如寡人之用心者。邻国之民不加少,寡人之民不加多。"说明古时重视人口数量的增加。孔子也主张为政要把人口增加作为第一位、最基本的工作。人口数量增加了,还要让民众富裕起来,使他们丰衣足食。然后对他们进行教化,使他们懂得礼义。富而后教的思想,对我们今天全面建设小康社会,也很有启示。首先,我们应该正确处理人口数量与质量的关系,认真落实计划生育政策,合理控制人口。要大力发展经济,坚持和落实发展这个第一要务,大大增加群众的物质财富,不断提高人民群众的生活水平,使人民群众在衣、食、用、行、住等方面不断改善。其次,要大力发展教育、卫生、文化事业,切实加强精神文明建设,既要满足人民群众的基本文化需求,又要提高他们的文化层次,提高他们的思想道德水平,努力提高人口质量,实现人的全面发展。

五、"发政施仁,先于斯四者(指鳏寡孤独)"——关注弱势群体,重视社会公平

《孟子》中说:"老而无妻曰鳏,老而无夫曰寡,老而无子曰独,幼而无父曰孤。此四者天下之穷民而无告者也。文王发政施仁,必先斯四者。"强调要对鳏寡孤独这一弱势群体格外关注。在收入分配上,孔子主张"周急不继富"(《雍也篇》)。公西华乘肥马、衣轻裘,出使于齐,孔子在冉有的一再请求下,给公西华的母亲"粟五秉";闵子为之宰,孔子与其粟九百,并说"以与尔邻里乡党乎!"(《雍也篇》)这与西方经济学中马太效应的价值取向(如果一个人有财富,就使其更多;相反,如果一个人能力弱、财富少,就要拿走已有的)不同。孔子说过,对那些饥寒交迫的人,问贫问苦,要有实际行动,不能只停留在口头上。现在，领导干部逢年过节，去看望困难群众，都要带去钱物。当然，扶贫还要扶志、扶智，不仅要"输血"，还要帮助"造血"，增强"造血功能"。尤其是要从制度、政策上提供保障。今天，党和政府努力建立健全覆盖全社会的社会保障体系，实行最低生活保障制度，并通过大力发展经济，提供就业岗位，帮助群众就业，实施零就业家庭再就业工程，在政策、资金、信息、技术、项目等方面进行扶持，大力开展技能培训，增强群众的就业本领，从而使弱势群体、困难群众通过诚实劳动、合法经营，摆脱贫困，走上富裕之路。

六、"惠而不费，劳而不怨"——尊重群众意愿

《论语》的最后一篇，记载了子张问政。孔子回答："尊五美、屏四恶"，就可以从政了。"五美"之中，有"惠而不费，劳而不怨"。所谓"惠而不费"，孔子解释说，是"因民之所利而利之，斯不亦惠而不费乎？"所谓"劳而不怨"，孔子说是"择可劳而劳之，又谁怨？"用今天的话说，就是给老百姓恩惠而不浪费国家财物，让老百姓劳作而不让他们怨恨。实际上就是各级政府、领导干部在发展经济、想问题、作决策时，一定要从老百姓的利益出发，真正做到权为民所用、情为民所系、利为民所谋。要充分尊重群众意愿，帮助群众做好事，也要听取群众意见，同群众商量，让群众做主，保护和激发群众的积极性、主动性和创造性。《论语》中说："道千乘之国，敬事而信，节用而爱人，使民以时。"（《学而篇》）也就是说，当领导的要节约民力，即使是修桥、修路、水利兴修等公益事业，也要选择合适时机，尊重群众的意愿。

要精兵简政，减少行政开支。《大学》中说："生财有大道。生之者众，食之者寡，为之者疾，用之者舒，则财恒足矣。

仁者以财发身,不仁者以身发财。未有上好仁而下不好义者也,未有好义其事不终者也。"一次温家宝总理在讲到乡镇机构改革时,也引用了这句话。贯彻落实科学发展观,需要精简行政机构和工作人员,减少冗员,提高工作效率。同时,发展经济,要讲究经济伦理,要使财富的追求和创造符合道德和法律的规范,运用合法正当的手段实现发展、追求富裕、摆脱贫困。《大学》中还说:"是故君子先慎乎德。有德此有人,有人此有土,有土此有财,有财此有用。"这段话,用我们今天的话说就是,人气旺,财气就旺。一个地方社会风气好,官员和商人有操守,讲诚信,就能成为投资最佳地,客商云集,经济自然会又好又快地发展。

　　总之,搞发展、搞经济建设、进行物质生产,要合法、合理、合情,诚实劳动、正当经营。发展是硬道理,但发展必须是科学发展,是又好又快的发展,不能以牺牲生态环境、牺牲他人利益、牺牲后代利益为代价来脱贫致富奔小康,要坚持以人为本,实现全面发展、协调发展、可持续发展、和谐发展。

孔孟思想与现代市场经济的发展

最近,抽空重读了两本书:《论语与算盘》和《经济学的智慧》。前者是"日本企业之父"涩泽荣一所著,后者是中国当代经济学家茅于轼先生所著。联系这两年研读《论语》与《孟子》的体会,重读两书,产生了一些新的认识。过去我们总把中国商品经济发展缓慢的原因归咎于儒家思想的影响,现在读了儒家经典才明白并不完全是那么回事。一方面,在很长时期,中国商品经济发展一直走在世界前列,许多朝代都有都市繁荣的时期,商品经济的发展正是都市繁荣的基础和支撑;另一方面,儒家思想的创始人孔子、孟子并非主张舍利取义,而是主张利义合一、重义而不轻利,历代统治者重农抑商的政策,是从维护统治阶级利益考虑的,与孔孟的思想并无多大关系。倒是孔孟的不少思想,对今天发展市场经济仍有着积极的借鉴作用,我们应该汲取其合理、积极的成分,加强对经济伦理的研究,从而推动我国社会主义市场经济又好又快发展。

一、"以若所有,易若所无"——交换是为了发挥各经济主体的比较优势

中国古代虽然一直被视为自给自足的小农经济社会,事实上很早就开始有了交换,商品经济比较发达。当生产力发

展到一定阶段、有了剩余产品后，交换就成为必然。经济活动，包括生产、交换、消费等环节，这样的环节不断循环，呈螺旋式上升，使生产不断扩大，交换日益频繁，消费水平不断提高，经济不断发展。生产是交换与消费的前提和基础，不生产就没有商品交换与消费，生产的水平决定交换的方式和消费的水平；交换是连接生产与消费的桥梁，没有交换，生产的东西只能自我消费，消费者只能消费自己生产的产品，这样既影响生产，也影响消费，事实上没有交换是不可能的；消费是生产和交换的根本目的，又是促进生产和交换的重要条件。在这三个环节中，交换无疑是十分重要的一环。人类在很早的时候就已经开始了交换。儒家创始人看到了经济生活中的这一现象，充分肯定了交换的不可或缺。孟子说过："古之为市也，以若所有易若所无。"在《孟子·滕文公上》"有为神农之言者许行"一章中，孟子批评许行"贤君与民并耕而食、饔飧而治"的主张，认为"且以一人之身，而百工之所备者，必自为而后用之，是率先天下而路也"；在《滕文公下》第四章，孟子说，"子不通功易事，以羡补不足，则农有余粟，女有余布"，都充分肯定了交换的合理性和必要性。

　　从市场经济的理论来看，就微观而言，每个人都有独特的能力、特长和禀赋，用经济学的话来说，每个人都有自己的比较优势。正是由于交换，每个人都有机会发挥自己的比较优势，以己之长换人之长来补己之短，从而提高劳动生产率，增加社会财富；交换越发达，个人的比较优势发挥就越充分，社会生产力就越发展。正因为有了交换这个前提，才出现了社会分工。当代社会，由于科技的发展，随着人们需求的多样化，社会分工越来越细，交换的范围越来越广，交换的内容越来越丰富，形式越来越多样化，交换的频率越来越高。所有的交换都是为了以己之优势去换取别人的优势。我们创造财富、发展经济一定要认清并发挥自身的独特优势。在现代市场经济条件下,人人都要购买一些商品,又都要出卖一些商品。每个人都力求更好地发挥自己的长处,同时更多地享受别人提供的较高质量的产品和服务。

一个人是这样,一个地方也是这样,都有自己的比较优势。所以,一个地方要发展经济,尤其是县域经济,必须要透彻分析和认清自身在资源、区位、产业等方面的比较优势,从而扬长避短,让优势发挥最大效益,形成自己的特色,推动本区域经济的发展。

二、"人无信不立"——信用是经济活动的生命

关于信用问题,《论语》中讲得很多。"信"是孔子最信奉、最推崇的美德之一。无论是"仁义礼智信"还是"恭宽信敏惠",都离不开一个"信"字。在曾子的每日三省中,"与朋友交而不信乎"(《学而篇》)是重要的"一省";子夏要求"与朋友交,言而有信"(《学而篇》);孔子更是多次说到"信":"敬事而信"(《学而篇》),"谨而信"(《学而篇》),"人而无信,不知其可也"(《为政篇》),"信则人任焉"(《阳货篇》)。这里引用的"信",都是讲信用、讲诚信、说话算数的意思。孔子是从修身做人、与人交往的角度讲诚信问题的,而经济往来是人与人之间交往的重要方面。所以,信用、诚信也是经济生活中必须遵守的重要准则。

信用历来是经商最重要的品德,经商不讲信用,不要说"富不过三代",恐怕三天都不行。从微观角度来说,比如,菜市场卖肉的如果欺骗顾客,卖注水肉,一旦被顾客发现,就会少有人光顾;一个人如果向朋友借钱,无故不按时偿还,甚至故意赖账、久拖不还,以后就很难再借到钱。从宏观角度来说,政府、企业、金融部门都要讲信用,否则会影响企业的发

展,甚至影响整个国家经济的发展。我们常说,市场经济是信用经济,没有信用,经济活动将无法开展,经济就很难得到发展。推动经济增长有三驾马车,即投资、消费和出口。这三个方面都与信用有关。比如消费方面,扩大内需就与信用有很大关系。此问题,政府提了好多年,中央政府也采取了很多政策措施,党的十七大提出要"坚持扩大国内需求特别是消费需求的方针,促进经济由主要依靠投资、出口拉动向依靠消费、投资、出口拉动转变",但国内需求不足仍然明显,原因固然是多方面的,但信用不好是其中之一。消费者对未来缺乏足够信心,收入预期不高,而住房、上学、养老、看病等预期支出大,人们不敢消费,担心收入不能稳定增长,支出却不断增加,影响未来生活。社会信用度不高不能不说是一个原因。投资不足也跟信用不好有关。一些企业信誉不好,商业银行不敢把钱贷给它们,宁可把钱存在中央银行,虽然利息比放贷低,但毕竟没有后顾之忧。这样企业投资不足,扩大再生产受到限制,而银行存贷款余额又过大。所以,茅于轼先生在《经济学的智慧》一书中,多次讲到信用问题,他甚至认为信用可以资本化。因为信用好的企业借钱比较容易,贷款成本会比较低,因而生产成本相对低一些;相反,如果信用不好,就会造成经济损失。就企业内部来说,一个企业老板如果不讲信用,总想着偷税漏税,他就很难要求员工对企业忠诚。所以,要想积累财富,首先要积累信用、提高信用。提高信用要从每个人、每件事做起。

在市场经济不断发展的今天,交易的方式更多地虚拟化,人类社会的历史,不仅早就翻过了物物交换的一页,而且慢慢地从一手交钱、一手交物过渡到使用支票、信用卡时代,还有很多网络交易的情况。因此,人们的信用显得更为重要。一个不讲信用的人,在市场经济社会,必然寸步难行。

三、"富与贵,是人之所欲也"——追求正当的个人利益应当受到尊重

《论语·里仁篇》中记载孔子的话说:"富与贵,是人之所欲也;不以其道得之,不处也。贫与贱,是人之所恶也;不以其道得之,不去也。"说明孔子是肯定人通过正当的手段追求富贵、摆脱贫困的。孔子还说过,"富而可求也,虽执鞭之士,吾亦为之"(《述而篇》),他肯定子贡"而货殖焉,亿则屡中"(《先进篇》)。孟子进一步发展了孔子思想,他说:"民之为道也,有恒产者有恒心,无恒产者无恒心。"如果没有稳定的财产,就没有持久不变的意志,就会胡作非为,违法乱纪,铤而走险。一些有识之士也提出,一个社会要稳定,需要有大量的中产阶级。如果有了一定财产,再进行文明礼仪教化,就会出现富庶繁荣、重德崇礼的政治局面。这正是儒家富而后教的思想,同我们今天讲的发展是第一要务、三个文明一起抓,道理差不多。

改革开放之初,邓小平同志说过,贫穷不是社会主义;光讲精神文明,不讲物质利益,对少数先进分子可以,对大多数人不行;一段时间可以,长时间不行。所以他提出,应该允许一部分人、一部分地区通过诚实劳动、合法经营,先富起来,先富带动后富,最终实现共同富裕。今天我们不断完善社会主义市场经济体制,鼓励更多的人富起来,"让一切社会财富充分涌流"。正是代表了最广大人民的根本利益,体现了历史唯物主义原理。

四、"己欲立而立人,己欲达而达人"——设身处地替别人着想是经济活动得以健康进行的重要原则

"己欲立而立人,己欲达而达人"(《雍也篇》)是孔子仁爱

思想的集中体现,是一种思想方式、价值观念,总的意思是要进行换位思考,设身处地替别人着想。在经济活动中,同样要有这种思维方式和价值观念。自己想发财,也要让别人发财。你想买到价廉物美、质量可靠、售后服务有保证的商品,就要想到别人也一定有这样的想法;你希望企业生产的产品销售后,货款能及时收回,你就要想到员工希望及时领到报酬,尤其是农民工希望及时拿到工资。市场经济虽然讲究利益最大化,但讲究双赢、多赢,"己欲立而立人,己欲达而达人"正是这样一种思路。同时,孔子主张"己所不欲,勿施于人"(《卫灵公篇》)。自己不愿意、不喜欢的,就要想到别人也会不愿意、不喜欢。比如,自己痛恨买假冒伪劣商品,痛恨缺斤少两,就不要去生产和销售假冒伪劣商品,交易时应该童叟无欺。

在经济活动中,如果自己上当受骗吃了亏,是以德报怨还是以怨报怨呢?孔子说过要"以直报怨"。以怨报怨,你受骗上当后,也采取欺诈手段,使别人也上当受骗,这样会使整个市场处于混乱状态,使整个社会的信用丧失殆尽,经济活动也因而无法进行,结果是大家共同遭殃。以德报怨,表面看来很好,但可能会使不法商人变本加厉,使更多的人上当受骗;同时,产生错误导向,使守法者对信用产生怀疑。相比而言,"以直报怨"最恰当。你对我不讲信用,我不因为自己上过当受过骗就对你进行报复,仍然尽我的本分,一方面继续守法诚信经商;一方面向工商管理或质量技术监督部门反映,由管理部门按照有关法律、法规进行处理,不让更多的人上当受骗。

五、"我不欲人之加诸我也,吾亦欲无加诸人"——平等而无特权是市场经济的天然属性

"我不欲人之加诸我也,吾亦欲无加诸人",出自《论语·公冶长篇》,是子贡说的话,也是对孔子"己欲立而立人,己欲达而达人"的具体化。子贡对孔子最为崇敬,孔子死后,其他弟子守孝三年,子贡守了六年。子贡是受孔子思想影响最深的学生之一,又是孔子学生中最善于经商的一个,孔子赞扬他"赐不受命,而货殖焉,亿则屡中"(《先进篇》)。子贡靠经商赚了很多钱。子贡经商为什么会成功?或许正是他这种"不强加于人"的处事原则成就了他。

不强加于人的思想,含有崇尚平等、否定特权的意思。如果彼此平等,就不能把自己的意志强加于人;而享有特权者,则可能会把自己的意志强加给别人。他可以用低廉的价格购买别人的产品,而不管别人是否愿意,也可以用较高的价格把商品卖给别人,同样不管别人是否愿意。一些垄断行业就是特权享有者,常常把自己的意志强加给消费者,那些霸王条款就是垄断行业强加给消费者的。在市场经济体制下,各个经济主体都是平等的,谁也不能欺行霸市,强买强卖。在国际贸易中,同样要倡导这种"我不欲人之加诸我也,吾亦欲无加诸人"的思路和做法,双方都不能把自己的愿望强加给对方,特别是强势一方,更不应霸道。而应该平等地协商谈判,实现"双赢"、"多赢"。

六、"中庸之为德,其至矣乎"——选择最佳方案是经济学的要义

经济学说到底是一门关于选择的学问,经济活动无时无刻不在进行选择,从而实现利益最大化。从生产到分配、交换、消费,都存在选择的问题。相对于人的欲望的无限性来说,资源存在稀缺性。经济学所研究的就是由稀缺性而引起的选择问题,即资源配置问题,所以一些经济学家把经济学定义为"研究稀缺资源在各种可供选择的用途之间进行分配的科学"。选择包括生产什么和生产多少、如何生产即生产要素如何进行配合、生产出来后产品如何分配等问题。所以生产、分配环节无时无刻离不开选择。我们每个消费者每天都会面临选择。到市场购买物品,是买鸡、买鱼还是买肉,要选择;买多少、到哪家店买,也是选择。这样的选择天天都在进行,选择的目的是使自己有限的钱发挥最大的效用,使自己获得尽可能多、尽可能大的满足。就一个企业而言,几乎天天都在作选择,选择的标准是如何使企业有限的资源发挥最大的效益,促进企业获得更大更快的发展;就政府而言,同样如此,在宏观调控中,如何通过货币、财政、计划等手段,使社会总供给与总需求基本平衡,使经济既不过冷也不过热。再比如,经济学中有边际产量递减原理和边际效用递减原理,其原则也是中庸,即合适、恰当。而这正是孔子中庸思想在经济生活中的运用。有人认为,中庸就是不采取上策,也不采取下策,而是采取中策。这不符合中庸的思想。中庸就是最佳,就是上策。而"过"与"不及",都不是上策,也不是中策,都是经济生活应该避免的。恰当、适度是经济生活的重要原则。市场经济讲究均衡发展,均衡发展就是中庸,就是没有"过",也没有"不及"。所以,孔子的中庸思想体现了选择的智慧和方法。我们今天说的经济又好又快发展,就有一个选择最佳方案的问题,什么样的发展速度、发展的质量和效益最好?这就是中庸原则的具体运用。

(本文原载《宣城日报·皖南晨刊》2008年12月18日、25日)

《论语》中的处世之道

俗话说:做人难,人难做,难做人。做人,有何难哉? 难在得体地交往,难在恰当地处事。会为人处世的人,其人际关系融洽和谐,工作、事业往往比较顺利,身心也比较健康;相反,如果不会为人处世,其人际关系紧张,纵然业务水平再高,本领再大,也很难做好工作,心里常会不愉快。现今,建设社会主义和谐社会,更要重视和谐融洽人际关系的建立。这方面,《论语》中有不少浅切而又深刻的论述,今天读来仍能获得不小的教益。

《论语》中讲为人处世道理的,大概有下面一些意思。

一、待人要宽容,要能容人

《子张篇》中记载子夏的学生问子张如何交朋友。子张问:子夏怎么说的? 回答说,"可者与之,其不可者拒之"。意思是可以交的朋友就交,不可以交的朋友就不交。子张说:"异乎吾所闻:君子尊贤而容众,嘉善而矜不能。我之大贤与,于人何所不容? 我之不贤与,人将拒我,如之何其拒人也?"子张的回答很有意思。他没有批评子夏讲得不对,而是说子夏讲的跟我听到(老师说)的不一样。君子要能容人,对贤者尊重,对不贤者进行劝导。如果自己是个贤者,有什么样的人不能相容呢? 如果自己不是个贤者,又有谁能容我?

一句话，就是要能容人。

孔子还说过，"躬自厚而薄责于人，则远怨矣"。这跟我们今天说的"严于律己、宽以待人"，是一样的意思。最能反映孔子这个意思的是下面一段话，"子贡曰：有一言而可以终身行之者乎？子曰：其恕乎！己所不欲，勿施于人。"（《卫灵公篇》）在《里仁篇》中也有这样的记载，"子曰：参乎，吾道一以贯之。曾子曰：唯。子出，门人问曰：何谓也？曾子曰：夫子之道，忠恕而已矣"。对人宽容，是孔子终生坚守的原则。因为他真正懂得"宽则得众"，刻薄寡恩则失人。这一点对于领导者来说尤为重要。一方面，不搞小团体、小圈子，要能把不同背景、不同性格尤其是不同见解的同志团结在一起；另一方面，要宽待下属，宽容下属的过错，大事讲原则，小事讲风格，不斤斤计较，不耿耿于怀。《微子篇》记载周公对鲁公说的一段话："君子不施其亲，不使大臣怨乎不以。故旧无大过，则不弃也。无求备于一人。"意思是说，对亲人、下属、朋友、同事，都要尽量宽容，给予善待。

二、待人要真诚，要讲信用

《学而篇》第四章说，"曾子曰：吾日三省乎吾身：为人谋而不忠乎？与朋友交而不信乎？传不习乎？"曾子每天反省的三件事中，有两件就与待人的忠信有关。第七章引用子夏的话说，"与朋友交，言而有信"。当子路问怎样对待领导、对待上级时，孔子说："勿欺也，而犯之。"（《宪问篇》）意思是说，宁可讲真话冒犯也不要欺骗领导，也就是对领导要讲真话、讲实话，反映真实情况。

待人诚信，还包含当面与背后一致、不在背后讲人坏话。俗话说，来说是非者，便是是非人。孔子也说，君子"恶称人之恶"(《阳货篇》),就是说君子厌恶在背后说人坏话。有些人当面说好话,背后讲人坏话,是不友好、不厚道、不诚信的行为。相反,君子"乐道人之善",平常看到、讲的多是朋友和同事的优点。

待人真诚、守信,可能不被人理解,甚至有人讲你的坏话,特别是到领导那里进谗言,伤害你,你该如何对待?《宪问篇》记载,有人问孔子:以德报怨,何如? 孔子说:"何以报德? 以直报怨,以德报德。"孔子的态度确实是非常务实的。对"以直报怨",可以这样理解:你做了对不起我的事,我不和你计较;你说我的坏话,我不跟你一般见识,不打击报复、不搞冤冤相报;你这件事做得好,我便说你做得好;那件事做得不好,我便说做得不好。总之,不因你做了对不起我的事而影响我公正处事的态度。这是待人忠诚守信的表现,能够真正做到这一点也挺不容易。

三、待人要善于劝诫,把握分寸

与人交往,不仅背后不说人的坏话,就是当面劝诫,也要注意方法。子贡问怎样交朋友,孔子回答说:"忠告而善道之,不可则止,勿自辱焉。"你发现朋友、同事做你认为不妥当、不该做的事,要尽朋友、同事之责,进行劝阻,不能袖手旁观、听之任之,否则就不是诤友。但劝诫一定要注意方法,便于朋友接受;还要适可而止,不可喋喋不休。如果不注意场合、不讲分寸,不但起不到效果,反而搞得大家不愉快,于事无补,结果是好心办了坏事。《里仁篇》中有类似的话,只是不限于朋友之间:"事君数,斯辱矣;朋友数,斯疏矣。"对领导、上级要忠诚,适时进谏,提出不同意见。但一定要理智,万不可自以为是,以为自己比领导聪明、高明,对领导决策的正确性持怀疑态度。领导即使做了不妥不当之事,你应该真诚地提出意见、建议,但也须注意方法,适可而止。否则,不但你的意见难以被接受,还会把事情搞僵,没有回旋的可能。对待朋友也应这样。同时,你还要考虑你在朋友、上司心中的位置,考虑他对你的信任程度,"信然后谏;不信以为谤己也"。这样的情况,每个人都可能遇到。同样对于一个人、同样一件事,张三去劝阻,毫无效果,李四去一谈,很快解决了。造成这种情况,除说话方法外,还有个信任度问题。

对领导、对朋友是这样,对家人也是一样。《里仁篇》记载孔子的话是:"事父母几谏,见志不从,又敬不违,劳而不怨。"孔子告诉我们,在规劝父母时,如果父母不接受意见,仍然要尊敬父母,尽心尽力侍奉父母,不能心生怨恨、不理不睬。

领导、老师、长辈跟你讲道理时,你应当保持尊敬之心,没必要当面反驳、"抗上",而应事后认真思考,把问题想清楚,完善和修正领导、老师、长辈的意见,悄悄地弥补其不足,这不是世故、圆滑,而是高明的做法。《为政篇》中有孔子赞扬颜回的话:"吾与回言终日,不违,如愚。退而省其私,亦足以发,回也不愚。"颜回的"不违"是聪明的,这确实比当面顶撞、批驳的效果要好得多,人际关系也会更和谐融洽。当然,"不违"、"退而省其私",与阳奉阴违绝不是一回事,二者的动机和效果有本质上的不同。

《论语》中还有不少关于为人处世的论述,总的原则是恰当、合适、得体,即儒家的最高境界——"中庸"。值得注意的是,善于为人处世,搞好人际和谐,不是靠吃吃喝喝。另外,我们读《论语》,学习借鉴孔子关于为人处世的道理,目的是为了建立和谐的人际关系,因此不仅要知之,更要行之。如果读《论语》,不结合自身实际,不坚持学用结合、学以致用,就如北宋大儒程颐说的那样:"未读时是此等人,读了后又只是此等人,便是不曾读。"

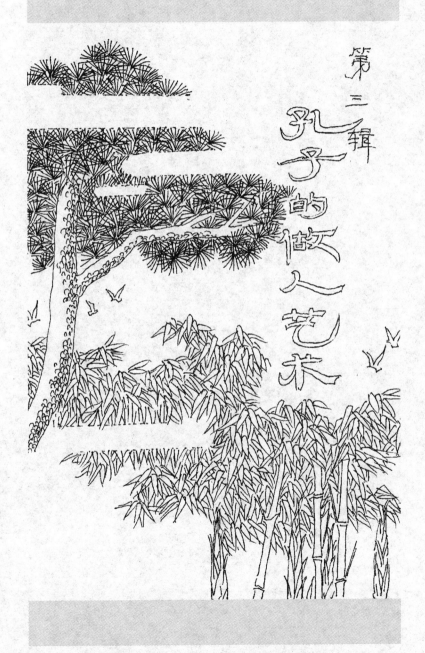

第三辑 孔子的做人艺术

实现人际和谐需要换位思考

为人处世,实现人际和谐,最可贵、最重要也最不易做到的是进行换位思考,是站在别人的立场,设身处地替别人考虑,也就是孔子说的"己欲立而立人,己欲达而达人"。对一般人来说,一事当前,第一反应是想到自己。先想到自己,这本是人之常情、人之本性,但也应该随即想到别人。不先想到自己,是不现实的,不由自己联想到别人,是不道德的。

马克思说过,"人的本质是社会关系的产物"。任何一个人,在特定的时候有特定的角色,在不同的时期、不同的场合,其角色不同。在家庭,小时候是子女,是兄弟姐妹;长大后,为人夫、为人妻,然后为人父、为人母;在学校,可能是老师,可能是学生;在单位,或者是领导,或者是下属;在社会,或者是官员,或者是平民;在经济活动中,或者是消费者,或者是生产者、经营者;在执法活动中,或者是执法者,或者是相对人;在司法活动中,或者是法官、律师,或者是当事人(原告或被告)等,还有很多。儒家把人的种种复杂关系归纳为五伦,即父子、君臣、夫妇、兄弟、朋友,大抵是可以的;儒家还提出人伦关系的准则,即父慈、子孝,君礼、臣忠,夫义、妻顺,兄悌、弟敬,也是符合人性的,把这些准则推而广之,也是可行的,这是仁爱思想的体现。后人批评儒家五伦强调等级观念,是封建宗法观念的体现。我以为,儒家强调的其实是一种"己欲立而立人,己欲达而达人"的处世原则,一种设身处替别人着想的理念,一种双赢的思维方式。如果在处理问题时,人人都能设身处地替别人考虑一下,那么,人的五伦关系,更广地说,各种人际关系都会更和谐、更融洽。

人都有自利的本性。任何一个人,都追求幸福快乐,尽管使其幸福快乐的东西不完全相同。要人"毫不利己"是不现实的、不可能的;但最起码要利己不损人,进而做到利己也利人,特殊时候能做到利人而损己。从马斯洛的五个需求层次看,人在各个不同层次有不同的需求。当需求得到满足时,就会幸福、快乐,相反就会不幸福、不快乐。但是人的追求要以不损害别人为前提,这是最起码的道德;更高层次是,人在追求幸福快乐的同时,要想到与你紧密相关甚至毫不相关的人,要考虑别人的感受。进行换位思考,设身处地替别人考虑,要做到三点:

一是"己欲立而立人,己欲达而达人"。这句话出自《论语》第六篇《雍也篇》,原文是:"子贡曰:如有博施于民而能济众,何如?可谓仁乎?子曰:何事于仁!必也圣乎!尧舜其犹病诸!夫仁者,己欲立而立人,己欲达而达人。能近取譬,可谓仁之方也已?"这段话说孔子的弟子子贡有一天问孔子:"一个人,如果能广泛地施惠于百姓并能拯救他们,怎么样,可以算是有仁德了吗?"孔子说:"这何止仅仅是仁!一定是圣人了。尧和舜都难以做得不够呢。对于有仁德的人来说,自己期望有所成就,就想让他人同样有所成就;自己期望显贵,就想让他人也显贵。从自身开始,做自己所能做的,就可以算是仁了。"

"己欲立而立人,己欲达而达人",是孔子仁爱思想的集中体现,它之所以能流传后世,就在于它能进行换位思考,由己及人。汉代刘向在《说苑》中记载孔子的话说,"夫富而能富人者,欲争购而不可得也;贵而能贵人者,欲贱而不可得也;达而能达人者,欲穷而不可得也"。一句话,有什么好处,由己及人,推及他人。这是一个普遍适用的法则,几乎所有人的一切活动,都能适用。你想要的,应该想到别人也想要;你希望得到的,应该想到别人是否也想得到。比如,如果你是领导,你想吃好、穿好、住好,就应该想到更多群众也希望吃好、穿好、住好,就要想方设法帮助群众过上好日子;你想提拔想进步,就应想到你的部下也有这样的愿望;你想食用质量安全可靠的食品,就应该想到其他人也与你有相同的愿望,所以你要加强市场监管,防止生产者生产、经营者经营不安全的食品。

二是"己所不欲,勿施于人"。原理也是换位思考,也是设身处地替他人着想。自己不愿意、不喜欢的,就要想到别人也会不愿意、不喜欢。自己不愿意做的事,应该想到别人也可能不愿意去做。你不愿意食用有农药残留的蔬菜、不想喝含三聚氰胺的奶粉,应该想到别人也不愿意食用不安全的食物。

三是"己所欲,慎施于人"。你喜欢的,别人可能喜欢,也可能不喜欢,不要把自己的喜好强加于人。你抽烟、喝酒,也许别人没有这种喜好,所以不要强人所难。人与人之间相处是这样,国与国之间也是这样。美国的意识形态、政治制度适合美国,但不一定适合别国,所以美国不应该把自己的东西强加给别的国家。

总之,实现人际关系的和谐,需要站在别人的立场,换位思考,设身处地替别人考虑。一个从来不考虑别人利益和感受的人,一个不懂得尊重他人、关心他人的人,也很难指望别人关心、尊重他。

孔子的说话艺术

如何说话,真是一门大大的艺术。俗话说,一句话说得人笑,一句话说得人跳;古人也说,"美言一句三冬暖,恶语一言三春冷"。祸从口出,福也从口出。一言既出,驷马难追,所谓覆水难收。可见,说话不是一件小事,不可不讲究,不可不慎重。无论是谁,都不可能不说话,表达感情、反映愿望、传递信息、发表意见,都要说话。语言是思想、感情、信息的载体。如何说话,透出一个人的性格,反映一个人的品德,体现一个人的修养和学识。这方面《论语》中有很多论述,《道德经》中这方面论述也有不少。大致有以下一些:

一、慎言

人生一张嘴,不可能不说话。慎言不是不说话,而是强调说话要慎重、谨慎。《论语》中记载子贡的话说:"君子一言以为知,一言以为不知,言不可不慎也。"(《子张篇》)特别是不能图一时口舌之快。《论语》第五篇《公冶长篇》记载:"或曰:雍也仁而不佞。子曰:焉用佞?御人以口给,屡憎于人。不知其仁,焉用佞?"可见,逞口舌之才,必遭人忌恨。同时,话多、夸夸其谈的人给人以不实在之感,孔子就曾批评"巧言令色"的人"鲜矣仁",还说"巧言乱德"。所以,有时不说话比说话往往更有价值,即所谓"沉默是金",孔子也说:"天何言哉？四时行焉，百物生焉，天何言哉？"（《阳货篇》）尤其是领导者讲话更要谨慎，不可动辄豪言壮语，也不可随意发表意见，轻易表态、许诺。正如老子《道德经》所说，"希言自然"、"悠兮，贵其言"。

二、言语要合适

合适、得体是把话说好的最高境界。话不在多少，关键是有用、合适。知了鼓噪，无人注意；公鸡报晓，勤人起早。所以讲话要合适。

一是讲话的时机要合适。孔子说："言未及之而言谓之躁，言及之而不言谓之隐，未见颜色而言谓之瞽。"（《季氏篇》）意思是不该说话的时候说话，是急躁；该你说话的时候不说，是隐晦；没有眼色、不见时机说话，是瞎子。所以，再正确的话，也要选择合适的机会说，否则非但没有效果，还会弄僵关系。

二是讲话要选择合适的对象。跟不合适的人讲话，即所谓"对牛弹琴"。孔子说："可与言而不与之言，失人；不可与言而与之言，失言。知者不失人，亦不失言。"（《卫灵公篇》）

三是讲话要把握好分寸。不论是向领导进谏还是劝告朋友，都要把握好分寸。孔子说："忠告而善道之，不可则止，毋自辱焉。"（《颜渊篇》）《论语》中还记载子游的话说："事君数，斯辱矣；朋友数，斯疏矣。"（《里仁篇》）意思是不恰当地给领导提意见，会自取其辱；喋喋不休地劝告朋友，会被朋友疏远。对待父母也是这样："事父母几谏，见志不从，又敬不违，劳而不怨。"（《里仁篇》）进一步从大的方面讲，孔子说："邦有道，危言危行；邦无道，危行言孙。"（《宪问篇》）意思是说，政治清明时，讲话可以直一点；政治环境恶劣时，讲话就要谨慎。即使是对亲朋好友讲话，也要适可而止，"热心肠一副，温柔两片,理说三分"。

四是讲有用的话。孔子赞扬闵子说:"夫人不言,言必有中。"(《先进篇》)要讲对别人有启示、有益处的话。当子贡问"有一言而可以终身行之者乎"时,孔子说:"其恕乎!己所不欲,勿施于人。"(《卫灵公篇》)他批评有人"群居终日,言不及义"(《卫灵公篇》)。《论语》中记载的孔子许多话,不仅对他的弟子有很大教益,两千多年后的我们读来仍然觉得十分精辟、十分透彻,很有启发。《论语》中还有这样一段记载:"定公问:一言而可以兴邦,有诸?孔子对曰:言不可以若是其几也。人之言曰:为君难,为臣不易。如知为君之难也,不几乎一言而兴邦乎?曰:一言而丧邦,有诸?孔子对曰:言不可以若是其几也。人之言曰:予无乐乎为君,唯其言而莫予违也。如善而莫之违也,不亦善乎?如不善而莫之违也,不几乎一言而丧邦乎?"(《子路篇》)大致意思是,虽然说不可能"一言而兴邦"、"一言而丧邦",但有些话很接近这些道理的。

五是讲话的方式要合适。跟不同的对象讲话,要用不同的态度。"孔子于乡党,恂恂如也,似不能言者。其在宗庙朝廷,便便言,唯谨尔。朝,与下大夫言,侃侃如也;与上大夫言,訚訚如也。君在,踧踖如也,与与如也"(《乡党篇》)。孔子在家乡跟父老乡亲、在朝廷跟下属、跟上司讲话时,态度、方法都不一样。这不应该理解为对上级拍马屁、对下级使威风,因为孔子对无权无势的家乡父老讲话时态度是很谦卑的。

说话要注意上面一些问题。当然,更重要的是要言行一致。在言行关系上,我们经常讲要多做少说、做了再说、先做后说。孔子肯定"君子讷于言而敏于行",主张君子"敏于事而慎于言"。认为"先行其言而后从之",这样人们才会佩服你、相信你、效仿你。反过来,"君子耻其言而过其行"。在孔

子看来,"言忠信,行笃敬,虽蛮貊之邦,行矣。言不忠信,行不笃敬,虽州里,行乎哉?"(《卫灵公篇》)

《论语》中的齐家之道

《大学》中说:"其家不可教而能教人者,无之。故君子不出家而成教于国","一家仁,一国兴仁;一家让,一国兴让"。封建宗法制社会已经结束,当今社会,家庭结构发生了很大变化,虽然四代同堂、兄弟姐妹妯娌众多的大家庭已经难得见到,但家庭还是社会的细胞,家庭和睦,社会才能和谐;家庭兴旺,国家才能兴盛,这样的道理没有变:管不好家就很难管好一个单位、管好一个地方、管好一个国家。我们常说,从一个干部的家风可以看出其品德、能力等,可见,齐家与治国并不是没有关系。《论语》讲齐家的道理不少,重要的有如下几点:

一、强调齐家以孝悌为本

《论语》第一篇第二章就借有子之口说:"其为人也孝弟,而好犯上者,鲜矣;不好犯上,而好作乱者,未之有也。君子务本,本立而道生。孝弟也者,其为仁之本与?"孝悌是做人的根本,也是齐家的根本。孔子说:"弟子入则孝,出则悌,谨而信,泛爱众,而亲仁。行有余力,则以学文。""出则事公卿,入则事父兄"(《子罕篇》)。至于如何是孝,《论语》中有不少的论述,孔子说,"事父母几谏,见志不从,又敬不违,劳而不怨";"父母在,不远游,游必有方";"父母之年,不可不知也。

一则以喜,一则以惧"(《里仁篇》)。孔子对孟懿子、孟武伯、子游、子夏等不同的问孝者给予了不同的解释,但总的意思是,孝就是对父母要"事之以礼"、要和颜悦色、要敬重。

二、强调齐家要勤俭

孔子认为,要"食无求饱,居无求安,敏于事而慎于言"(《学而篇》);奢侈和过于节俭都不好,但奢侈更坏(子曰:"奢则不逊,俭则固。与其不逊也,宁固");要正确看待富贵,通过正当手段追求富贵。他肯定子贡"贫而无谄,富而无骄",认为"贫而乐,富而好礼"的境界更高;他特别赞扬"一箪食,一瓢饮,在陋巷"而不改其乐的颜回;也赞扬"衣敝缊袍,与衣狐貉者立,而不耻"(《子罕篇》)的子路,说明孔子日常家居生活是有操守的。

三、强调要以诚敬的态度处世

孔子主张表里如一、心口如一。比如祭祀,孔子强调"祭如在,祭神如神在。子曰:吾不与祭,如不祭"(《八佾篇》)。古代社会对祭祀十分重视,但有不少人只是做做样子,心不在焉。孔子却不同,他在祭神时,就好像神在跟前一样,表现了一种诚敬的感情。不仅如此,他认为为礼要敬,如果"为礼不敬,临丧不哀",这样的人是无所可取的。即便是对待借贷这样的事,他也认为自己有就借给别人,所谓"有马者借人乘之";如果自己没有,就不必打肿脸充胖子求虚荣;所以孔子认为微生高并不直率,因为有人向他借醋,他却向邻居要来给他。

四、有正确的婚恋观和法制观

孔子选女婿、侄女婿就体现了这种态度。《公冶长篇》中说：公冶长虽然被投入监狱,但孔子认为,事出有因,并不是他的罪过,所以仍然把自己的女儿嫁给公冶长为妻。还有南容这个人,品德很好,品行高洁,国家安定繁荣时,他没有被埋没,有用武之地,才华得到了发挥；国家政治腐败时,他不同流合污,也不鲁莽行事,而是审时度势,作出正确选择,能避免灾祸,所以孔子把侄女儿嫁给南容为妻。从《论语》的这些记载可以看出,孔子选女婿、侄女婿注重品德和能力,而不是看人一时的境遇和荣辱。这种婚恋观是值得效仿和借鉴的。

孔子还认为,在家庭生活中,不能越礼胡作非为、胆大妄为。他批评季氏"八佾舞于庭",批评"三家者以雍彻",实际上是说一个家庭即使有钱有势,也不可以太张狂,不可以做出违法的事情,比如,不可以在家中聚众赌博和搞封建迷信、黄色淫秽活动,一些私营企业的保安不可以非法搜身、非法拘禁,不可以做出私设公堂之类出格甚至违法的事情。

此外,孔子也是很人性化、很务实的。当家中人犯有过错甚至是违法犯罪时,他认为应给他改过自新、挽回损失的机会,而不是即刻到执法机关去举报,把其逼上绝路。孔子认为这样效果可能更好,也是正直的做法(叶公语孔子曰:吾党有直躬者,其父攘羊,而子证之。孔子曰:吾党之直者异于是:父为子隐,子为父隐,直在其中矣)。

当然,孔子的家居生活也讲究愉悦、轻松、精细。"子之燕居,申申如也,夭夭如也"(《述而篇》)。多么惬意! 他对衣食虽然不讲究奢华,但求舒适、精致。穿衣注意颜色搭配、长短适宜、和环境氛围相协调:"君子不以绀緅饰,红紫不以为亵服","缁衣,羔裘;素衣,麑裘;黄衣,狐裘","亵裘长,短右袂;必有寝衣,长一身有半。狐貉之厚以居"(《乡党篇》)。在饮食方面,同样比较讲究,"食不厌精,脍不厌细。食饐而餲,鱼馁而肉败，不食。色恶，不食。臭恶，不食。失饪，不食。不时，不食。割不正，不食。不得其酱，不食。肉虽多，不使胜食气。唯酒无量，不及乱。沽酒市脯不食。不撤姜食，不多食。祭于公，不宿肉。祭肉不出三日。出三日，不食之矣"（《乡党篇》）。说明孔子在饮食方面讲究卫生、科学、适度，体现孔子既积极乐观、爱惜身体，又节俭务实的人生态度，这对今天那些放纵欲望、"宁愿伤身体，不能伤感情"的人有警示作用。

"不迁怒,不贰过"
——读《论语》看孔子怎样对待过错

人非圣贤,孰能无过?由于主客观原因,一个人犯错误是难免的,谁都可能说错话、做错事。一个人犯错误,并不可怕,关键是要正确对待错误。对待过错的不同态度,是一个人能否不断进步的关键。如何对待过错,尤其是当别人指出自己的过错时应如何对待,是一个人修养的重要表现。孔子虽然被称为圣人,但也难免有说错话、做错事的时候。孔子之所以被称为圣人,是因为他能正确对待过错。《论语》中有不少关于孔子及其弟子对待过错的记载,古人的态度和做法,是值得今天学习借鉴的。

首先,当别人发现、指出自己的过错时,应感到庆幸和高兴。第七篇《述而篇》中说:"丘也幸,苟有过,人必知之。"这一章的故事是说一个名叫陈司败的人问孔子:鲁昭公知礼吗?孔子回答说知礼。孔子走后,陈司败对巫马期说:鲁昭公娶吴姓女子,鲁和吴是同姓,如果这样的人也算知礼,还有什么人算不知礼呢?巫马期把这话告诉了孔子,孔子于是说了"丘也幸,苟有过,人必知之"的话,意思是说,我孔丘是庆幸的,一旦有了过错,人们就能发现。事实上,作为精通礼的孔子,知道鲁昭公的行为是不妥当的,但他为尊者讳,不便批评国君,没有说真话,所以当陈司败说他"吾闻君子不党,君子亦党乎"(《述而篇》)时,孔子马上承认自己的过错,并为人们能够发现并指出自己的过错而感到庆幸。可见,孔子是有胸怀、能接受别人批评的。类似的例子,还有第十七篇《阳货篇》中的记载:"子之武城,闻弦歌之声。夫子莞尔而笑,曰:割鸡焉用牛刀?子游对曰:昔者偃也闻诸夫子曰:'君子学道则爱人,小人学道则易使也。'子曰:二三子!偃之言是也。前者戏之尔。"孔子对学生指出自己的错误能坦然接受,并当众承认且加以纠正,真是谦谦君子的风范。

其次,有了过错要立即改正。由于认识水平的限制,或者由于感情因素,在工作、生活中每个人都有可能产生过错,犯些错误,有时甚至是严重的错误。问题是有了过错后,采取什么样的态度对待。不同的态度可以看出一个人的品德,对领导干部来说,可以看出其政治品德。常常有这样的人出于虚荣心,不愿意承认错误、改正错误,而是为维护自己所谓的尊严,文过饰非,把责任推给别人。看到这一点,孔子感叹说:"已矣乎,吾未见能见其过而内自讼者也。"(《公冶长篇》)只有那些真正的君子,"过,则勿惮改"(《学而篇》),有了过错,不掩饰,勇于承认错误、承担责任,并立即进行改正。而"小人之过也必文"(《子张篇》),有了过错,就遮掩、粉饰、归责于他人。所以,孔子认为,"过而不改,是谓过矣"(《卫灵公篇》),一个人有了过错不改,那是真正的过错,"不善不能改,是吾忧也"(《述而篇》)。特别是长者、尊者,如领导、老师、名人学者,由于平常听到的多是赞扬的话、恭维的话,容易自以为是,所以更要有自知之明和知错就改的胸襟。如果总以为自己正确,事事英明,就会听不进不同意见,不能接受别人的批评,不能发现、改正自己的错误。

再次,要力求少犯错误,特别是要避免犯重大的错误,也不要犯相同的错误。第四篇《里仁篇》中说:"人之过也,各于其党。观过,斯知仁矣。"人都会犯错误,但错误的性质和影响、危害并不是等同的,所以错误有不同的类型。有的错误,是由于特定的历史条件和特定的环境、背景造成的,尽管动机和愿望是好的;而有的错误却是人为的,动机就有问题,是故意造成的;有的错误,一旦发生,会产生严重的后果和重大的危害,有可能使犯错者堕入万劫不复的深渊。所以,看一个人所犯错误,也可以知道一个人的为人和品德。《子张篇》中记载子贡的话说:"君子之过也,如日月之食焉:过也,人皆见之;更也,人皆仰之。"君子是坦坦荡荡的,其过错就像日食月食一样,他犯了错误,人人都可以看见;他改正了错误,人们仍然景仰他。一个人要谨言慎行,力求少犯错误,不犯严重的错误,不犯相同的错误。孔子就曾赞扬颜回"不迁怒,不贰过",意思是说要尽量避免工作失误,力求少犯错误、不犯错误,特别是不重犯错误;一旦工作出现失误,绝不迁怒于人,而是勇于承认、坚决改正。

我们常说,要加强修养。加强修养首先是要学习,不断改造世界观,同时要正确对待过错,特别要有闻过则喜的胸怀和知错能改的勇气。我们共产党人是为人民服务的,我们有了缺点,更不要怕别人批评指出,更要为人民利益坚持正确的,改正错误的。尤其是从政当领导的,要在科学理论的指导下,深入调研、充分论证、慎重决策,并在决策实施过程中,及时跟踪,加强监督检查,一旦发现错误,立即改正。这样,会得到群众的谅解和支持;相反,推脱责任或者坚持错误,将会影响领导的威信。

(本文原载《宣城日报·皖南晨刊》2008年6月26日)

"人不知,而不愠,不亦君子乎"

"人不知,而不愠,不亦君子乎?"这是《论语》第一篇《学而篇》第一章的第三句话。前面两句是人们熟知的"学而时习之,不亦说乎?有朋自远方来,不亦乐乎?"这一句的意思是说,如果人们对我不了解、不理解,我也能正确对待,不因此而心生愠怒和怨恨。意思相近的,《论语》中还有以下几句:

子曰:不患人之不己知,患不知人也。(《学而篇》)

子曰:不患人之不己知,患其不能也。(《宪问篇》)

子曰:君子病无能焉,不病人之不己知也。(《卫灵公篇》)

子曰:不患无位,患所以立。不患莫己知,求为可知也。(《里仁篇》)

这五句话,主要有三个方面意思:一是不怕别人对我不赏识、不重视,就怕自己没有真本领;二是不怕别人不了解我,就怕自己不了解别人;三是别人不了解我,我也不怨恨。五句话的意思,明白易懂,做到却不容易,需要有很高的境界。用我们今天的话说,它体现了怎样对待自己、对待他人、对待组织的问题。

一、正确对待自己

在日常生活中,我们经常听到"没有人理解我"这样的话。责怪孩子不理解自己的苦心,埋怨朋友不理解自己的好心,怨恨领导不了解自己的能力和业绩,责怪下属和群众不了解自己的辛劳和付出。一句话,埋怨、责怪别人的不了解、不理解。有这样情绪的人是很普遍,也是很正常的。相反,要做到"人不知,而不愠",倒是不容易做到。正因为如此,所以孔子强调"人不知,而不愠,不亦君子乎"(《学而篇》)。事实上,光埋怨别人不了解、不理解自己是无济于事的,经常责怪、怨恨别人,不仅不利于人际关系的和谐,还会引起自己内心的不和谐,影响身心健康。所以,孔子希望"人不知,而不愠"是很有意义的。怎样做到"人不知,而不愠"? 关键是要以正确的态度来对待自己。一是正确了解自己、评价自己。《道德经》中说:"自知者明。"看待自己,不要妄自菲薄,更不要妄自尊大;成功了不自以为是,遇到挫折,也不消极沉沦。自己应该明白自己的能力,认清自己的位置,不自以为了不起,在取得成就时不得意忘形,别人不知道你的工作、成就,不要意外;在帮助别人之后,别人不知道你的帮助,也不怨恨,因为本来你就没想邀功请赏,图别人的回报。二是多从自身找原因。"不患莫己知,求为可知也"(《里仁篇》)。别人不了解、不理解你,你应该认真分析原因,尤其是从自身找原因,想办法让别人了解、理解你。你应该看看自己平常是否注意与人交流、沟通。如果你自视清高、自我封闭,不与人交流,不注重与人的沟通,别人怎么能了解、理解你?当今时代,社会分工很细,人们的生活和工作节奏很快,人们更多地忙于自己的事,同时,现代社会有很多工作需要协同完成,需要别人的理解和支持,所以要增强人际交往的能力,要寻找合适的时机,主动与别人沟通与交流,消极地埋怨别人不理解是没有用的。当然,你也不必过于在意别人的态度,不必成天考虑如何让别人了解、理解你,也不要刻意宣传自己,更不必为求别人的理解,改变自己的本色和本性。

二、正确对待他人

做到"人不知,而不愠",确实不容易。从《论语》的记载来看,孔子做到了。第十四篇《宪问篇》第三十五章可以为证。"子曰:莫我知也夫! 子贡曰:何为其莫知子也? 子曰:不怨天,不尤人,下学而上达。知我者其天乎!"孔子对人们不理解他,不怨天不尤人,仍然坚持学习、求索,继续宣传他的政治理想。不仅如此,他还主动去了解别人、理解别人。孔子说:"不患人之不己知,患其不能也。"(《宪问篇》)就是说不担心别人不了解自己,担心的是对别人不了解。这比别人不了解自己、不心生怨恨的境界又高了一层,也就是在正确对待自己的同时,正确对待他人。如何正确对待他人呢? 一是主动了解别人,充分理解、尊重别人。这从他对学生个性的熟悉程度可以看出。孔子对自己学生的个性了解得十分清楚,比如,他知道"由也果"、"赐也达"、"求也艺"、"柴也鲁"、"参也愚"、"师也辟"、"回也不愚"、"桑伯子简"等,所以他能因材施教。当子路问:"听到了道理,就马上去做吗?"孔子回答他,有父兄在,怎么能听到就去做? 当冉求问同样的问题时,孔子却回答,听到了道理当然马上去做。公西华不明白孔子为什么对一个问题有完全相反的回答,孔子说出了缘由:子路急躁,所以要他多听父兄的意见;冉求迟疑不决,所以要他果断一些,学到了就去做。可见,孔子是主动积极去了解别人的。做到这一点很重要。尤其是当领导的要多了解、多观察下属,一方面发现他们的特长,了解他们的个性,做到知人善任;另一方面要了解下属的思想动态,尤其是下属的愿望、存在的问题和困难,有针对性地做思想工作,最大限度地满足下属的愿望,帮助解决问题。老师也要全面了解学生，做到因材施教。二是努力看到、发现别人的长处，不能总拿自己的长处去与别人的短处比较，总认为别人没有自己高明、没有自己出色。特别是看到别人立功受表彰，提拔、重用了，就愤愤不平，感到委屈。多看到自己的不足，多看他人的长处，才是对待别人的正确态度。三是公正地对待每一个人。当领导、做组织人事工作的人，更要注意这一点。既不能因为是同学、同乡、兴趣性情相投而虚美、掩恶，也不能因为一个人提过不同意见就看不到其优点、放大他的缺点。看人要客观公正、实事求是、一分为二。这也是正确对待他人所不能忽视的。

三、正确对待组织和领导

在单位里、在社会上，常有人埋怨组织、埋怨领导不了解自己、不重视自己，甚至不能公正地对待自己。管理学上有一种归因理论，把成功的原因归结于自己的勤奋和能力，把失败归咎于环境不好和别人的支持不力。这使得一些人认为领导有眼无珠，觉得自己屈才，无用武之地。事实上这大可不必。孔子说："不患无位，患所以立。"（《里仁篇》）又说："君子病无能焉，不病人之不己知也。"（《卫灵公篇》）还说："不患人之不己知，患其不能也。"（《宪问篇》）意思都是说，不要担心别人不知道你，也不要担心你没有用武之地，关键是要有真本领。如果你真有才华、真有水平、真有能力，迟早会得到公认，得到赏识，得到展示你才能的职位。所以关键的，还是要加强学习和锻炼，不断充实自己、完善自己，提高自己的素质和能力。其次要相信组织，要有耐心和定力。要像《中庸》中说的那样，"君子居易以俟命"，耐心等待机会，在平凡的岗位上做出不平凡的业绩；不能像《中庸》中说的小人那样"行险以侥幸"。同时也可以通过正当而合适的渠道，表达合理的愿望,甚至积极参与竞争,抓住机会表现自己的美德和才华;实在不行,你还可以选择合适的时候另谋高就。总之,既不能恃才傲物、居功自傲,也不能消极怠工、发泄不满。

(本文原载《宣城日报·皖南晨刊》2008年8月21日)

"己欲立而立人"

"己欲立而立人,己欲达而达人"(《雍也篇》)。从今天看来,是一种思维方式,一种价值观念,一种处世方法,强调要进行换位思考,设身处地替别人着想。这个原则在日常生活、为人处世,乃至在政治、经济、文化、外交等活动中,都很适用,是一个普遍适用的法则。

在经济生活中,"己欲立而立人,己欲达而达人",体现为一种互利互惠、双赢甚至多赢的思维方式。你想发财,也应该想到别人也想发财,也要让别人发财。你想买到价廉物美、质量可靠、售后服务有保证的商品,就要想到别人也一定有这样的想法;你希望企业生产的产品销售后,货款及时收回,你就要想到员工希望及时领到报酬,尤其是农民工希望及时拿到工资;市场经济虽然讲究利益最大化,但也讲究双赢、多赢。事实上,只有双赢、多赢,交易才能长期做下去,经济活动才能持续不断地进行。否则,只考虑自己获取最大利益,而不考虑别人的利益,那只能是"一锤子买卖"。生产、经营假冒伪劣商品的企业,只考虑自己获取暴利,而不顾消费者的利益,轻则失去信誉,使产品销不出去,导致企业破产,重则受到法律制裁。这样的教训,不在少数。

在政治生活中,"己欲立而立人,己欲达而达人",体现为一种相互尊重、共同进步的价值观念。一个政党要想长期执政,一个政权要想长期存在,就一定要统筹考虑各方面的利益,而不能仅仅考虑自身的既得利益。一个地方、一个单位的领导也应该有这样的价值观。你希望自己得到部下尊重,希望自己不断进步、职务不断提升,你应该想到你的部下也有相同的愿望;反过来,部下也应该这样考虑。所以,领导与部下之间应该经常换位思考,设身处地替别人考虑,相互理解、相互尊重。这样就没有不能调解的纠纷,没有不能和解的矛盾,没有不能达成一致的意见。跨国公司的经营理念是"员工与企业共同成长",这就是现代版的"己欲立而立人,己欲达而达人"理念。

"己欲立而立人,己欲达而达人",体现为一种"我为人人、人人为我"的为人处世方式。现代社会,任何一个人都不可能孤立地生存,人人既是生产者,又是消费者,人人为别人服务,人人享受别人的服务。在日常的人际交往中,也需要"己欲立而立人,己欲达而达人"的方法。你一定希望别人真诚对待你,那你也应该真诚对待他人。人际交往中有两个"黄金定律":一个是,你希望别人怎样待你,你首先得那样待他;另一个是,你要按他人所希望的那样待他,他也会以你所希望的那样待你。所以,任何人都需要这种"己欲立而立人,己欲达而达人"的处世方法。这样,社会才会和谐、才会进步。

事实上,国与国之间、地区与地区之间的交往也是一样。外交谈判、商务谈判中,都需要这样的思维方式和价值观念。上一轮多哈谈判,之所以最终谈成,是因为各成员充分地考虑自己和各方利益,实现了多赢;新一轮多哈谈判一直未能成功,是因为还没有找到这样一个令各方都能接受的方案,没有实现多赢。

与"己欲立而立人,己欲达而达人"相对应的,是"己所不欲，勿施于人"(《颜渊篇》)。这是孔子从另一层面提出的主张，原理也是换位思考，也是设身处地替他人着想。自己不愿意、不喜欢的，就要想到别人也会不愿意、不喜欢。另外，还要注意"己所欲，慎施于人"，你自己抽烟，别人未必就抽烟；你喝酒，别人未必就喝酒，不能想当然地认为，你喜欢的别人也喜欢，你需要的别人一定需要，不能把自己的意志强加于人。总之，既有利于自己，又有利于他人、有利于社会，才是"己欲立而立人，己欲达而达人"。只有真正做到"己欲立而立人，己欲达而达人"，人类社会才会越来越美好，越来越文明，越来越和谐，越来越进步。

忠恕是美德

忠恕是孔子一以贯之的为人之道。忠恕,一方面是尽心尽力关心帮助别人;你已经尽心尽力,别人仍然认为你做得不够好,你也不争辩、不怨恨;另一方面如果别人对自己帮助不够,你能站在对方立场,体谅别人的难处,不生气、不愠怒,宽宥别人。忠恕,说到底是设身处地替别人着想,是一种换位思考。忠,难做到的是对上司。上司重用、信任、经常表扬你时,做到忠比较容易;一旦上司批评、误解,甚至委屈、冷落你,使你感到不公正时,做到忠则比较难。上司在位有权有势时,做到忠比较容易;一旦上司失势,做到忠则比较难。上司比较民主,能听进不同意见,做到忠比较容易;上司比较武断,做到忠则相对较难。子张问曰:"令尹子文三仕为令尹,无喜色;三已之,无愠色。旧令尹之政,必以告新令尹。何如?"子曰:"忠矣!"(《公冶长篇》)子文三次担任令尹,三次被罢官,还能把工作交接好,可以说是忠的典范了。

恕,难做到的是对亲友。越是关系近的亲友,越容易计较,越难做到宽容。一个过错,发生在别人身上,可能不去计较,但在亲人、好友那里,就难释怀了。

与忠紧密相连的是信,与恕相对的是怨。

忠信在《论语》中有不少相提并论的例子。如:"子曰:君子不重,则不威;学则不固。主忠信。无友不如己者。过,则勿惮改"(《学而篇》);"子曰:十室之邑,必有忠信如丘者焉,不如丘之好学也"(《公冶长篇》);"子以四教:文,行,忠,信"(《述而篇》);"子张问崇德辨惑。子曰:主忠信,徙义,崇德也。爱之欲其生,恶之欲其死。既欲其生,又欲其死,是惑也"(《颜渊篇》);"子张问行。子曰:言忠信,行笃敬,虽蛮貊之邦,行矣。言不忠信,行不笃敬,虽州里,行乎哉?立则见其参于前也,在舆则见其倚于衡也,夫然后行"(《卫灵公篇》)。《大学》中说:"故君子有大道,必忠信以得之,骄泰以失之。"《周易》中引用孔子的话说:"君子进德修业。忠信,所以进德也;修辞立其诚,所以居业也。""曾子曰:吾日三省吾身:为人谋而不忠乎?与朋友交而不信乎?传不习乎?"(《学而篇》)

当然,《论语》中,忠、信分别论述得更多。

如,论忠的有以下几处:

"子张问政。子曰:居之无倦,行之以忠"。(《颜渊篇》)

"定公问:君使臣,臣事君,如之何?孔子对曰:君使臣以礼,臣事君以忠"。(《八佾篇》)

"樊迟问仁。子曰:居处恭,执事敬,与人忠。虽之夷狄,不可弃也"。(《子路篇》)

"子曰:爱之,能勿劳乎?忠焉,能勿诲乎?"(《宪问篇》)

论信的有以下几处:

"子夏曰:贤贤易色;事父母,能竭其力;事君,能致其身;与朋友交,言而有信。虽曰未学,吾必谓之学矣"。(《学而篇》)

"子曰:道千乘之国,敬事而信,节用而爱人,使民以时"。(《学而篇》)

"子曰:弟子,入则孝,出则悌,谨而信,泛爱众,而亲仁。行有余力,则以学文"。(《学而篇》)

"有子曰:信近于义,言可复也。恭近于礼,远耻辱也。因不失其亲,亦可宗也"。(《学而篇》)

"子曰:人而无信,不知其可也。大车无輗,小车无軏,其何以行之哉?"(《为政篇》)

"子曰:老者安之,朋友信之,少者怀之"。(《公冶长篇》)

"上好礼,则民莫敢不敬;上好义,则民莫敢不服;上好信,则民莫敢不用情"。(《子路篇》)

"子张问仁于孔子,孔子曰:能行五者于天下为仁矣。请问之。曰:恭,宽,信,敏,惠。恭则不侮,宽则得众,信则人任焉,敏则有功,惠则足以使人"。(《阳货篇》)

这里引用的信,都是讲究信用、说话算数的意思。

忠与信的前提是诚。诚就是不自欺、不欺人,也不被人欺,就是表里如一、心口如一,就是言行一致。孔子说:"匿怨而友其人,左丘明耻之,丘亦耻之。"(《公冶长篇》)"匿其怨而友其人",就是自欺欺人,就是不诚。"非其鬼而祭之,谄也"(《为政篇》),也是不诚的表现。关于诚,孔子说:"君子不以口誉人,则民作忠。故君子问人之寒则衣之,问人之饥则食之,称人之美则爵之。"(《礼记·表记》)

与恕相对的是怨。待人不宽,不能宽恕别人的过失、为别人对自己的不理解耿耿于怀,这些都是怨。孔子把忠恕作为终身坚守的美德,认为"正己而不求诸于人则无怨",所以能做到"人不知,而不愠"和"不怨天,不尤人"。

当然,无论是忠、信还是恕、宽,都涉及中庸的问题,也就是要是非分明、把握原则。所以有人问孔子"以德报怨,何如"时,孔子说:"何以报德?以直报怨,以德报德。"(《宪问篇》)

忠、信和恕,都是爱人的表现,也就是仁、是知。从这个意义上说,忠恕是孔子倡导的一种很高的道德境界。

今天,我们把忠信的道德范畴,运用到对人民、对祖国的忠诚,运用到经济活动中讲究诚信上来,无疑是很有价值的。为人谋而忠,就是全心全意、诚心诚意为人民服务,就是为党和国家的事业、为人民的利益鞠躬尽瘁,死而后已;恕而不怨,就是在处理人际关系时,严于律己、宽以待人,关心群众,关心同志,关心下属。

孔子之乐

追求快乐，是人之本性。可以说，人的一切行为都是为了追求快乐，即便是清教徒、苦行僧，也是为求来生快乐。只是，快乐有层次高低、时间长短、范围大小之分，追求快乐的方法有正当与不正当之分。美国心理学家马斯洛提出，人有五个需求层次。每获得一种层次的满足，就有一种层次的快乐；每会享受到一种更高层次的满足，就会有一种更高层次的快乐。马克思讲实现人的全面发展，实际上是最高层次的快乐。儒教与佛教、基督教相比，有一个鲜明的特点，就是主张积极入世，不讲来世、来生，所以儒家是入世哲学，讲究实际和现实，而不像以往人们所理解的那样，不讲物质利益，主张过苦行僧的生活。相反，与佛教强调苦修、离苦而得乐不同，孔子不主张苦修，而讲究快乐、追求快乐，追求学习的快乐、修道悟道的快乐、生活和工作的快乐。现代人疯狂追求物质利益，财富大大增加，物欲得到了很大满足，好似得到了口腹之乐、肌肤之乐。事实上，很多人心理上并不快乐，他们追求的东西得到了，但却往往失掉了快乐。其实快乐就在你身边，在你的生活中。关键是你是否懂得体会它、把握它、适度地享受它。《论语》中讲孔子之"乐"的内容不少，今天读来，对我们追求快乐人生仍有积极意义。

确实，快乐是时时处处存在的。从不同角度看，可以有各种不同之乐。比如,有君子之乐与小人之乐,或者说有健康、高雅之乐和消极、低俗之乐。在《季氏篇》中,孔子说:"益者三乐,损者三乐。乐节礼乐,乐道人之善,乐多贤友,益矣。乐骄乐,乐佚游,乐宴乐,损矣。"意思是,以礼乐规范自己为快乐,以称赞他人的好处为快乐,以多交贤德的朋友为快乐,这是有益的快乐;以骄奢淫逸为快乐,以游荡无度为快乐,以吃吃喝喝为快乐,这是有害的快乐。《论语》中还有:"君子易事而难说也。说之不以道,不说也;及其使人也,器之。小人难事而易说也。说之虽不以道,说也;及其使人也,求备焉。"(《子路篇》)意思是,君子和而不同,容易相处共事,但他凡事有自己的原则,不易被取悦,且能根据各人的才能特长用人;小人正好相反,不易合作共事,但却容易被取悦,给一点小恩小惠就能使其快乐,用人时,却十分苛刻。这也是君子之乐与小人之乐的不同之处。孔子追求的是君子之乐,是有极高修养的快乐。而小人之乐"其未得之也,患得之。既得之,患失之。苟患失之,无所不至矣"(《阳货篇》)。一个人成天患得患失,有何快乐?

又比如,有仁者之乐与知者之乐。孔子说:"知者乐水,仁者乐山。知者动,仁者静。知者乐,仁者寿。"(《雍也篇》)还说:"知者不惑,仁者不忧,勇者不惧。"(《子罕篇》)只有不忧、不惑、不惧,为人坦坦荡荡,才能快乐,但仁者之乐与知者之乐,还不完全是一样的。

又有贫穷之乐与富贵之乐。子贡问孔子说:"贫而无谄,富而无骄,何如?"(《学而篇》)孔子回答说:"可也,未若贫而乐,富而好礼者也。"(《学而篇》)这里的"贫而乐"是指安贫乐道,不应该片面理解为孔子以贫穷为乐。相反,孔子认为,"邦有道,贫且贱焉,耻也"(《泰伯篇》)。国家积极实行富民政策,提供各种便利和补贴,但你好逸恶劳,不想通过诚实劳动、合法经营而富起来,应该感到羞耻。当然,孔子也认为,"邦无道,富且贵"(《泰伯篇》)是发国难财,也是可耻的事。孔子以贫穷时能够坚守道德为贵,肯定"穷且弥坚,不坠青云之志",体现了一种高洁的志向和品德。所以,孔子说自己,"饭疏食饮水,曲肱而枕之,乐亦在其中矣。不义而富且贵,于我如浮云"(《述而篇》);孔子赞扬颜回,"一箪食,一瓢饮,在陋巷,人不堪其忧,回也不改其乐。贤哉,回也!"(《雍也篇》)至于富贵之乐,只要手段正当,财富来路明,"富而可求也,虽执鞭之士,吾亦为之"(《述而篇》)。这样合法、合理、合情的"富而乐",孔子非但不拒绝、不厌恶,反而尽情享受。在条件允许的情况下,孔子在衣食住行方面是很讲究的。比如,孔子说:"唯酒无量,不及乱。"(《乡党篇》)

纵观《论语》,孔子对快乐的看法和追求,从重要程度来看,次序是这样的:

第一,讲究和追求学习、求知的快乐。《论语》开篇第一章就讲:"学而时习之,不亦说乎?有朋友自远方来,不亦乐乎?人不知,而不愠,不亦君子乎?"三句话都是讲学习、求知之快乐。第一句直接谈学习之乐,即学仁之乐。在学道求知中,经常温习,就会不断有新的领悟和收获;付诸实践,取得成功,又验证了所学的道理,那是极为快乐的。第二句谈与朋友切磋学问之乐,即辅仁之乐。有志同道合的朋友,从远方来,共同切磋,达成共识,获得启示和新知,那也美不胜收、乐不可支。第三句自寻之乐,修道、悟道的快乐,即安仁之乐。与朋友切磋、交流学问,自己的主张、见解虽然没有得到认同,谁也没有说服谁,暂未达成共识,没有必要愠怒,更不要搞得不欢而散,而应求同存异,保留各自的见解。又何尝不是一种君子之乐?总之,儒家重视、讲究求知、学问、实践带来的快乐。孔子曾说,对于知识、学问、道德,"知之者不如好之者,好之者不如乐之者"(《雍也篇》)。今天,我们讲以崇尚科学为荣、以诚实守信为荣,实际上就是以追求真理、美德为荣为乐。

第二,讲究和享受日常生活的快乐。孔子和他的弟子对学习讲究快乐、有趣,对生活的态度同样泰然乐观。《论语·述而篇》记载了孔子轻松怡然的家居生活。"子之燕居,申申如也,夭夭如也"。平时孔子在家闲居时,十分舒展,让身心完全放松,显得愉悦快乐。他虽然很有政治理想和抱负,曾周游列国进行宣传,但终究没有被任用,理想未能实现,但他能顺时应变,转而整理诗书、教授学生,成就自己的人生。所以他能"不忧不惧","在邦无怨,在家无怨","不怨天,不尤人,下学而上达",坚信"知我者其天乎!"即使没有被理解,他也能保持平常心态。日常生活也是一样,有条件就讲究一点,衣食住行方面追求精致一些,并能做到富而好礼;困难时也能够随遇而安,贫而能乐,像颜回那样"一箪食,一瓢饮,在陋巷,人不堪其忧,回也不改其乐"(《雍也篇》)。孔子也能身居陋地而为乐。《子罕篇》中记载:"子欲居九夷。或曰:陋,如之何?子曰:君子居之,何陋之有?"当然,要达到这样的境界是不容易的,因为"不仁者不可以久处约,不可以长处乐"(《里仁篇》),有仁者才能以平常之心对待生活,穷困时泰然处之,像《中庸》中说的那样:"君子居易以俟命,小人行险以侥幸。"

第三,讲究道德修养的快乐。孔子为什么能"饭疏食饮水,曲肱而枕之,乐亦在其中矣"(《述而篇》)?因为他认识到"不义而富且贵,于我如浮云"(《述而篇》)。所以,当只有粗食淡水、弯起胳膊做枕头时,心中仍无凄苦。面对苍天,仰依大地,远山隐约,白云飘飘,其乐无穷,真似悟道真人。可见,其道德修养有多高。孔子还肯定子路"衣敝缊袍,与衣狐貉者立,而不耻者"(《子罕篇》),是赞扬子路之乐,实际上是孔子自己心境的写照。今天有些领导干部在跟商人交往时,看到他们穿名牌服装、出手阔绰,就心理失衡,干出贪污腐败之事。这正是修养不高所致。为了追求道德的完善,孔子"发愤忘食,乐以忘忧,不知老之将至"(《述而篇》)。何以能达到贫而乐,视不义之富贵如浮云?在于孔子致力于道的追求,"志于道,据于德,依于仁,游于艺"(《述而篇》),达到了仁者爱山爱水、静动自如的境地。因此,可以久处困约,长处快乐。当然,孔子并不是安于贫而不求富贵,贫而乐并不是安于贫,而是求义之富贵。正如《周易·文言》所说:利者义之和也。富贵要合乎道义,合乎道义之富贵,何乐而不取?君子爱财,取之有道,自然乐在其中了。

第四,讲究结贤交友的快乐。孔子说:"有朋自远方来,不亦乐乎?"(《学而篇》)还说,"君子乐多贤友,乐道人之善",说的都是交友之乐。交友,当然要交贤友、仁友,"君子以文会友,以友辅仁"(《颜渊篇》),"居是邦也,事其大夫之贤者,友其士之仁者"(《卫灵公篇》)。在交友中,孔子"见贤思齐",认为"三人行,必有我师焉"(《述而篇》),而且能"躬自厚而薄责于人"(《卫灵公篇》),所以能"远怨矣",故快乐常伴。如果他人有本领、有特长,我特别高兴,好像自己具有一样,丝毫不嫉妒。正如《大学》中所说:"他人有技,若己有之,其心好之。"在与人交往中,孔子总是表现出对别人的尊重,显现出愉悦的神情。"与下大夫言,侃侃如也;与上大夫言,訚訚如也","出,降一等,逞颜色,怡怡如也","私觌,愉愉如也"(《乡党篇》)。孔子与他的弟子,也是亦师亦友的关系,十分融洽和谐。古人说:得天下英才而教之,是人生一大乐事。孔子弟子三千,贤人七十二,自然乐不可支。所以,孔子的一生又是很成功的。虽然他从政时间很短,自己的政治理想也未得到实现,但他通过他的学生在很大程度上完成了自己想做的事,而且流传千古。所以,孔子被称为"素王"。

孔子追求快乐人生,但不主张过度快乐。这是以孔子为代表的儒家一个十分重要的标准。儒家主张适度、适中,中庸,过犹不及。孔子评价"《关雎》,乐而不淫,哀而不伤"(《八佾篇》),所以在编《诗经》时,把《关雎》放在305篇的首篇,充分说明孔子是主张中庸、中和的。孔子曾问公叔文子于公明贾说:"信乎,夫子不言,不笑,不取乎?"(《宪问篇》)公明贾对曰:"以告者过也。夫子时然后言,人不厌其言;乐然后笑,人不厌其笑;义然后取,人不厌其取。"(《宪问篇》)孔子感叹说:原来是这样!"乐然后笑,人不厌其笑",正是对适度快乐的注解。

孔子之乐,不单是一个人之乐,而是主张共同快乐。"仁者爱人",正是力求共同快乐。孔子对他的学生冉子骞说:"以与尔邻里乡党乎!"(《雍也篇》)要求冉子骞把多余的粟给邻里乡党,让大家共同富裕、共同快乐。孔子还说,为政者如果对老百姓"择可劳而劳之"(《尧曰篇》),老百姓就不会怨恨,就会快乐。关于这一点,后代儒家有很多发展。孟子说过:"独乐乐,莫若与人乐乐;与少乐乐,莫若与多乐乐。"意思是一个人快乐,不如同别人一起快乐;少数人快乐,不如众人一同快乐。孟子又说:"乐民之所乐者,民亦乐其乐;忧民之所忧者,民亦忧其忧。乐以天下,忧以天下,然而不王者,未之有也。"说明与民同乐之重要。到了宋代,范仲淹更是发出"先天下之忧而忧,后天下之乐而乐"的慨叹,充分体现了儒家的普世普惠普乐情怀。

孔子的智慧

少儿时代总认为,孔子是没落奴隶主阶级的代表,满口之乎者也,令人生厌。研读了《论语》之后,方知孔子其实并不保守、呆板、迂腐,而是充满了智慧,为人处世很务实,他的一些观点,今天看来仍然很有价值,值得借鉴。

一、"以直报怨"

《论语·宪问篇》记载:"或曰:以德报怨,何如?子曰:何以报德?以直报怨,以德报德。"有人问孔子,以德报怨,怎么样?孔子回答说,如果用恩德来回报怨仇,那么用什么来回报别人的恩德呢?应该是用正直、公正来回报怨仇,用恩德来回报恩德。对于如何报德的问题,我们肯定主张力行以德报德。自古就有"受人滴水之恩,当以涌泉相报"的俗语,但凡有一点良知的人,都不会恩将仇报。难的是如何报怨。孔子是主张仁爱的,所以他不会赞成冤冤相报、以牙还牙。孔子认为,这样做只会加深积怨、激化矛盾,冤冤相报何时了?孔子也不赞成"以德报怨"。孔子的处世原则是很务实,又是很明智、很有智慧的,与基督教"你打我的左脸,我便把右脸也让你打"的教义不同,所以提出"以直报怨"。

如何理解"以直报怨"?举个例子来说,在一个单位,有人嫉妒你的才能、人缘,经常到领导那里打小报告,甚至在组织上要提拔你时,捏造事实写匿名信中伤你,企图阻碍领导提拔你。你心里肯定会怨恨、责怪他。如果你是一个品德好、有理智的人,你就不会跟他一般见识,也到领导那里打小报告说他的坏话;如果这样做,那就有损你的人格,又会使人际关系更紧张。你也不能违心地到领导那里说他的好话,这样"以德报怨",会被认为是非不分、为人虚伪或生性胆怯。正确的做法是:保持一种平和、公正的心态,不因为你得罪、伤害过我,而影响我对你的评价和态度。单位进行民主推荐,我认为你确实适合某个职位,便推荐你,并不因为你伤害过我而故意不推荐你。这应该就是孔子"以直报怨"的意思吧?事实上,做到"以直报怨"并不容易。人是很容易受感情影响的,别人跟你过不去,你难免会有"以其人之道还治其人之身"的想法;但人毕竟又是有良知的,冤冤相报总不是办法,冤家宜解不宜结,还是"以直报怨"比较实在。

"以直报怨"体现了孔子处世的智慧,在于他提出了"第三种方案"。在对待怨仇问题上,一般人看来只有以德报怨和以怨报怨两种方案,非此即彼。孔子不赞成以德报怨,也不赞成以怨报怨,而是提出"以直报怨"的方案。这就是第三种方案。这种方案显然比第一、第二种方案要好,以德报怨是迂腐、虚伪的,是没有是非观念的。以怨报怨使积怨加重、矛盾激化,不是最佳方案,或者"过"了,或者"不及","过犹不及",都不好。"以直报怨"正避免了"过"和"不及",体现了孔子中庸的思想,是一个最好的方案。这给我们平时处理问题,特别是处理复杂的问题以启示:解决矛盾的办法并不是非此即彼的,应该有一个更好的办法。比如谈判开始时,双方提出自己的方案,如果各执己见,没有商量的余地,那就无法达成协议;事实上不是非此即彼,一定有一个双方都能接受的方案,一个可以实现双赢的方案。这就是"以直报怨"所体现的智慧。

二、"父为子隐,子为父隐,直在其中"

《论语》第十三篇《子路篇》记载:"叶公语孔子曰:吾党有直躬者,其父攘羊,而子证之。孔子曰:吾党之直者异于是:父为子隐,子为父隐,直在其中矣。"《论语》有关叶公问答的,除此之外,还有两处。一处是:"叶公问孔子于子路,子路不对。子曰:女奚不曰,其为人也,发愤忘食,乐以忘忧,不知老之将至云尔。"(《述而篇》)另一处是:"叶公问政。子曰:近者悦,远者来。"(《子路篇》)就是这个叶公,有一天对孔子说,我们这个乡的人很正直,父亲偷了羊,儿子到官府去举报揭发。孔子却说:我们这个乡不一样,父亲为儿子隐瞒,儿子为父亲隐瞒,正直就在其中。

乍一看,叶公说的是对的。父亲偷了人家的羊,儿子到官府去检举揭发,是大义灭亲,是多么正直、高尚!而孔子却主张父子相互隐瞒,是不是孔子糊涂,或者他真是没落奴隶主阶级的代表,思想反动?如果是这样,孔子就枉称圣人,世代以来,也不会尊其为圣人了。

仔细一想,孔子说的是有道理的,是符合人的情理的,正体现了孔子"仁"、"孝"和"恕"的思想。孔子说:"仁者爱人。"爱人从爱自己的亲人、家人开始;孝是爱的具体体现,是对父母的至爱;孝不仅是奉养,更重要的是感情上的关怀与慰藉,如果父母犯了错,就要规劝,规劝一时没有接受,也不要心怀怨恨。《里仁篇》中说:"事父母几谏,见志不从,又敬不违,劳而不怨。"关于恕,孔子说这是他终身坚持的理念。《里仁篇》中,记载了孔子与曾子的一段对话:"子曰:参乎!吾道一以贯之。曾子曰:唯。子出,门人问曰:何谓也?曾子曰:夫子之道,忠恕而已矣。"子贡曾问孔子:"有一言而可以终身行之者乎?"孔子回答说:"其恕乎!己所不欲,勿施于人。"(《卫灵公篇》)从孔子对两个学生的教导看,他是主张宽以待人的。

从对孔子仁、孝、恕价值观念的分析,可以看出,孔子不赞成父子相互检举揭发这样的做法,认为这不符合人的情理。如果父亲一时糊涂,偷了人家的羊,做了错事,当儿子的应当分析父亲为什么这样做,有没有特殊原因;同时要认识到,人非圣贤,孰能无过?正如孔子所说,"君子之过也,如日月之食焉:过也,人皆见之;更也,人皆仰之"(《子张篇》)。然后耐心规劝父亲把羊还给人家,或者是陪父亲到官府去自首。规劝时要晓之以理、动之以情、导之以行,目的是使父亲认识到自己的过错,以后不再犯类似的错误。如果像叶公说的那样,父亲偷了人家的羊,就赶紧到官府去检举揭发,那样就会使父亲失去改正错误的机会,完全把父亲推向绝境,使父子情分荡然无存。这是一种极端的做法,一种没有回旋余地的做法,一种漠视亲情、不合情理的做法。"文革"中,一些人人性扭曲,荒唐的政治斗争使得父子、夫妻相互对立,相互检举揭发,还出现划清界限、断绝关系的现象,这都是有悖人情物理的。

其实,世界上有些国家尤其是儒家文化圈国家的法律规定就体现了这样的精神。《日本刑法典》(1907年4月24日法律第45号)第103条规定了"藏匿犯人罪"和"隐灭评据罪",第105条对"有关亲属犯罪的特例"作了规定:"犯人或者脱逃人的亲属,为了犯人或脱逃人的利益而犯前两条之罪的,可以免除刑罚。"第159条第三款规定:"直系血亲或者配偶,为了本人的利益,犯前两项之罪的,不处罚;其他亲属为了本人的利益犯前两项之罪的,可以免除处罚。"《韩国刑法典》(1953年9月18日公布实施)第151条规定:"藏匿人犯罪与亲属之间特例",其中第一款规定:"藏匿人犯罪。"第二款规定:"亲族、家长或者同居之家族为犯人而犯前项之罪者,免除刑罚。"西方国家也有亲属拒证权的条文规定。《意大利刑事诉讼法》第199条规定:"被告人的亲近属没有义务作证。"《美国1999年统一证据规则》第504条规定:"在刑事诉讼中,被告人的配偶享有拒绝作出对被指控的配偶不利的证言的特免权。"由此可见,孔子两千多年前的思想,确实体现了法理的人情味。

当然,对孔子的这种说法,也不能一概而论。孔子的话也是有具体情境的。孔子说的"父为子隐,子为父隐",是针对叶公说的"其父攘羊,而子证之"来说的,"隐"有个时间和动机问题,"隐"不是和父亲同流合污,而是为了给父亲认识错误、改正过错的机会。也是就偷羊这样具体的事来说的,不是说所有的过错都能"父为子隐,子为父隐",毕竟过错的性质、情节和危害有不同,正如孔子所说,"人之过也,各于其党"(《里仁篇》)。总之,孔子在这个问题上的态度和处理原则,是比较务实,也是充满智慧的。

三、"人之举事也,可以移风易俗"

《孔子家语》记载:"鲁国之法,赎人臣于诸侯者,皆取金于府。子贡赎之,辞而不取金。孔子闻之曰:赐之失矣。夫人之举事也,可以移风易俗。而教导可以施之于百姓,非独适身之行也。今鲁国富者寡而贫者众,赎人受金,则为不廉,则可以相赎乎?自今以后,鲁人不复赎人于诸侯。"这段话的大意是:鲁国有法律规定:从其他诸侯国把鲁国奴隶用钱赎回来,可以到官府去领取补偿金。子贡因为经商比较有钱,所以赎回奴隶而不要赎金,结果受到孔子批评。孔子认为,子贡这样做了,别人就不好意思到官府领取补偿金,渐渐地人们就不愿从别国赎回奴隶了。

《吕氏春秋·察微》也有类似的记载，并且还增加了子路救溺水小孩的事："鲁国之法，鲁人为人臣妾于诸侯、有能赎之者，取其金于府。子贡赎鲁人于诸侯，来而让不取其金。孔子曰：赐失之矣。自今以往，鲁人不赎人矣。取其金则无损于行；不取其金则不复赎人矣。子路拯者，其人拜之以牛，子路受之，孔子曰：鲁人必拯溺者矣。孔子见之以细，观化远也。"子路救落水小孩，这家大人为感谢子路的大恩，送给他一头牛，子路接受了，孔子认为子路做得对。这段话把两种不同的处事原则进行对比，更可以看出孔子的务实。

这两件事的核心问题是，做好事应不应该接受回报？我们过去接受的教育是拾金不昧、是做好事不求回报，甚至不留姓名。我们一直把这种行为当作美德，把这样做好事的人称为英雄，雷锋就是这样的时代英雄。当然，这种精神是要大力弘扬的。对于做好事的人来说，做好事，当然不能企求回报。如果做好事是为了得到回报，那么动机至少不那么高尚。但是，事后，得到帮助的人为了报答表示感谢，适当接受，也是无可非议的。当然，这要视情况而定。如果你利用职权为别人谋取利益，从而收受甚至索要回报，那就不在所讲之列。这里说的应该是"非职务行为"，比如子路救溺水儿童。尤其重要的是，全社会要大力营造助人为乐、见义勇为的氛围，要建立健全这样的激励机制。为避免见义勇为者"既流血又流泪"现象的出现，近年来，国家在制度设计方面更为务实，有了有奖举报、悬赏检举等制度。从国家层面，还开展了评选表彰道德楷模的活动，设立国家荣誉制度。我以为最重要的在于建立激励人们弃恶扬善、扶困济危的机制。

孔子的从政观

很多人都以孔子说过"学而优则仕"断定孔子是个官迷,更有甚者认为中国历代官本位的始作俑者是孔子。据《论语》记载,说过"学而优则仕"这话的并非是孔子,而是孔子的学生子夏。原文出自《论语·子张篇》:"子夏曰:仕而优则学,学而优则仕。"当然,子夏是孔子的学生,而且"学而优则仕"又出自《论语》,所以不能说跟孔子没有关系。在从政方面,孔子确实有自己的一套理论。

一、"君子之仕也,行其义也"——孔子为什么从政

综观孔子一生可以看出,孔子有很高的政治热情,但没有政治狂热;有很大的政治抱负,但没有政治包袱;有很高的政治智慧,但不耍政治手段;有一定的政治实绩,但政治生命不长。孔子对从政有自己的认识。他从政并不是为个人的富贵。他借子路之口说,"长幼之节,不可废也;君臣之义,如之何其废之?欲洁其身,而乱大伦。君子之仕也,行其义也"(《微子篇》)。孔子认为,隐者固然有可贵的一面,但社会管理工作还是需要人干的,如果大家都当隐者,国家、社会将无人治理,必然混乱不堪。实际上,孔子认为,读书应该为了从政。他赞扬蘧伯玉是君子,说他"邦有道,则仕;邦无道,则可卷而怀之"(《卫灵公篇》)。他认为,邦有道,贫且贱,耻也;邦

无道,富且贵,耻也。他还肯定南容"邦有道,不废;邦无道,免于刑戮"(《公冶长篇》)。为了实现自己的从政理想,他不患得患失。他批评鄙夫"可与事君也与哉?其未得之也,患得之。既得之,患失之。苟患失之,无所不至矣"(《阳货篇》)。从政当领导,如果总考虑个人的荣辱得失,就难免对上级唯命是从,只对上负责,不对下负责,凡是能很快显现政绩、有利于升迁的事,就多干,对那些打基础、不易显现政绩的事,就不愿干。这样的人不适合从政,不是好领导,这些人是立志做大官,而不是立志做大事。当然,对工作慎重考虑,在深入调研、反复征求意见基础上再作决策,是必需的,这不是患得患失,相反是责任感的表现。

二、"邦有道,则仕,邦无道,则可卷而怀之"——孔子对从政有兴趣、有热情,又是有原则的

当子贡问他"有美玉于斯,韫匮而藏诸?求善贾而沽诸"(《子罕篇》)时,孔子有些迫不及待地说:"沽之哉!沽之哉!我待贾者也。"(《子罕篇》)子贡借问美玉是收在宝箱里还是求个好价钱卖给识货者,来试探孔子是否出去从政当官,孔子赶紧说,卖了它,卖了它,求个好价钱。孔子还说:"吾岂匏瓜也哉?焉能系而不食?"(《阳货篇》)所以,当公山弗扰、佛肸请他时,他甚至动了心。但孔子是有是非观念、有原则的,终究没有应召。后来,阳货请他出山,责问他:"怀其宝而迷其邦,可谓仁乎?曰:不可。好从事而亟失时,可谓知乎?"他都说不可。阳货劝他:"日月逝矣,岁不我与。"孔子便说:"吾将仕矣。"(《阳货篇》)愿出仕求富贵,但须求正道。这是因为他有自己的底线:"富与贵,是人之所欲也;不以其道得之,不处也。贫与贱,是人之所恶也;不以其道得之,不去也。"(《里仁篇》)"不义而富且贵,于我如浮云"(《述而篇》)。可见,孔

子对出仕从政虽有很高的热情,但有自己的原则,那就是必求正道。

三、"如有用我者,吾其为东周乎?"——孔子对从政是自信的

孔子说:"苟有用我者,期月而已可也,三年有成。"(《子路篇》)意思是如果有人用他,三年他就可以做出成绩,改变面貌,使当地"庶矣,富之,教之",就是物质文明、精神文明双丰收。孔子从小就演习礼仪,古代从政最重要的是礼治。后来,他专门到洛邑学习了一年礼,熟悉了政治制度,明白了执政规律。他周游列国,了解到各诸侯国的政治得失。"子禽问于子贡曰:夫子至于是邦也,必闻其政"(《学而篇》)。在《为政篇》中,孔子曾以"为政以德,譬如北辰居其所而众星共之"来概括从政的总原则,以"道之以政,齐之以刑,民免而无耻;道之以德,齐之以礼,有耻且格"为从政总方略。以忠诚为从政的美德。他认为"令尹子文三仕为令尹,无喜色;三已之,无愠色。旧令尹之政,必以告新令尹"是"忠矣"(《公冶长篇》)。《论语》中有不少关于国君、大夫向孔子问政的记载。比如上文提到的《为政篇》中,鲁哀公问孔子如何使民信服?孔子说:"举直错诸枉,则民服;举枉错诸直,则民不服。"紧接着,又有季康子问:"使民敬、忠以劝,如之何?"孔子说:"临之以庄,则敬;孝慈,则忠;举善而教不能,则劝"。《颜渊篇》有齐景公问政、季康子问政。此外,《论语》还记载孔子与其弟子关于从政的问答。比如有:"子贡问政。子曰:足食,足兵,民信之矣。子贡曰:必不得已而去,于斯三者何先?曰:去兵。子贡曰:必不得已而去,于斯二者何先?曰:去食。自古皆有死,民无信不立"(《颜渊篇》);"子路问政。子曰:先之劳之。请益。曰:无倦"(《子路篇》);"仲弓为季氏宰,问政。子曰:先有司,赦小过,举贤才"(《子路篇》);"叶公问政。子曰：近者悦，远者来"(《子路篇》)；"子夏为莒父宰，问政。子曰：无欲速，无见小利。欲速，则不达；见小利，则大事不成"(《子路篇》)；"子张问于孔子曰：何如斯可以从政矣？子曰：尊五美，屏四恶，斯可以从政矣。子张曰：何谓五美？子曰：君子惠而不费，劳而不怨，欲而不贪，泰而不骄，威而不猛。子张曰：何谓惠而不费？子曰：因民之所利而利之，斯不亦惠而不费乎？择可劳而劳之，又谁怨？欲仁而得仁，又焉贪？君子无众寡，无小大，无敢慢，斯不亦泰而不骄乎？君子正其衣冠，尊其瞻视，俨然人望而畏之，斯不亦威而不猛乎？子张曰：何谓四恶？子曰：不教而杀谓之虐；不戒视成谓之暴；慢令致期谓之贼；犹之与人也，出纳之吝谓之有司"(《尧曰篇》)，等等。这些例子都充分说明，孔子有一整套比较成熟的政治理论，或者更确切地说孔子有一套政治伦理。正因如此，孔子对从政非常自信，而且孔子确实培养了一大批有政治才能的学生，比如，子路、冉有等。

四、"庶矣，富之，教之"——孔子是有从政经验、从政实绩的

孔子主张富而教。《子路篇》第九章："子适卫，冉有仆。子曰：庶矣哉！冉有曰：既庶矣，又何加焉？曰：富之。曰：既富矣，又何加焉？曰：教之。"这说明孔子重视物质利益对人的作用，主张富而后教。可见孔子并不迂腐。从为政者自身来说，建设诚信政府是最重要的，如果不能取信于民，即使军事实力再强也会失去执政基础和执政资格。《颜渊篇》第七章就这样说："子贡问政。子曰：足食，足兵，民信之矣。子贡曰：必不得已而去，于斯三者何先？曰：去兵。子贡曰：必不得已而去，于斯二者何先？曰：去食。自古皆有死，民无信不立。"孔子还认为，执政要循序渐进。"子谓卫公子荆，善居室。始有，曰：苟合矣；少有，曰：苟完矣。富有，曰：苟美矣"

(《子路篇》)。从政要立足实际,不断提高人们的物质、文化生活水平,不能急功近利。在小农经济时代,富民、教民的目标是孟子描绘的蓝图:"五亩之宅,树之以桑,五十者可以衣帛矣;鸡豚狗彘之畜,勿违其时,七十者可以食肉矣;百亩之田,勿夺其时,数口之家,可以无饥矣;谨庠序之教,申孝弟之义,斑白者不负戴于途。"对于鳏寡孤独、老弱病残等弱势群体,更要格外关心,要像周文王那样"发政施仁,必先斯四者(鳏寡孤独,四者天下之穷民而无告也)"。孔子还说到要缩小贫富差距:"丘也闻有国有家者,不患寡而患不均,不患贫而患不安。盖均无贫,和无寡,安无倾。夫如是,故远人不服,则修文德以来之。既来之,则安之。"(《季氏篇》)所以,建议"君子周急不继富"(《雍也篇》)。同时,从政不仅要"仁民",还要"爱物":"子钓而不纲,弋不射宿。"(《述而篇》)意思是正确处理资源开发、利用与保护的关系,坚持走可持续发展的道路。

当然,孔子的从政思想也是不断变化、发展的,特别是到晚年时,孔子渐渐趋于平淡。这可以从第十一篇"子路冉有曾皙公西华侍坐"一章看出。当曾皙说出他的理想"莫春者,春服既成,冠者五六人,童子六七人,浴乎沂,风乎舞雩,咏而归"(《先进篇》)时,孔子感叹说:吾与点也。孟子认为孔子是"可以仕则仕,可以止则止;可以久则久,可以速则速"。

孔子的识人用人观

作为我国古代伟大的思想家、教育家和政治活动家,孔子在识人用人方面,不仅有很丰富的实践经验,也有很深刻的见解和论述。孔子非常注重对弟子的观察,他对弟子的性格、特长非常了解,所以能做到"因材施教";他对历史人物及当时的政治活动家,有不少评论,体现出他独特的评价标准和深邃的识人眼光;对用什么样的人、怎样用人,也有自己的见解。孔子的识人用人思想,对我们今天正确地选人用人,也有积极的借鉴意义。

一、看人要全面,注重观察一个人的言行和神情,不被一时一事蒙蔽

知人识人历来不易。人们常埋怨、责怪别人不了解自己、没有发现自己的才能、埋没耽误了自己,而忽视主动去了解别人、认识别人。所以孔子感叹说"不患人之不己知,患不知人也"(《学而篇》),意思是不担心别人不知道自己,而担心自己不了解别人。如何去了解别人、认识别人?孔子认为,要"视其所以,观其所由,察其所安"(《为政篇》)。实际上是提出了运用视、观、察三种方法来知人、识人。"视",就是广泛地通过各种资料来分析;"观",就是历史地、综合地分析人才的过去和未来;"察",就是合乎逻辑、合乎情理地定性判断。这句话的意思是,要了解一个人,先观察他的言行,也就是我们今天说的看其一贯表现,还要看他追求什么。通过这些方法来考察和识别,这个人还怎么隐藏呢?

观察一个人,还要不被假象所蒙蔽。孔子曾举他对颜回的认识来说明。"子曰:吾与回言终日,不违,如愚。退而省其私,亦足以发,回也不愚"(《为政篇》)。颜回是孔子认为"贤哉"的学生。孔子经常与他探讨品德方面的问题。探讨时,颜回看上去有些笨拙,言语少,有些木讷。但过后,颜回认真思考,总会产生一些体会和心得。可见,颜回是不愚笨的。孔子正是通过对颜回长期、全面的观察,才真正了解和认识了他。

考察一个人,还要善于观察其言谈举止,特别是其眼睛和神情。这方面,孟子有段形象的阐述:"存乎人者,莫良于眸子,眸子不能掩其恶。胸中正则眸子瞭焉;胸中不正则眸子眊焉。听其言也,观其眸子,人焉廋哉?"孟子说的是通过对人眼神的观察来了解一个人是否正派。可见,观察一个人的言谈举止是很重要的。我们考察干部,要同考察对象见面,有的还要进行面试,正是这个道理。

二、识人既要广泛听取意见,更要认真分析,不能人云亦云

《论语》中有这样一段记载:"子贡问曰:'乡人皆好之,何如?'子曰:'未可也。''乡人皆恶之,何如?'曰:'未可也;不如乡人之善者好之,其不善者恶之。'"(《子路篇》)孔子的话对我们今天考察干部有两点启示:一是要广泛听取大家的反映,注意各方面的意见;二是要对这些意见进行认真分析。比如,对民主推荐中优秀票得全票的,就要认真分析,看他是不是不愿得罪人的老好人,要看到得全票的未必就是好干部。当然多数群众不公认的也肯定不是好干部。《论语》中

另一处的记载也是这个意思:"子曰:众恶之,必察焉;众好之,必察焉。"大家都说某人好,或者大家都说某人不好,一定要深入了解,进行客观分析。

孟子在回答齐宣王关于"吾何以识其不才而舍之"时,也表达了这个意思:"左右皆曰贤,未可也;诸大夫皆曰贤,未可也;国人皆曰贤,然后察之,见贤焉,然后用之。"孟子强调的,不仅要听取身边人的意见,听取干部的意见,还要最大限度地听取更多老百姓的意见,然后进行分析,确实贤能的人才予以重用。

正是由于孔子平常注重通过言行来观察、考查学生,所以对弟子的性格、才能、特长等了解得很清楚。他能对最得意的几个弟子进行分类:"德行:颜渊,闵子骞,冉伯牛,仲弓。言语:宰我,子贡。政事:冉有,季路。文学:子游,子夏。"(《先进篇》)他还很细微地分别出学生的才智和性格:"柴也愚,参也鲁,师也辟,由也喭。"(《先进篇》)

孔子对历史人物和当时的活动家也作了许多恰如其分的评价。比如对管仲、子产、晏子等人的评价,都体现出孔子知人、识人的唯物辩证观点。

三、用人要坚持正确导向,注意克服片面、错误的观念

(一)用人要用正直的人

鲁哀公曾问孔子,如何才能让老百姓信服?孔子回答说:"举直错诸枉,则民服;举枉错诸直,则民不服。"(《为政篇》)意思是,推举任用正直的人,废置那些邪枉罔曲之人,老百姓就服气、服从管理;反之,则产生怨气。当季康子问如何"使民敬、忠以劝"时,孔子回答"举善而教不能,则劝"(《为政篇》),意思也是推举正直贤良的人,老百姓才会积极向上。《论语》记载的一则故事,也体现了孔子的这种思想。当樊迟

问仁、问知时,孔子以"举直错诸枉,能使枉者直"(《颜渊篇》)作答。樊迟还是不理解,就去问子夏,子夏举例说:"舜有天下,选于众,举皋陶,不仁者远矣。汤有天下,选于众,举伊尹,不仁者远矣。"(《颜渊篇》)皋陶、伊尹都是正直贤良之人,尧和汤任用了他们,不仁者自然没有市场,只有远离了。由此可以看到正确的用人导向的重要作用。今天我们选拔任用干部,应坚持任人唯贤、德才兼备、以德为先的原则,通过选拔公道正派、德才兼备、实绩显著、群众公认的干部,从而树立正确的用人导向。

(二)用人不看出身

同接受学生时"有教无类"、不问出身一样,孔子认为用人也不应考虑其出身。最典型的是这样一句话:"子谓仲弓,曰:犁牛之子骍且角,虽欲勿用,山川其舍诸?"(《雍也篇》)孔子认为仲弓是四个德行最好的学生之一。他仁笃厚道,任劳任怨,德行很高。孔子称赞他有"南面"临民为政之才。但是他的父亲品行却不大好,"贱而行恶",世人多有非议。孔子在谈到仲弓时,用了一个有趣的比喻:黄黑色毛的牛居然产下浑身通红、两角端正的犊,即使不想用它充牺牲献神,那山川之神会舍弃它吗? 意思是说,仲弓虽然出身不好,其父贱恶,但不应该影响他本人被任用。孔子告诉我们:出身高低贵贱没有办法选择,关键要看本人是否贤能。选人用人要破除门第观念,着重看本人的品德、才能。同时,用人也应不唯资历。资历当然不能一点不看,但不能过于看重,尤其是对年轻干部,不能总说其不成熟,总是怀疑、担心不如自己。孔子说的"后生可畏,焉知来者之不如今也"(《子罕篇》),正是这个意思。

(三)用人不求全责备

还是上面说的仲弓,当了季氏的总管,于是向孔子请教如何做好工作。孔子回答说:"先有司,赦小过,举贤才。"(《子路篇》)意思是先要制定制度,以制度管人管事;其次要赦免小的过错,推举贤能的人才。孔子说的就是,看人要看大节,看本质,看主流。一个人偶尔犯了错误,不要将其一棍子打死,而要对之惩戒、教育,帮助其改正,如果能"不迁怒,不贰过",就让其改过自新,发挥作用。

总之,正确地识人、用人非常重要,关乎事业的成败,而且影响到人才的凝聚,正如孟子所说:"尊贤使能,俊杰在位,则天下之士,皆悦而愿立于其朝矣。"

孔子的君子人生

"君子"是孔子提到最多的一种人。《论语》以"君子"开篇,以"君子"卒章。开篇第一章就说:"学而时习之,不亦说乎?有朋自远方来,不亦乐乎?人不知,而不愠,不亦君子乎?"(《学而篇》)孔子把"学而时习"、"有朋自远方来"、"人不知,而不愠"者,看成是君子。第二十篇最后一章说:"孔子曰:不知命,无以为君子也;不知礼,无以立也;不知言,无以知人也。"(《尧曰篇》)在孔子看来,君子要顺应天命,也就是要遵循客观规律;要知礼崇礼;要懂得知言察言,知人识人。《论语》中有107处提到"君子","君子"主要是指品德高尚、德才兼备的人,也有的地方是指品德高尚、德才兼备而又有地位的人,还有的地方是指有地位、有权势的人。本文的"君子"主要是讲品德高尚、德才兼备的人。孔子本人就是一个君子。《论语》可说是孔子君子人生的真实写照。孔子的君子观包括以下几个方面:

一、君子有德有才

君子自然是有德有才之人,有德有才方能称得上君子。君子之德,发乎本心,推己及人,推而广之。

(一)孝悌仁爱

孝悌是仁爱之心的起始,是德之本、仁之本。《论语》首篇第二章就记载:"有子曰:君子务本,本立而道生。孝弟也者,其为仁之本与?"(《学而篇》)又说:"仁者爱人。"对孝悌、爱人这种仁爱之德,不论是在顺境还是在逆境中,君子都不会抛弃、放弃("君子无终食之间违仁,造次必于是,颠沛必于是")。《论语》以子产为例来说明:"子谓子产:有君子之道四焉:其行己也恭,其事上也敬,其养民也惠,其使民也义。"(《公冶长篇》)《论语》还引用周公对鲁公说的话来阐述君子的风范:"周公谓鲁公曰:君子不施其亲,不使大臣怨乎不以。故旧无大过,则不弃也。无求备于一人!"(《微子篇》)意思是君子不违背、不抛弃亲人,不无端结怨于同事,老朋友即使犯了错误,只要不是罪大恶极,就不割断友情,而是尽量给予帮助,平时待人不求全责备,体现了君子的仁爱宽厚之心。

(二)庄重坚毅

孔子说"君子不重,则不威;学则不固。主忠信。无友不如己者。过,则勿惮改"(《学而篇》),意思是说君子平时行为不轻佻,讲话不信口开河,讲究忠信,不自以为是,犯了错误能及时改正。关于君子的庄重,孔子还有更形象的说明:"君子有三变:望之俨然,即之也温,听其言也厉。"(《子张篇》)君子看起来有一股凛然正气,不可轻视、侵犯,但一接触,又感到很亲近、温和,听其话语,感到非常有理。而且君子品德高尚,能坦然面对挫折,不为困难所屈服。"子欲居九夷。或曰:陋,如之何?子曰:君子居之,何陋之有?"(《子罕篇》)孔子用行动对君子坦然面对"一箪食,一瓢饮,在陋巷"(《雍也篇》)的艰苦生活作了诠释。

君子能正确对待名利。如何对待名利,最能体现一个人的境界,也最能看出一个人是否是君子。俗话说,"君子爱财,取之有道"。孔子不反对、不轻视名利,但主张采用正当合理的手段。他说:"富与贵,是人之所欲也;不以其道得之,不处也。贫与贱,是人之所恶也;不以其道之,不去也。"(《里仁篇》)他还说,"君子谋道不谋食。耕也,馁在其中矣;学也,禄在其中矣。君子忧道不忧贫"(《卫灵公篇》)。体现了君子守得住清贫、耐得住寂寞、挡得住诱惑的操守。

(三)言行一致

这是君子的重要品质。言行一致,就是心里想的、嘴上说的和行动要一致,也就是内心要诚,待人要诚心诚意,不能心口不一、言行不一。孔子认为,"巧言令色,鲜矣仁"(《学而篇》)。那些心口不一的人,善于花言巧语,察言观色,很少是有仁德的。对于这些人,孔子说,"左丘明耻之,丘亦耻之"(《公冶长篇》)。孔子对那些"匿怨而友其人"(《公冶长篇》)的人也以为耻,因为他们为了达到某种目的,心里虽然怨恨一个人,但还要装出友好的样子。这种现象在社会环境不宽松尤其是政治不清明的时代表现更甚。心口不一、言行不一,就会自欺欺人、欺上瞒下,这是一种极其恶劣的品质,是君子所不齿的。子贡曾问孔子怎样才能算是君子,孔子说:"先行其言而后从之"(《为政篇》),还说"君子耻其言而过其行"(《宪问篇》)。为避免言行不一,孔子赞扬君子"讷于言而敏于行"、"敏于事而慎于言";还认为说话要注意场合,"言未及之而言谓之躁,言及之而不言谓之隐,未见颜色而言谓之瞽"(《季氏篇》)。不该说的时候不说,该说的时候一定要说;说话要注意对象,"可与言而不与之言,失人;不可与言而与之言,失言",君子要做到"不失人,亦不失言"(《卫灵公篇》)。正因为人在言行表现上的复杂性,所以孔子主张"君子不以言举人,不以人废言"(《卫灵公篇》),而要"听其言,观其行"。

(四)崇尚礼、义

孔子说:"君子义以为质,礼以行之,孙以出之,信以成之。君子哉!"(《卫灵公篇》)也就是说君子讲究诚信、谦逊,崇尚礼义。孔子又说:"质胜文则野,文胜质则史。文质彬彬,然后君子。"(《雍也篇》)质是指人的内在品质,文是指人的外在仪表,孔子认为,人的内在品质与外在仪表相称,才是君子。一个人,只有内有仁爱宽厚之心,外又仪表端庄,温文有礼,才是文质彬彬的君子。相反,内在品质与外表不相称,或者内心龌龊,外表假装斯文;或者内心端正,但不修边幅,狂放不羁,都不是君子。文质彬彬就是内在仁德与外在彬彬有礼的相得益彰。君子崇尚礼节,体现在事事时时处处,即使在与人进行射击比赛时,也体现出礼让的风度。正如孔子所说:"君子无所争。必也射乎!揖让而升,下而饮。其争也君子。"(《八佾篇》)

(五)君子有才

君子不仅有德,而且很有才能,是德才兼备。孔子说"君子博学于文"(《雍也篇》)、"君子不器"(《为政篇》),是说君子博学深思,多才多艺,对诗、书、礼、易、数、射、御都精通,用现在的话说是复合型人才,而不是仅有一种用途的器皿。当然,现代社会分工很细,一个人不可能样样都懂、都通,但一个人的知识还是要广博一些,能力尽可能全面一些。因此,要多学习、多实践,在实践中增长见识、增长才干,使自己全面发展。

那么,怎样才能成为一个德才兼备的君子呢?当子路问这个问题时,孔子说,要"修己以敬","修己以安人","修己以安百姓",也就是要重视修身,坚持不懈地修身,以有利于自己、他人、百姓与社会。在修身时,要克制自己的欲望。孔子说人一生的每个阶段都要有所克制,"君子有三戒:少之时,血气未定,戒之在色;及其壮也,血气方刚,戒之在斗;及其老也,血气既衰,戒之在得"(《季氏篇》)。人还要有所敬畏,对自然、对社会、对圣贤、对百姓要有所敬畏,尤其要"敬畏人生、敬畏历史、敬畏百姓"。心中无所敬畏,就可能胆大妄为、胡作非为、无所不为,就不能成为文质彬彬的君子。要成为君子,还要经常反躬自省,孔子说,"君子有九思:视思明,听思聪,色思温,貌思恭,言思忠,事思敬,疑思问,忿思难,见得思义"(《季氏篇》)。意思是说,"看"要考虑是否看得明白,"听"要考虑是否听得清楚,"神色"要考虑是否温和,"容貌"要考虑是否谦恭,"言语"要考虑是否忠心,"做事"要考虑是否尽心尽力,"有疑问"要考虑是否向别人请教,"怨怒"要考虑是否会带来祸难,"获取财物"要考虑是否正当合法。《论语》中说,曾子"日三省吾身:为人谋而不忠乎?与朋友交而不信乎?传不习乎?"(《学而篇》)经常进行反省,就会减少过错,完善和提高自己,使自己成为君子。

二、君子与士

与君子意思相近的还有士,士就是读书人。《论语》中也有关于士的一些记载。

有的读书人可以通过修身成为君子,有的则成不了君子。孔子说:"士志于道,而耻恶衣恶食者,未足与议也。"(《里仁篇》)又说:"士而怀居,不足以为士矣。"(《宪问篇》)读书人如果不专心读书,而是一心想着升官发财,以为"书中自有千钟粟,书中自有黄金屋,书中自有颜如玉",就不能体会追求知识、真理的乐趣,就会嫌弃饭菜不好,这样的读书人是不足与其讨论知识、讨论真理,是成不了君子的;如果读书人贪恋居室娇妻、耽于声色犬马,不能读万卷书、行万里路,也枉为读书人的称号,成不了君子。

什么样的读书人可以称为士呢?子贡、子路都问过这个问题。孔子对子贡的回答是:"行己有耻,使于四方,不辱君命,可谓士矣"(《子路篇》);"宗族称孝焉,乡党称弟焉"(《子路篇》);"言必行,行必果,硁硁然小人哉!抑亦可以为次矣"(《子路篇》)。孔子认为,读书人的最高境界,是能严格要求自己,能用羞耻之心来约束自己的行为;出使四方,尽职尽责,能够出色完成任务,不辜负领导的期望;其次是宗族、乡里的父老乡亲认为做到孝悌的人;再次是言行一致、做事有成效的人。这三种读书人,都可以成为君子,都可以说是君子。

孔子对子路的回答是:"切切偲偲,怡怡如也,可谓士矣。朋友切切偲偲,兄弟怡怡。"(《子路篇》)意思是相互之间恳切地提出善意的批评,相互督促、相互提醒、相互勉励,这样的人可以称谓士,可以成为君子。

《论语》还借子张的口说:"士见危致命,见得思义,祭思敬,丧思哀,其可已矣。"(《子张篇》)读书人在危急关头能够献出生命,临难慷慨就义,遇到利益考虑是否符合道义,祭祀时考虑是否恭敬虔诚,服丧时考虑内心是否真正悲哀伤痛,这样的人可以算是读书人,也是可以成为君子的人。

总之,士与君子既有区别,又有联系。有的士可以成为君子,有的士是读书人中的败类,成不了君子。当然,也有的君子,没有读多少书,算不上读书人,但品德好、懂礼义,又有才能,也成了君子。

三、君子与小人

《论语》有一个显著特点,就是把君子与小人进行对比,在比较中使君子与小人的区别更加鲜明。比如,"君子坦荡荡,小人长戚戚"(《述而篇》);"君子固穷,小人穷斯滥矣"(《卫灵公篇》);"君子怀德,小人怀土;君子怀刑,小人怀惠"(《里仁篇》);"君子周而不比,小人比而不周"(《为政篇》);"君子喻于义,小人喻于利"(《里仁篇》);"君子和而不同,小人同而不和"(《子路篇》);"君子易事而难说也。说之不以道,不说也;及其使人也,器之。小人难事而易说也。说之虽不以道,说也;及其使人也,求备焉"(《子路篇》);"君子泰而不骄,小人骄而不泰"(《子路篇》);"君子上达,小人下达"(《宪问篇》);"君子求诸己,小人求诸人"(《卫灵公篇》);"君子不可小知而可大受也,小人不可大受而可小知也"(《卫灵公篇》);"君子有勇而无义为乱,小人有勇而无义为盗"(《阳货篇》),等等。这些话意思都不难懂,把君子与小人一比较,品德之高下、才能之优劣,更加清楚了。

四、孔子的君子人生实践

孔子对君子有着自己的见解,对君子的品德、才能有着不懈的追求,他一生都在实践着君子的理想。如果他说一套、做一套,言行不一致,他的众多弟子就不会长期追随他,他也不会得到弟子的景仰。《论语》第十篇《乡党篇》集中反映了孔子日常生活中的表现,可以说是孔子日常生活的素描。仅举以下几例。

"孔子于乡党,恂恂如也,似不能言者"(《乡党篇》)。孔子在家乡,温和恭顺,而不是一副小人得志的样子,对家乡的父老乡亲颐指气使。在家乡,与"乡人饮酒",等"杖者出",然后"斯出矣",十分懂礼,有谦谦君子的风范。

"问人于他邦,再拜而送之"(《乡党篇》)。孔子托人向在外地的朋友问候和带礼物,一定要向受托者,拜谢两次,然后送他启程,表现出孔子对他人的尊重、对所托之事的慎重。

"厩焚。子退朝,曰:伤人乎?不问马"。马棚失火了,孔子退朝回家,只问:"伤到人了吗?"而不问马的伤亡情况,表现了孔子对人生命的关怀。

《论语》中还有对孔子衣食住行的具体记载,都体现了孔子对生活的正确态度。比如,讲孔子饮食的一段:"食不厌精,脍不厌细。食饐而餲,鱼馁而肉败,不食。色恶,不食。臭恶,不食。失饪,不食。不时,不食。割不正,不食。不得其酱,不食。肉虽多,不使胜食气。唯酒无量,不及乱。沽酒市脯不食。不撤姜食,不多食。祭于公,不宿肉。祭肉不出三日。出三日,不食之矣。食不语,寝不言。虽疏食菜羹,瓜祭,必齐如也。"(《乡党篇》)从中可以看出,孔子很注意饮食的卫生、适度,对口腹之欲是有节制的。

国人必知的五句《论语》经典

2007年9月28日举行的祭孔大典,公布了"国人不可不知的五句《论语》经典"。这五句话是:

有朋自远方来,不亦乐乎;(《学而篇》)

四海之内,皆兄弟也;(《颜渊篇》)

己所不欲,勿施于人;(《颜渊篇》)

德不孤,必有邻;(《里仁篇》)

礼之用,和为贵。(《学而篇》)

据报道,为迎接2008年在北京举行的第二十九届奥运会,充分体现人文奥运的理念和精神,将中国的传统文化与奥运会全民参与的理念有机结合,国际孔子文化节组委会、国际儒学联合会、北京奥运会合作网站共同推出了"国人不可不知的五句《论语》经典"征集活动,邀请十位国内外著名儒学专家遴选出二十句《论语》经典,作为投票基本范围。经过近三个月的网络投票,最终选出了五句最能体现孔子思想精华的经典名句,推荐给北京奥组委,以表达文明古国、礼仪之邦的人民对四海宾朋的热情欢迎。

对这五句话,我有如下体会:

一、"有朋自远方来,不亦乐乎?"

这是一句国人比较熟悉的话,出自《学而篇》,原文是:

"学而时习之,不亦说乎?有朋自远方来,不亦乐乎?人不知,而不愠,不亦君子乎?"三句话的字面意思都明白易懂,但内涵比较深刻,放在一起理解,更全面准确:学习并经常运用所学知识进行实践,有所成就、有所收获,不是一件令人高兴的事吗?有朋友从远方而来,一同切磋、交流学问和技艺,取长补短,共同进步,不是一件很快乐的事吗?在探索交流中,如果有人暂时不了解、不理解,甚至没有达成共识,也不愠怒,更不强加于人,不是谦谦君子吗?三句话中,"有朋自远方来,不亦乐乎"这句话被人们经常运用,很能体现中国的人文精神,也体现了奥运会的人文理念。在首都北京举办奥运盛会,圆了中国人的百年梦想。世界各国的运动员、教练员及观众、商人,云集北京,还有不少国家的政要也前来参加开幕式或闭幕式。众多远方来客汇聚北京,不仅进行体育交流,还进行文化、经济和政治的交流。经过三十多年的改革开放,我国的经济建设、政治建设、文化建设、社会建设都取得了巨大成就,综合国力有了显著增强。外国朋友将借奥运之机了解中国,中国也将借此机会了解世界。中国人民将以崭新的精神风貌展现在世人面前,伸出双臂,张开怀抱,热情洋溢地欢迎远道而来的客人。

二、"四海之内,皆兄弟也!"

语出《颜渊篇》第五章:"司马牛忧曰:'人皆有兄弟,我独亡。'子夏曰:'商闻之矣:死生有命,富贵在天。君子敬而无失,与人恭而有礼。四海之内,皆兄弟也——君子何患乎无兄弟也?'"这段话本来是子夏劝慰他的同学司马牛的:君子只要待人恭敬有礼,那么,四海之内,都是兄弟,也就不必担心没有兄弟了。后来,在很多场合引用这句话,说明我们的朋友遍体现了我们国家和民族博大的胸怀和仁爱的精神。

三、"己所不欲，勿施于人"

这句话在《论语》中出现两处。一处是《颜渊篇》第二章："仲弓问仁。子曰：'出门如见大宾，使民如承大祭。己所不欲，勿施于人。在邦无怨，在家无怨。'"另一处是第十五篇《卫灵公篇》第二十四章："子贡问曰：'有一言而可以终身行之者乎？'子曰：'其恕乎！己所不欲，勿施于人。'""己所不欲，勿施于人"的意思是，自己不喜欢、不愿意干的事情，不要强加于人。《中庸》中也有意思相近的话："施诸己而不愿，亦勿施于人。"这句话看起来很通俗，但含义却十分丰富、十分深刻，运用也非常广泛，大到国际政治与交往，小到日常生活、百姓交往，都会用到。与"己所不欲，勿施于人"相对应的，是孔子的另一句名言："己欲立而立人，己欲达而达人。"这两句话，都体现了孔子的仁爱之心，也体现了中国人民尊重别人、尊重别国，追求平等、追求和平的价值取向。当然，真正做到这两句话并不容易，需要全世界、全人类共同努力。《论语》第五篇《公冶长篇》中曾记载子贡的话："我不欲人之加诸我也，吾亦欲无加诸人。"意思是，我不想别人把意志强加于我，我也不把自己的意志强加给别人。孔子回答说："赐也，非尔所及也。"意思是说，这不是你子贡所轻易能做到的。正因为不易做到，所以孔子终身倡导和推行。今天，我们国家认真办好自己的事，一心一意谋发展，聚精会神搞建设；同时始终走和平发展道路，加强与世界各国的合作与交流，共同发展，谋求双赢、多赢；坚持国家不分大小、强弱、贫富，一律平等，尊重各国人民自主选择发展道路的权利，不干涉别国内部事务，不把自己的意志强加于人。我国外交政策中蕴含的这种人文精神，正可以通过奥运会的举办，让世界各国人民真真切切感受到。

四、"德不孤,必有邻"

语出《里仁篇》第二十五章,意思是有道德的人不会孤立,一定会有人与他相伴。这句话讲道德的力量。就个体来说,一个品性好、有操守、待人宽厚、品德高尚的人,终究会得到大家的认可和拥戴。《大学》中也说:有德必有人。对于一个国家来说也是如此,民风好,讲诚信,环境优,人气旺,财气就旺。就像我国的政府和人民,不论国际风云如何变幻,始终高举和平、发展、合作的旗帜,奉行独立自主的和平外交政策,维护国家主权、安全、发展利益,恪守维护世界和平、促进共同发展的外交宗旨。正因如此,我国作为一个负责任的大国,得到了越来越多国家的肯定和赞赏,我国在国际事务中发挥着越来越重要的作用。

五、"礼之用,和为贵"

语出《学而篇》第十二章:"礼之用,和为贵。先王之道,斯为美;小大由之。有所不行,知和而和。不以礼节之,亦不可行也。""和为贵"是中国传统文化的核心价值观之一,充分反映了中国人民世代追求和谐、热爱和平。中国政府不仅在国内积极推进和谐社会建设,而且积极为建设和谐世界努力。胡锦涛同志2006年4月在美国耶鲁大学演讲时,对于中国传统文化中的和谐理念以及当今时代和谐社会、和谐世界建设问题进行了深入阐述。他说,中华民族历来注重社会和谐,追求天人和谐、人际和谐、身心和谐,强调团结互助,向往"人人相亲,人人平等,天下为公"的理想社会;中华文明历来爱好和平,注重亲仁善邻,讲求和睦相处,在对外关系中始终秉承"强不执弱"、"富不侮贫"的精神,主张"协和万邦"。今天,中国提出,在国内,构建和谐社会,建设一个民主法治、公平正义、诚信友爱、充满活力、安定有序、人与自然和谐相处的社会,实现物质和精神、民主和法治、公平和效率、活力和秩序的有机统一;在世界上,中国高举和平、发展、合作的旗帜,奉行独立自主的和平外交政策,坚定不移地走和平发展道路,既通过维护世界和平来发展自己,又通过自身的发展来促进世界和平,推动建设一个持久和平、共同繁荣的和谐世界。

《论语》中常被人误解的几句话

《论语》中有很多名言警句,妇孺皆知,流传至今仍对世人产生着积极影响,比如,"温故而知新"(《为政篇》),"有朋自远方来,不亦乐乎"(《学而篇》),"四海之内,皆兄弟也"(《颜渊篇》),"三十而立","四十而不惑"(《为政篇》),"见贤思齐"(《里仁篇》),等等。这些都被公认为值得继承的精华。但有些话则被看成封建性糟粕,成为批判的对象。实际上这是断章取义,对《论语》话语的曲解。比较突出的有以下几段:

一、"君君、臣臣、父父、子子"

这句话是《论语》中被批判最猛、最多的,也是被批评时间最长的话,一直被视作封建性糟粕。这句话出自《颜渊篇》:"齐景公问政于孔子。孔子对曰:'君君,臣臣,父父,子子'。公曰:'善哉!信如君不君,臣不臣,父不父,子不子,虽有粟,吾得而食诸?'"这段话本来的意思非常明白,用我们今天的话说,就是领导要像领导的样子,部下要像部下的样子,父亲要像父亲的样子,儿子要像儿子的样子。孔子强调的是不同身份、角色的人应该履行不同的义务、责任。这有什么不对呢?难道领导不像领导、父亲不像父亲、部下不像部下、儿子不像儿子才正常吗?我们今天常说,领导干部要率先垂范、以身作则,要比部下觉悟高、素质高、水平高,这不正是说领导要有领导的样子吗？过去批判这句话时,硬说其强调封建等级观念,宣扬长幼尊卑的不平等。这是曲解其意的。任何一个人在社会上都有其特定的角色。每个角色都有其特定的义务、责任和权利。"君君、臣臣、父父、子子",或许正是强调其权利与义务的对等性和一致性。只有每个人都扮演好自己的角色,尽到自己的责任和义务,社会才能有序运转。如果如齐景公说的那样,"君不君,臣不臣,父不父,子不子",社会必然混乱不堪。

再引申来说,孔子这句话还有"君如不君,则臣可以不臣；父如不父,则子可以不子"的意思,强调权利和义务的一致性。事实也是如此。古代许多昏庸的君王都被拉下马,落得身败名裂的下场。当今民主时代,很多领导由民众民主选举出来,如果他们没有履行好职责,或者滥用职权、以权谋私,或者渎职失职、有负于民,必然失去任职资格,会被弹劾、被罢免。

至于后来董仲舒提出的"君为臣纲,父为子纲,夫为妻纲"以及朱熹所谓的"君要臣死,臣不得不死；父教子亡,子不得不亡",那就完全违背了孔子的意思,不应该把账算在孔子身上。

二、"克己复礼"

这句话也出自《颜渊篇》："颜渊问仁。子曰：'克己复礼为仁。一日克己复礼,天下归仁焉。为仁由己,而由人乎哉？'颜渊曰：'请问其目。'子曰：'非礼勿视,非礼勿听,非礼勿言,非礼勿动。'颜渊曰：'回虽不敏,请事斯语矣。'"记得"文革"时批判这句话,说是孔子要复辟,恢复奴隶制度,搞历史倒退。其实,孔子对"克己复礼"解释得很清楚,就是"非礼勿视,非礼勿听,非礼勿言,非礼勿动",意思是不符合道德规范、违背法律制度,低级趣味、内容不健康的书刊等,不要去看、不要去听,对不符合道德规范、违背法律制度的事不要去做,类似的话不要去说。"克己复礼"的"克",是克制、克服的意思,"复"应该是符合的意思,"礼"是指道德规范和法律制度。"克己复礼",简单地说,就是节制自己的欲望,克制自己不健康的情绪,使之符合伦理道德和法律规范。

克制哪些东西呢?《论语·宪问篇》中就"克"的内容,讲了几个方面:"伐"、"欲"、"怨"。克"欲",就是克制自己的欲望,包括物质欲望、权力欲望、声名欲望、情色欲望等。人不可能没有欲望,所谓人有七情六欲,但人之所以为人,在于人能节制欲望,而不能让欲望像脱缰野马一样狂奔。现代社会出现了许多问题,一个主要原因就是一些人放纵自己的欲望。因此,要克制过度的欲望。克"伐"、克"怨",就是要克制自己的情绪,包括骄矜、怨恨、浮躁的情绪。一个人如果不能克制自己的情绪,对人、对己都会产生很大伤害。所以,要努力克服怨恨,待人做到宽恕;克服骄矜,做到忠、诚和信。此外,还要克服争强好胜、喜欢说大话的缺点。克服争强好胜和说大话的缺陷,就能做到礼让。如果能克服自己的不足,使自己的行为符合人伦美德,符合法律规范,就能成为品德高尚的谦谦君子。

三、"焉用稼"

此语出自《子路篇》,原文是:"樊迟请学稼。子曰:'吾不如老农。'请学为圃。曰:'吾不如老圃。'樊迟出。子曰:'小人哉,樊须也!'上好礼,则民莫敢不敬;上好义,则民莫敢不服;上好信,则民莫敢不用情。夫如是,则四方之民襁负其子而至矣,焉用稼?"过去不少人根据这句话批评孔子看不起劳动人民,反对学生学农事。其实不然,孔子曾说过"禹稷躬稼而有天下"(《宪问篇》),说明他是重视和尊重农业生产的。联系《论语》全书来理解孔子这句话的意思,一方面,孔子认为,在农事方面,他不如老农、老圃,樊迟要学稼、圃,应该向老农、老圃这些懂行的专长者学,这恰恰体现了孔子"知之为知之,不知为不知"的实事求是态度。另一方面,应该看到:由于分工的需要,并不是每个人都必须学农事知识,更不是孔子看不起农民。事实上,孔子知识面很宽,即使一些粗鄙的事,他也是从小就学习的。这一点从他说自己"吾少也贱,故多能鄙事"(《子罕篇》)可以看出。今天,社会分工越来越细,知识分科越来越细,所以,我们更要重点学习一些为人处世的基本道理,正如孔子所说:"君子谋道不谋食。"(《卫灵公篇》)这些人文知识对人的全面发展更为重要。另外,我们今天在处理、看待"三农"问题时,常说要跳出"三农"看"三农",要大量转移农村富余劳动力、减少农民,才能真正提高农民收入。如果要求人们都去学农事、干农活,显然也不符合实际。

四、"学而优则仕"

此语出自《论语》第十九篇《子张篇》:"子夏曰:仕而优则学,学而优则仕。"首先,从引文可以看出,这句话是子夏所说,而不是孔子说的,过去批判读书做官论,都把账算在孔子身上,这是不符合事实的。其次,"仕而优则学,学而优则仕"是一句完整的话、一个完整的意思,说的是读书与从政的关系。一方面是说,当官要当得好,必须要学得好,只有多读书、读好书、好好读书,才能当好领导、从好政。比如,我们今天只有认真学习、深入理解科学发展观,才能增强贯彻落实科学发展观的自觉性、坚定性,才能领导科学发展、促进社会和谐,才能成为一个合格的领导干部。相反,如果不好好读书学习、学风不浓、玩风太盛,对中国特色社会主义理论体系不理解、不掌握,就做不到"以其昭昭、使人昭昭",就不能让部下、群众信服,也做不好工作、当不好领导。另一方面,书读得好,有本事、有能力、有水平,在公务员考录或领导干部公开选拔中积极参与竞争,脱颖而出,就应该鼓励。毕竟,社会管理、国家事务管理是极为复杂的工作,需要人才、需要精英来承担。从政当公务员,治国平天下,为国家、为人民贡献聪明才智,建功立业,报效祖国,是光荣而神圣的。我们进行干部人事制度改革,建立科学公正的选人用人机制,正是为了把学得好、干得好的人选拔出来、提拔上来。

五、"生而知之"

此语出自第十六篇《季氏篇》:"孔子曰:生而知之者上也,学而知之者次也;困而学之,又其次也;困而不学,民斯为下矣。"有的学者说这句话的意思是,天生就有知识的人是上等的人,经过学习掌握知识的人是次等人,遇到困难而学习的人是又次一等的人,遇到困难还不愿学习的人,是最下等的人。我认为这样说不通。任何人都不可能生下来就有知识。这里的知,应该是智者的意思,而不是懂得、知道的意思。孔子的意思应该是,如果人出生时,就很聪明,那当然是最好的,可以说是杰出的、优秀的人,是神童;如果天资并不突出,但通过学习,慢慢懂得道理,变得聪明起来,那也是很不错的;天资不突出,平时读书学习又不用功,遇到挫折后,才明白事理,发愤学习,成了一个聪明的人、有智慧的人,这样的人还算有希望;如果天资不聪明,又不读书学习,遇到挫折,仍然不吸取教训,不去努力,破罐子破摔,那真是无可救药了。应该承认,由于遗传、环境等原因,人先天的智商是有差异的,这是客观事实,有科学依据,不能不承认。但是智商差别并不很大,后天的努力才是真正起决定作用的,正如孔子说的那样,"性相近也,习相远也"(《阳货篇》)。孔子说这段话,就是要告诉人们,如果天生聪明固然很好,但只要后天努力,同样可以成为一个有知识、有本领的人。正如他本人,"我非生而知之者,好古,敏以求之者也"(《述而篇》),孔子说自己也不是一个天生聪明的人,而是通过后天的学习,"学而不厌,诲人不倦"(《述而篇》),才逐渐明理、通达的。

从政当先修身

——读《中庸》札记

《中庸》是"四书"之一。作者子思,是孔子的孙子、曾子的学生、孟子的老师。《中庸》全篇讲从政、讲修身,强调为政在得人,从政先修身,修身需明善,修身当守诚。千年经典,如今读来,仍不无启示和借鉴。

一

《中庸》中专门讲从政的是第二十章。以鲁哀公问政、孔子作答开始:"哀公问政。子曰:'文武之政,布在方策。其人存,则其政举;其人亡,则其政息。人道敏政,地道敏树。夫政也者,蒲卢也。故为政在人,取人以身,修身以道,修道以仁'。"

这一段话,直接阐述了"为政"与"人才"的关系。人存则政举,人亡则政息,为政唯在得人。可见人才与政治的紧密联系。这正如我们今天所说的"政治路线确定之后,干部就是决定的因素"。对于执政者来说,要执行政策,巩固统治,必须依靠人才,依靠"仁"才;而对于个人来说,要从政,就必须成人,成为"仁"才。什么是仁?《中庸》指出:"仁者,人也,亲亲为大。"仁,就是爱人,首先是爱自己的亲人,并从爱自己的亲人出发,把这种爱人之心推己及人,推而广之,"大爱爱于天下","大孝孝于天下",这就是义。"义者,宜也,尊贤为大"。把仁爱之心推而广之,把爱自己的仁人之心推己及人,就是尊贤,就是"嘉善而矜不能"。所以,为政之要在得人,成仁的关键在修身。修身,才能齐家治国平天下。正如《大学》所说,"自天子以至于庶人,壹是皆以修身为本"。《中庸》更直接指出,"君子不可以不修身!"千百年来,都是"行德则兴,背德则崩"。德为官之魂,官德正则民风淳,官德毁则民风降,而从政者必修身而后立德。我们今天也教育引导党员干部自觉加强道德修养,"常修为政之德,常思贪欲之害,常怀律己之心",道理是一样的。

至于如何修身,《中庸》中说:"思修身,不可以不事亲;思事亲,不可以不知人;思知人,不可以不知天。"知天,才能知人;知人,才能事亲;事亲,才谈得上修身。那么,知天,是指知天之达道,知天之达德。"天下之道五,所以行之者三"。"天下之达道"是"君臣(上下级)也,父子也,夫妇也,兄弟也,朋友之道也。五者天下之达道也"。这五者,是五种不同的人际关系。社会关系概括起来,不外乎这五种关系,也就是"五伦"。修身,就是要处理好这五种关系。不注意、不在乎这五种关系,处理不好这五种关系,就不能修其身,不能从其政。春秋时,齐桓公的三个宠臣易牙、竖刁、开方,为了邀宠,或者对父母不孝,或者对妻不亲,或者对子不爱,做出违背人伦的事,最后危害国家,导致齐国国力衰微。这是历史上为政者取人不重人伦的沉痛教训。山西孟津等地在干部选拔任用中把是否孝敬父母、善待配偶作为重要的标准,也体现了对干部人伦道德的重视。

怎么才能处理好这五种关系呢?这就要坚持三项原则,即天下之三种达德:知、仁、勇。什么是知?什么是仁?什么是勇?《中庸》指出:"好学近乎知,力行近乎仁,知耻近乎勇。"按子思的说法,修身就是要好学、要力行、要知耻;知道这三种达德,就知道如何修身,从而知道如何去教化百姓;知道如何教化百姓,就可以懂得如何治理国家。紧接着,《中庸》指出治理国家的九项原则,即:修身、尊贤、亲亲、敬大臣、体群臣、子庶民、来百工、柔远人、怀诸侯。这九项原则的意义,《中庸》作了这样解释:"修身则道立,尊贤则不惑,亲亲则诸父昆弟不怨,敬大臣则不眩,体群臣则士之报礼重,子庶民则百姓劝,来百工则财用足,柔远人则四方归之,怀诸侯则天下畏之。"这九个方面对国家的内政外交、经济、文化、政治、教育、军事等方面基本上都讲到了,而又把修身摆在首位,足见修身是前提,是根本。

至于如何实现这九项原则,《中庸》也作了概括性说明:修身就要"非礼勿动";尊贤就要"去谗远色";亲亲就要"尊其位";敬大臣要善于"任吏";体群臣要"忠信";子庶民就要"时使而薄敛";来百工就要"日省月试";柔远人就要"嘉善而矜不能";怀诸侯就要"治乱持威,厚往而薄来"。

二

接着,《中庸》又换一个角度来讲治理国家的道理,是从反面来论证的。"在下位不获乎上,民不可得而治矣;获乎上有道,不信乎朋友,不获乎上矣;信乎朋友有道,不顺乎亲,不信乎朋友矣;顺乎亲有道,反诸身不诚,不顺乎亲矣;诚身有道,不明乎善,不诚乎身矣"。用现在的话:如果不明白善道,不辨美丑、不分善恶,就不能使自身真诚;不能使自身真诚,就不能孝顺父母;不能孝顺父母,就不能取得百姓、同事、朋友的认可和信任;不能取得百姓、同事、朋友的信任,就不能获得组织、领导的信任,因而也就不能有效地行政,不能实现治国平天下的抱负。这段话,实际上是要求人重视修身,明白三"达德"、五"达道"。如果不能"好学、力行、知耻",就不能处理好五种人际关系(上下级、父子、夫妇、兄弟、朋友),就不能得到百姓的认可,不能得到组织的信任和重用,从而也就无法实现政治抱负。可见,修身还是根本。而修身就要懂得父子有亲、君臣有义、夫妇有别、长幼有序、朋友有信,就要分清是非、善恶、美丑、荣辱。不分美丑、不辨善恶、不知荣辱,就谈不上修身。

那么又如何明善,如何分美丑、辨善恶、知荣辱呢?《中庸》提出的方法是"博学之、审问之、慎思之、明辨之、笃行之"。值得注意的是,《中庸》讲的学是博学,问是审问,思是慎思,辨是明辨,行是笃行,用现在的话来说就是要真学、真懂、真信、真用、真做,而不能只是做做样子:"有弗学,学之弗能弗措也;有弗问,问之弗知弗措也;有弗思,思之弗得弗措也;有弗辨,辨之弗明弗辨也;有弗行,行之弗笃弗措也。"学、问、思、辨、行,都要有恒心、有毅力,不达目标绝不放弃、绝不罢休。别人比我聪明、能干,我也不嫉妒、不气馁、不灰心。"人一能之,己百之;人十能之,己千之"。只要有这种恒心、这种诚心,就能学有所能、问有所知、思有所得、辨有所明、行而能笃,就能"虽愚必明、虽柔必强"。做到这些,才能为从政当领导打好基础。

事实上,《中庸》不单是第二十章讲为政,通篇都讲为政,通篇都讲修身,并把为政与修身结合起来阐述。修身是为政的前提、条件,修身首先要明理,要明善恶、辨美丑、知荣辱,这就是《大学》中说的"欲修其身者,先正其心;欲正其心者,先诚其意;欲诚其意者,先致其知。致知在格物"。"格物"就是研究事物的道理,就是要知天之达道、达德,就是要懂得三"达德"、五"达道"。这样才能意诚、心正、身修、家齐、国治、天下平。

修身不仅要"明乎善",还要守其诚。《中庸》对"诚"讲得很多,第二十一到第二十六章主要是讲诚,第二十、第三十二章也讲到诚的问题。诚,就是不自欺、不欺人,也不被人欺。诚才能"不思而得,不勉而中,从容中道",才能"择善而固执之"。做到"至诚",才能"尽其性","尽人之性","尽物之性","赞天地之化育","与天地共参";"惟天下至诚为能化";"至诚"才"可以先知","至诚"才能"如神";诚己、诚人,才能做到仁、知,所以,君子"以诚为贵"。因此,修身要明善、要守诚。

三

一句话,从政当领导,治国平天下,要从修身开始,从爱自己的亲人开始,尤其要把这种真诚的爱推己及人,推而广之,做到"老吾老以及人之老,幼吾幼以及人之幼"。也就是说,修身才能亲亲、才能尊贤,才能敬大臣、体群臣、子庶民、来百工、柔远人、怀诸侯,这样由近及远。这才是真正的君子之道、为政之道、治国之道、天下之道。

应该看到,这种道存在于人心中,是平常之理,也并不深奥,一般人都可以懂得;但是,"及其至也,虽圣人亦有所不知也"。这种道做起来并不难,一般人也能做到,但"及其至也,虽圣人亦有所不能也"。意思是要做好、要坚持并不容易,往往会"智者过之,愚者不及也";"贤者过之,不肖者不及也"。过犹不及,都不是中庸。可见,天下之道、治国之道、为政之道、君子之道,要达到中庸确实是很难的。《中庸》说了这样的难:"中庸其至矣乎,民鲜能久矣";"人皆曰予知,择乎中庸而不能期月守也";"天下国家可均也,爵禄可辞也,白刃可蹈也,中庸不可能也";"君子依乎中庸,遁世不见知而不悔,惟圣者能之"。所以,从这个意义上说,天下之道、治国之道、为政之道、君子之道,就是中庸之道。"中庸"的含义,用程子的话说,就是:"不偏谓之中,不易谓之庸。中者天下之至道,庸者天下之定理。"《中庸》首章就开宗明义:"喜怒哀乐之未发,谓之中;发而皆中节,谓之和。中也者,天下之大本也;和也者,天下之达道也。致中和,则天地位焉,万物育焉。"中庸也好,中和也好,都是指适合、适中,和而不流,中立而不倚,不偏不倚,合乎礼义。

坚守天下之道、治国之道、为政之道、君子之道、中庸之道,要求君子不能"半途而废",要求君子"素其位而行,不愿乎其外",在其位,谋其政;不在其位,不谋其政;要求君子"在上位,不凌下;在下位,不援上,正己而不求,于人则无怨。上不怨天,下不尤人"。这样,君子才不会像小人那样"行险以侥幸",而是"居易以俟命";要求君子"居上不骄,为下不悖","尊德性而道问学,致广大而尽精微,极高明而道中庸。温故而知新,敦厚以崇礼"。

如果不能坚守中庸之道、君子之道、为政之道、治国之道、天下之道,而是"愚而好自用,贱而好自专,生乎今之世,反古之道",不能"博学之、审问之、慎思之、明辨之、笃行之",不能像舜那样"好问而好察迩言,隐恶而扬善,择其两端,用其中于民";不能像颜回那样"择乎中庸,得一善而拳拳服膺而弗失之矣",就会"灾及其身者也",就难以做到"寡过"。

所以,天下之道、治国之道、为政之道、君子之道、中庸之道,"本诸身而征诸庶民,考诸三王而不缪,建诸天地而不悖,质诸鬼神而无疑,百世以俟圣人而不惑";所以,君子能够"动而世为天下道,行而世为天下法,言而世为天下则。远之则有望,近之则无厌";君子能够"见而民莫不敬,言而民莫不信,行而民莫不说"。

所以,"君子之道,淡而不厌,简而文,温而理,知远之近,知微之显,知风之自,可与入德矣"。

所以,君子"内省而不疚,无恶于志","不动而敬,不言而信","不赏而民劝,不怒而威于铁钺","笃恭而天下平"。

特别是那些坚守天下之道、治国之道、为政之道、君子之道、中庸之道的至圣,能"聪明睿知,足以有临也;宽裕温柔,足以有容也;发强刚毅,足以有执也;齐庄中正,足以有敬也;文理密察,足以有别也"。那些至诚,能"经纶天下之大经,立天下之大本,知天地之化育"。这样的至圣、至诚,在子思看来,是尧舜、周文王、周武王、孔子等人,他们"声名洋溢乎中国,施及蛮貊;舟车所至,人力所通;天之所覆,地之所载;日月新照,霜露所坠"。

这就是《中庸》一书的主要意思。谈修身,讲从政,说治国平天下。修身是起点,为政是中心,中庸是原则,真诚是关键。为政要修身,为政、修身要真诚,要坚守中庸,中庸是修身、为政的准则。从这个意义上说,《中庸》就是一篇政治哲学论文,就是一本"领导科学"的教材,一本政治伦理学的著作。

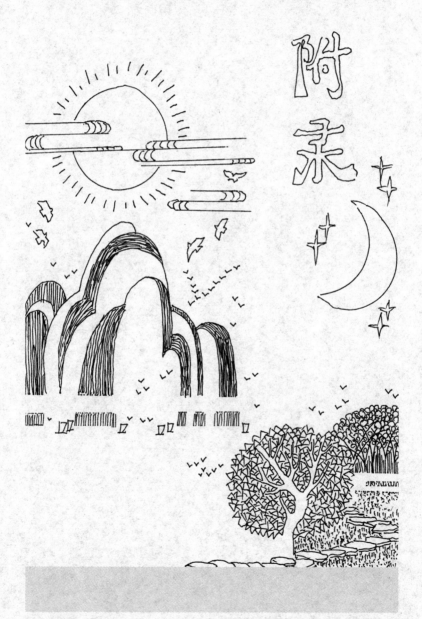

马克思主义与中国传统文化的相通性

党的十七大报告指出,要"深入学习贯彻中国特色社会主义理论体系,着力用马克思主义中国化最新理论成果武装全党",要"加强党员干部理想信念和思想道德建设,使广大党员干部成为实践社会主义核心价值体系的模范"。"中国特色社会主义理论体系,就是包括邓小平理论、'三个代表'重要思想以及科学发展观等重大思想在内的科学理论体系。这个理论体系,坚持和发展了马克思列宁主义、毛泽东思想,凝结了几代中国共产党人带领人民不懈探索实践的智慧和心血,是马克思主义中国化最新理论成果,是党最可宝贵的政治和精神财富,是全国各族人民团结奋斗的共同思想基础"。这三段话中,有三个概念值得注意:马克思主义中国化最新理论成果、中国特色社会主义理论体系、社会主义核心价值体系。这三个概念是相互联系的。其中,中国特色社会主义理论体系这个概念层次最高,马克思主义中国化最新理论成果是中国特色社会主义理论体系的最新成果,社会主义核心价值体系以中国特色社会主义理论体系为指导,同时是中国特色社会主义理论体系的核心。这三个概念都与马克思主义中国化有密切联系,因此要准确理解"马克思主义中国化"这个重大理论问题。而要搞清马克思主义中国化问题,必须搞清楚马克思主义与中国传统文化的关系。这一点

不是我的发明,权威机构和权威媒体都有报道。如:

2007年10月10日《人民日报》刊登了一篇马克思主义理论研究与工程办公室提供的文章:《深化马克思主义中国化研究》。文中的一段话使我坚定了自己的认识:即要加强马克思主义与中国传统文化关系的研究。马克思主义基本原理同中国具体实际相结合,一个重要方面就是同中国传统文化相结合。因此,研究马克思主义同中国传统文化的关系是非常重要的。应该对马克思主义与中国传统文化到底是一种什么关系,二者的结合点在哪儿、究竟怎样结合等问题,进行深入研究。关于这一点,在2006年发表在《安徽党的建设》上的《干部教育培训要重视优秀传统文化》等文章中,我已经作了论述,这里引用一段:马克思主义与中国优秀传统文化的结合,是马克思主义与中国具体实际相结合的重要方面。可以说,毛泽东思想本身就是马克思主义与中国优秀传统文化的完美结合,邓小平理论和"三个代表"重要思想同样是马克思主义与中国优秀传统文化的完美结合。党的十六大以来,以胡锦涛为总书记的党中央提出科学发展观、构建社会主义和谐社会等一系列重大战略思想,既是对我国改革开放和现代化建设经验的总结,也是对中国优秀传统文化的继承和发展。

通过对《论语》、《大学》、《中庸》、《孟子》等中国传统文化经典的研读和对《共产党宣言》等马克思、恩格斯经典作品以及《毛泽东选集》、《邓小平文选》、《江泽民选集》等经典著作的学习,我认识到,马克思主义与中国传统文化有相通之处,尝试从以下几个方面作一浅述:

一、马克思主义是开放的,中国传统文化也是开放的

中华文明是世界古代文明中始终没有中断、延续五千多年的文明。中华民族在漫长的历史中形成的独具特色的文化传统,深深影响了古代中国,也深深影响了当代中国。中国传统文化为什么能始终不中断？原因正是中国传统文化是开放的、不断发展的、与时俱进的。而体系开放、不断发展、与时俱进,也正是马克思主义最突出的特点之一。

二、马克思主义以人为研究对象,中国传统文化也以人为研究对象

马克思主义研究人的自由而全面的发展,着重从社会制度层面来研究,并对人类社会的蓝图进行了科学的预测和描绘,《共产党宣言》就是这样一部书。以孔子为代表的儒家研究人的修养和人性的完善,提倡内圣外王,以研究人自身、人与人的关系为重点,是关于人的学问。中华民族注重以民为本,尊重人的尊严和价值,提出"民为邦本,本固邦宁"、"天地之间,莫贵于人",强调要利民、裕民、养民、惠民。今天,我们坚持以人为本,坚持发展为了人民、发展依靠人民、发展成果由人民共享,关注人的价值、权益和自由,关注人的生活质量、发展潜能和幸福指数,最终是为了实现人的全面发展。这些理论与古代儒家思想也有传承关系。当然,儒家对人类社会未来的美好蓝图也有描绘,比如,《礼记·礼运》："大道之行也,天下为公。选贤与能,讲信修睦。故人不独亲其亲,不独子其子,使老有所终,壮有所用,幼有所长。"但总体来说,儒家还是对个人的修身方面研究得更多一些。

三、马克思主义的鲜明特点是实践性,中国传统文化也具有很强的实践性

马克思主义认为,不仅要认识世界,更重要的是改造世界。实践是马克思主义最鲜明、最突出的特点。儒家学说就有其鲜明的实践特性。最近,《光明日报》发表了北大哲学系教授楼宇烈先生的一篇文章《中国儒学的实践性格》,论述了儒家思想的实践性,很能说明这个问题。

四、马克思主义是科学而不是宗教,是积极入世的;中国传统文化特别是儒家文化,同样是人文文化而不是宗教,也是积极入世的

马克思主义是唯物主义,以孔子为代表的儒家"敬鬼神而远之",也不像基督教、佛教等宗教那样,讲来生、讲转世,而讲现世的修身。二者都倡导积极入世。

五、马克思主义是系统化的世界观和方法论,中国传统文化也是系统化的世界观和方法论

中国传统文化,其主流是儒家和道家。道家的辩证法思想是方法论。孔子的中庸思想是比较成熟、系统的世界观和方法论,是辩证法。辩证法中发展变化的观点、对立统一的观点、度的范畴,在《中庸》思想中都有体现。哲学上适度、适合、把握分寸的观点,在中庸中也有很好的体现。"己所不欲,勿施于人"(《卫灵公篇》),"己欲立而立人,己欲达而达人"(《雍也篇》),这些换位思考的思维方式,也是进步的世界观和方法论。特别是和谐问题,可以说是中国传统文化的精华。中华文明历来注重社会和谐,强调团结互助。中国人早就提出了"和为贵"的思想,追求天人和谐、人际和谐、身心和谐,向往"人人相亲,人人平等,天下为公"的理想社会。这些是我们今天构建和谐社会的思想源头。

敬事而信
——谈谈对共产党员爱岗敬业问题的认识

胡锦涛同志在新时期保持共产党员先进性专题报告会上的讲话中指出："共产党员保持先进性，必须体现到改革发展稳定的各项工作中，体现到带领群众为推动经济发展和社会进步而开拓进取的实际行动中"；"共产党员应该自觉把自己的理想和奋斗同党和人民的前途紧密联系起来，爱岗敬业，干一行、爱一行、钻一行、精一行，努力在平凡的岗位上作出不平凡的贡献，努力创造无愧于时代、无愧于历史、无愧于人民的一流工作业绩"。通过近一段时间的学习，我更加深刻地体会到，共产党员保持先进性最基本也是最重要的是要爱岗敬业，出色地做好本职工作。

一、爱岗敬业是理想信念坚定的突出表现

理想信念是人的灵魂，是人行动的动力。共产党员保持先进性，必须有坚定的共产主义理想和建设中国特色社会主义的信念。没有这样的理想信念，或者理想信念不坚定，就很难保持共产党员的先进性，甚至不能算是一个合格的共产党员。同时，共产党员理想信念坚定与否，要通过具体的行动表现出来，而不是靠喊口号和空洞的表白来体现。而具体的行动，就是爱岗敬业。共产党员大都在一定的岗位上承担着一定的任务，如果连自己担负的本职工作，都不能自觉地完成,如果对待本职工作无精打采、马马虎虎、拖拉应付、得过且过,甚至因玩忽职守发生重大差错、导致严重后果、造成重大损失,还谈什么理想、信念,有什么先进性可言?

爱岗敬业,是对一个普通职工的起码要求,即使在资本主义国家,这也是必须遵守的职业道德。因此,作为中国工人阶级先进分子、胸怀共产主义远大理想的共产党员,更应该立足本职工作,热爱本职工作,兢兢业业地工作,高质量地完成工作任务。只有这样,才有资格说自己是共产党员,才有资格说自己在为实现共产主义理想而努力奋斗,也才能体现和保持先进性。

二、爱岗敬业是立党为公、执政为民的重要体现

我们党的根本宗旨是全心全意为人民服务,立党为公、执政为民,是新时期保持共产党员先进性的基本要求。立党为公、执政为民,当然首先要求党制定的理论、纲领和路线、方针、政策代表最广大人民群众的根本利益,同时也要求每个共产党员在自己的岗位上模范地认真贯彻执行党的路线、方针、政策。只有这样,立党为公、执政为民才能得到体现和落实。这就要求广大共产党员要忠于职守、奉公守责,在自己的岗位上认真贯彻执行党的路线、方针、政策。

在自己的岗位上认真贯彻执行党的路线、方针、政策,不是以会议贯彻会议精神、以文件贯彻文件内容,不是照搬照抄、机械执行,而是把党的路线、方针、政策同本地的实际结合起来,与本职工作结合起来,大胆探索,勇于创新,创造性地贯彻执行。

比如,我们组织部门的共产党员,毫无疑问要认真执行党的干部路线、干部政策,要严格执行《干部任用条例》、"5+1"法规性文件。同时,要紧密结合实际,制定具体的贯彻意见和配套措施,要深化干部人事制度改革,努力完善干部选拔任用、考核评价、激励约束的机制。积极进取,勇于探索,才是真正的爱岗敬业,才能创造出一流的业绩。

三、爱岗敬业必须勤奋学习

工作与学习的关系十分密切,爱岗敬业,就必须勤奋学习。一方面,勤奋学习是共产党员增强党性的前提。通过学习,思想觉悟不断提高,理想信念更加坚定,方向目标更加明确,立党为公、执政为民的意识更强,爱岗敬业的劲头更足。共产党员大都有自己的工作岗位,如果平时不注意学习党的理论路线、方针政策,一味埋头于具体事务,不仅可能使工作偏离正确的方向,而且可能产生懈怠的情绪,进而影响工作。

另一方面,勤奋学习又是提高本领、做好工作的前提。学习好才能工作好。我们正处在知识创新的时代,学习工作化、工作学习化的时代。科技发展日新月异,新知识、新理论不断出现,我们不懂得、不熟悉的东西越来越多。每一个共产党员只有不断增强学习的紧迫感,抓紧学习、刻苦学习、善于学习,才能出色地完成工作任务,创造出一流的工作业绩。因此,每一个共产党员都要坚持不懈地学习,学哲学、学经济、学科技、学历史、学法律、学管理,尤其要结合工作实际,下苦功学习业务知识,努力使自己成为业务通。同时,要注意运用所学理论和知识解决工作中的实际问题,尤其要学会运用辩证唯物主义和历史唯物主义的立场、观点、方法来解决实际问题,进而提高工作水平。

四、爱岗敬业必须遵纪守法

首先,遵纪守法是爱岗敬业的体现。一个人,尤其是一名共产党员,如果珍惜、热爱自己的工作岗位,就会自觉遵守党的纪律和国家的法律，就会自觉遵守该岗位的政策法律规定，就会正确使用该岗位的职权为党、为人民、为国家做贡献。一个人如果在工作岗位上，无所敬畏、目无法纪、滥用职权、胡作非为，就说明他在践踏这个岗位职责，随时可能失去这个岗位。

其次，遵纪守法是爱岗敬业的基本要求。共产党员在任何一个岗位上，都担负着党安排的工作。只有严格按照党纪国法的规定正确行使职权、严格履行职责的权利，没有利用职权谋取私利的权利。不应该也不允许对党的方针政策和重大决策采取阳奉阴违的态度，搞"上有政策，下有对策"，合意的就执行，不合意的就不执行。既不能违法滥作为，也不能违法不作为。

再次，爱岗敬业还要求敢于同违反党纪国法的行为作斗争。共产党员爱岗敬业，不仅表现在带头模范遵纪守法、正确行使职权上，还表现在自觉维护党纪国法的权威、敢于自觉抵制违法乱纪行为上。这是爱岗敬业精神的一种更高境界。

孔子说："道千乘之国，敬事而信。"（《学而篇》）意思是说治理一个有千乘兵车的国家，应该敬业、谨慎而守信。古人尚且懂得敬业诚信的道理，以天下兴亡为己任、以服务人民为宗旨的共产党员更要爱岗敬业了。

(本文原载《宣城党建》2006 年第 1 期)

任重而道远
——再谈对共产党员爱岗敬业问题的认识

《论语·泰伯篇》中说:"士不可以不弘毅,任重而道远。"古代读书人尚且有使命感,懂得任重道远的道理,我们共产党人理想远大,更要着眼未来,立足现实,从切实做好本职工作开始。

爱岗敬业是对一个普通职工的基本要求,也是职业道德的最基本要求。共产党员作为工人阶级的先进分子,作为"三个代表"重要思想的践行者,更应该做到爱岗敬业;共产党员要保持先进性,最起码的也是爱岗敬业。

一、"可以平凡,不能平庸"——在平凡的岗位创一流工作业绩

我们党有7000多万共产党员,党员领导干部占党员的比例毕竟很小,身处要职、"一言九鼎"的党员高级领导干部更少。但是,应该说,在任何平凡的岗位上都是可以做出造福于人民、贡献于社会的业绩的。这就要求每一名共产党员都要热爱自己的岗位、勤奋敬业、踏实工作,乐于平凡、不甘平庸,追求出色、追求卓越,在平凡的岗位上做出不平凡的业绩。这样的优秀共产党员典型,不胜枚举,比如,李素丽、王顺友,等等。

二、"自动自发"——增强工作的主动性、创造性

"爱岗敬业"这四个字说起来简单,但真正要做到却并不

容易。仅仅按时上下班，及时完成领导交给的工作、任务，还不能完全算是爱岗敬业。爱岗敬业要做到"享受工作"，全身心投入，充满激情。一要有很强的主动性。领导安排一点活做一点活，像算盘珠一样拨一下动一下，算不上爱岗敬业。要立足本职岗位，积极思考，认真做好职责范围内的工作。二要有很强的责任感、质量意识。要追求高标准，严要求，不能满足于过得去、一般化。三要有很强的创新意识，创造性地开展工作，而不能因循守旧、固步自封。

三、"坚持不懈"——增强工作的韧劲、毅力

一个人在短时间、在工作处于顺境时，爱岗敬业不难，但是长期坚持不懈，尤其是在失意时，在遇到挫折、困难时，爱岗敬业就不容易做到。共产党员爱岗敬业，就是要做到任何情况下都坚持不懈，在困难的时候，"看到前途、看到光明，提高我们的勇气，增强我们的信心"，尤其是在可能受到不公正待遇时，更要爱岗敬业。对正确的，有益于人民、社会、国家的工作，要长期做下去，不搞朝令夕改、半途而废，不搞"烂尾子"工程。

四、"团结协作"——增强全局观念和团队意识

爱岗敬业也不是过分强调自己工作的重要性，盯着自己的"一亩三分地"，不是"各人自扫门前雪，莫管他人瓦上霜"，而是要胸怀全局、顾全大局，要有良好的团结协作精神和融洽和谐的团队意识。

总之，爱岗敬业是每个共产党员保持先进性的要求，是共产主义道德的重要内容，是党员履行义务、保持先进性的重要内涵。

领导干部要重视学习中国优秀传统文化

《干部教育培训工作条例》第十六条规定,干部教育培训要"以政治理论、政策法规、业务知识、文化素养和技能训练等为基本内容"。这就要重视培养干部的文化素养。学习中国优秀传统文化,是培养和提高文化素养的重要途径。因此,领导干部要重视学习中国优秀传统文化。

一、重视中国优秀传统文化的学习,有利于加深对理论和政策的理解

政治理论和党的方针政策,是干部学习教育的重点。政治理论主要包括马克思列宁主义、毛泽东思想、邓小平理论和"三个代表"重要思想,包括十六大以来以胡锦涛为总书记的新一届党中央提出的树立和落实科学发展观、构建社会主义和谐社会、加强党的执政能力建设和先进性建设、建设社会主义新农村、树立社会主义荣辱观、建设创新型国家等一系列重大战略思想。重视中国优秀传统文化的学习与加强政治理论的学习教育培训,不仅不矛盾,不仅不会冲淡政治理论培训,还有很大的促进作用。"汲取中国传统文化的精粹是马克思主义中国化的重要途径"。把马克思主义与中国具体实际结合起来,是毛泽东思想、邓小平理论和"三个代表"重要思想最重要的观点。马克思主义与中国优秀传统文化的结合,是马克思主义与中国具体实际相结合的重要方面。毛泽东同志非常珍视中国传统文化,认为它是中华民族的宝贵文化遗产和精神财富,把批判地继承中国传统文化作为马克思主义中国化的必要条件,强调"马克思主义必须和我国的具体实际相结合并通过一定的民族形式才能实现";必须使马克思主义带有"中国的特性",具有"新鲜活泼的为中国老百姓所喜闻乐见的中国作风和中国气派"。可以说,毛泽东思想本身就是马克思主义与中国优秀传统文化的完美结合。邓小平理论和"三个代表"重要思想丰富和发展了毛泽东思想,是当代中国的马克思主义,同样具有鲜明的"中国作风"和"中国气派",也是马克思主义与中国优秀传统文化的完美结合。

党的十六大以来,以胡锦涛为总书记的党中央提出树立和落实科学发展观等一系列重大战略思想,既是对我国改革开放和现代化建设经验的总结,也是对中国优秀传统文化的继承和发展。以人为本,全面、协调、可持续发展;民主法治、公平正义、诚信友爱、安定有序、人与自然和谐相处,以及以"八荣八耻"为主要内容的社会主义荣辱观等,都包含了中国传统文化关于天人合一、民为邦本、讲信修睦、先义后利等思想精华。因此,高度重视并切实加强中国优秀传统文化的学习,对于深入学习、加深理解和自觉贯彻邓小平理论和"三个代表"重要思想,树立和落实科学发展观,对于引导干部坚定共产主义理想和中国特色社会主义信念,坚持马克思主义的世界观、人生观、价值观和正确的权力观、地位观、利益观,都具有积极的作用和深远的意义。

二、重视中国优秀传统文化的学习,有利于牢固树立社会主义荣辱观,提高领导干部的道德水平

胡锦涛同志在看望出席全国政协十届四次会议的委员

时发表的关于社会主义荣辱观的重要讲话,深刻揭示了社会主义荣辱观的科学内涵,精辟概括了社会主义社会的主导价值体系,集中体现了社会主义基本道德规范的本质要求,具有很强的思想性、指导性和现实针对性。"八荣八耻",坚持中华民族的传统美德与时代精神的统一,是中国优秀传统文化和中华民族传统美德的体现。在中国传统道德中,荣辱观主要体现在对"辱"的认识上,大多数思想家都是通过对耻辱的论述来阐释荣辱观的。中国的耻感文化可以追溯到儒家思想。大致而言,儒家之耻有三层意思:一是德治所以有效,就在于它能使民众知耻。《论语·为政篇》:"道之以政,齐之以刑,民免而无耻;道之以德,齐之以礼,有耻且格。"意思是说,若仅以刑罚治民,民众虽能免于犯罪但却不知犯罪行为是羞耻的;若以道德教化百姓,民众便有羞耻之心,从而避免犯罪。二是孔子认为应以"不信为耻"。《论语·宪问篇》:"君子耻其言而过其行。"意思是说,君子感到羞耻的是言谈不符合自己的行为。三是耻体现了士大夫的担当精神。《论语·泰伯篇》:"邦有道,贫且贱焉,耻也;邦无道,富且贵焉,耻也。"就是说,不管国家的前途命运,只知道自己做官领取俸禄的人,是可耻的。孟子将"荣"和"辱"作为一对对立的概念来使用。他说:"仁则荣,不仁则辱。"(《孟子·公孙丑章句上》)在我国一些古代思想家那里,知耻乃做人之本。管子从关系国家兴亡的高度来看待"耻",他说:"国有四维,一曰礼,二曰义,三曰廉,四曰耻。"(《管子·牧民》)顾炎武指出:"四者之中,耻为尤要。"朱熹说,人只有"耻于不善",才能"至于善"。因此,中国传统道德教育尤为强调教人知耻。这种以教民知耻为主要内容的荣辱观深深积淀在人们的内心深处,融入人们的道德实践之中。"八荣八耻",继承了中华民族的传统美德,同时注入了时代特点和实践要求,使社会主义荣辱观充满生机和活力，富有民族性、感染力和吸引力。重视和加强中国优秀传统文化的教育培训，有助于对以"八荣八耻"为主要内容的社会主义荣辱观的正确理解，有助于牢固树立社会主义荣辱观，提高领导干部的思想道德水平。

三、重视中国优秀传统文化的学习，有利于领导干部提高个人修养，增强领导干部的执政能力

文化作为一个国家的人民在历史长河中创造出来的精神财富，体现着那个国家及其人民的精神。作为一种"软"力量，文化最容易深入人心。深入挖掘和充分利用传统文化中具有中华民族特色的传统美德，对于加强干部尤其是领导干部的修养特别重要。如刘少奇同志在《论共产党员的修养》一文中就引用了孔子、孟子等儒家人物的名言。因此，提高干部的修养，加强优秀传统文化的教育培训是一个重要方面。茅于轼在《中国人的道德前景》一书中也指出，"我国传统的儒家文化中有许多可贵而且是永恒的规范"。

事实上，中国优秀传统文化，对海外华人的影响也很大。巴西第一位华裔将军李安尼说他之所以成功，要感谢血管中流淌着的中国人的血液，要感谢优良的中国文化传统——"勤谨正直忠诚友善"。在美国，学习成绩出类拔萃的亚洲人越来越多。他们的成功主要在于中国传统文化。儒家传统文化对东南亚一些国家也有很大影响。日本江户时代的武士都学习儒学，明治维新时期的主要人物都受到儒学的影响。近年来，新加坡坚持倡导以儒家思想为基础的东方价值观，赋予传统的八德即"忠孝仁爱礼义廉耻"以新的内涵。新加坡内阁资政李光耀指出，即使在现代化的压力之下，东方文化的价值观也必须保留。由此可见，传统文化对于提高当代人的个人修养和人文素质，对于提高领导干部修身、齐家、治国能力,是十分重要的。

四、重视中国优秀传统文化的学习,有利于提高干部建设社会主义先进文化的自觉意识,增强民族的凝聚力和国家的软实力

中国特色社会主义,包括经济、政治、文化、社会建设各个方面,全面建设小康社会是一个综合指标,科学发展应该是坚持以人为本、全面协调可持续的发展,既包括诸如经济那样的硬指标,也包括像文化那样的"软指标"。社会主义国家的综合国力显然包含了文化价值观等因素。随着经济的全球化和文化的多样性,我国的经济、文化对全球的影响愈来愈大。在文化方面,一直以来,各国的哲学家都在研究儒家思想,随着中国的发展,这种哲学更受关注,最后必将惠及世界。因此,要把社会主义先进文化建设放到更加突出的位置。社会主义先进文化应该以马克思主义理论为指导,同时吸纳中国传统文化的精髓,又吸收西方科学和民主精神。中国优秀传统文化是社会主义先进文化的重要渊源,社会主义先进文化是对中国优秀传统文化的继承、弘扬和创新。作为社会主义先进文化建设的倡导者、组织者和推动者,广大干部尤其是各级领导干部理应带头学习、了解、宣传、弘扬中国优秀传统文化。因此,领导干部必须进一步重视和加强优秀传统文化的学习,研读"四书五经"、"二十四史"等。要深信中国文化具有强大的生命力,中国的崛起有赖于中国优秀传统文化的发扬光大,从而更加自觉地弘扬优秀传统文化,促进社会主义先进文化建设。

五、重视中国优秀传统文化的学习,关键是端正学风,改进方法,务求实效

学习优秀传统文化,不是复古。研究中国传统文化并不是"开倒车",而是要以最新的观念去理解它。弘扬传统文化,应该坚持与时俱进,体现时代特征和时代要求,去其糟粕、取其精华,古为今用、推陈出新。对优秀传统文化,要学习、要了解、要研究、要总结,更要借鉴和应用。"从孔夫子到孙中山,我们应当给以总结,承继这一份珍贵的遗产"。学习的主要方法:一是"以经解经",重视读原著。尤其要吃透《论语》等原著的精神。二是"经史合参",即通过历史的学习来理解传统文化。要通过对历史知识的学习,了解儒家思想产生的背景,理解儒家传统文化的真谛,并了解其在后代的演变。三是"推古及今",古为今用。学习研究传统文化,同样有一个端正学风的问题。加强优秀传统文化的学习,显然不是钻到故纸堆里讨生活,做"两脚书柜",而是为我所用。

(本文原载《安徽党的建设》2006 年第 10 期)

让优秀传统文化走上党校讲台

胡锦涛同志在党的十七大报告中指出,"要弘扬中华文化,建设中华民族共有精神家园",强调要"加强中华优秀文化传统教育",充分利用民族文化的丰富资源。中华文化是中华民族生生不息、团结奋进的不竭动力,也是道德教育很重要的部分,不仅对青少年思想道德建设有积极作用,而且对加强领导干部思想道德建设也有重要意义。因此,应该在党校开设传统文化课,让中国优秀传统文化在党校讲台上占有一席之地。

一、让中国优秀传统文化走上党校讲台,是加强和改进干部政治理论教育培训的需要

党校是干部政治理论培训的主阵地,是学习、研究中国特色社会主义理论体系的主阵地。马克思列宁主义、毛泽东思想和邓小平理论、"三个代表"重要思想,以及科学发展观、构建社会主义和谐社会等马克思主义中国化的最新理论成果,是对干部进行教育培训的重点。重视中国优秀传统文化的教育培训与加强政治理论培训不矛盾,中国优秀传统文化的教育培训不仅不会冲淡政治理论培训,还有重要的促进作用。2009年10月10日,《人民日报》刊登了一篇马克思主义理论研究与工程办公室提供的文章——《深化马克思主义中国化研究》。文中提出,"要加强马克思主义与中国传统文化关系的研究",认为"马克思主义基本原理同中国具体实际相结合,一个重要方面就是同中国传统文化相结合"。

我们党的几代领导核心历来重视传统文化的学习、教育和研究。毛泽东同志曾经说过:"汲取中国传统文化的精粹是马克思主义中国化的重要途径。"把马克思主义与中国具体实际结合起来,是毛泽东思想、邓小平理论和"三个代表"重要思想最重要的观点。马克思主义与中国优秀传统文化的结合,是马克思主义与中国具体实际相结合的重要方面。可以说,毛泽东思想、邓小平理论和"三个代表"重要思想,以及十六大以来以胡锦涛为总书记的新一届中央领导集体提出的科学发展观、构建社会主义和谐社会等一系列重大战略思想,同样是马克思主义与中国优秀传统文化的完美结合,是具有鲜明的"中国作风"和"中国气派"的马克思主义。因此,重视并切实加强中国优秀传统文化的教育培训,让中国传统文化走上党校讲台,对于加强干部的马克思主义教育,对于深入学习、加深理解和自觉贯彻邓小平理论和"三个代表"重要思想,树立和落实科学发展观,对于引导干部坚定中国特色社会主义信念,坚持马克思主义的世界观、人生观、价值观和正确的权力观、地位观、利益观,都具有很强的现实意义和历史意义。

二、让中国优秀传统文化走上党校讲台,是引导和激励党员干部带头践行社会主义核心价值体系、加强共产党人道德建设的需要

以爱国主义为核心的民族精神和以改革创新为核心的时代精神是社会主义核心价值体系的基本内容之一。民族精神对一个民族的生存和发展具有不可替代的支撑作用。

一个民族,没有振奋的精神和高尚的品格,不可能自立于世界民族之林。胡锦涛同志指出:"民族精神是我们民族的生命力、凝聚力和创造力的不竭源泉。"在五千多年的发展中,中华民族形成了以爱国主义为核心的团结统一、爱好和平、勤劳勇敢、自强不息的伟大民族精神和天下兴亡、匹夫有责,富贵不淫、贫贱不移、威武不屈,先天下之忧而忧、后天下之乐而乐等民族文化传统,以及仁、义、礼、智、信等传统美德。社会主义核心价值体系,继承和发扬了中华优秀传统文化,具有深厚的传统文化底蕴。因此,让优秀传统文化走上党校讲台,加强学习、研究,去芜取精地对之加以继承,让优秀传统文化与当代社会相适应、与现代文明相协调,从而加深领导干部对社会主义价值体系的理解,增强他们带头践行社会主义价值体系的自觉意识,提高党员的道德水平,具有不容忽视的作用。

三、让优秀传统文化走上党校讲台,是建设和谐文化、提高领导干部构建社会主义和谐社会能力的需要

党的十六届六中全会要求"弘扬民族优秀文化传统,借鉴人类有益文明成果,倡导和谐理念,培育和谐精神"。胡锦涛同志在党的十七大报告中指出,"建设和谐文化,培育文明风尚"。中华民族文化有讲究和谐的传统,倡导"天人合一","和为贵"。"和"是儒家特别倡导的伦理、政治和社会原则。让优秀传统文化走上党校讲台,重视优秀传统文化的教育培训,提高领导干部对建设和谐文化重要性的认识,树立和谐理念,营造和谐的社会氛围,对提高构建和谐社会的能力,一定会有积极意义。

大力改进学风 推动干部作风建设
——学习胡锦涛同志在中央党校发表的重要讲话

2007年6月25日,时任中共中央总书记的胡锦涛同志在中央党校发表重要讲话时指出,要全面加强党的思想作风、学风、工作作风、领导作风和干部生活作风建设,大力改进学风和文风。在中纪委七次全会上,胡锦涛同志提出的八个方面良好风气,其中第一个方面就是勤奋好学、学以致用。可见,学风问题,是全面加强领导干部作风建设的一项基础工作,只有大力改进学风,才能以良好的学风带动思想作风、工作作风、领导作风和干部生活作风的改进。

当前,领导干部在学风方面确实还存在一些不容忽视的问题。一部分党员和领导干部轻视理论、忽视读书学习,有的满足于一知半解、浅尝辄止,有的借口工作忙而不学习或者敷衍了事,有的将学习视作装点门面,不是用来推动工作,不联系思想实际和工作实际。在干部考察中,发现一些干部在述职述廉时常常把不够重视学习,理论学习不深入、不系统作为存在的问题和重要不足;走向腐败堕落的干部在忏悔录中也几乎无一例外地把原因归结为放松了理论学习。可见,学风问题确实是加强领导干部作风建设的首要问题。

干部不读书,学风不正,原因是多方面的;干部不读书,学风不正的危害,是很严重的。如何大力改进学风,从而带动其他方面作风的改进?我以为,要从以下四个方面来努力:

一、加强教育,强化学习责任

这是改进学风的前提。干部不重视读书学习,学风不正,说到底还是对学习的重要性认识不足,以为不学习照样能够开展工作,因而不愿意用心学习。古人云:"非学无以广才,非学无以明识,非学无以立德。"《论语·子张篇》中说:"仕而优则学,学而优则仕。"说明只有学得好才能从好政、当好官。知识经济时代,学习更是领导干部增加才能、提高素质的重要途径和做好工作的重要基础。要通过教育,使干部真正有触动,感到不学习就做不好工作;不抓紧学习,不在学习和工作中提高自己,就难以完成肩负的历史使命。胡锦涛同志指出:"我们正处在知识创新的时代、终身学习的时代,不懂得不熟悉的东西很多。即便是过去懂得的熟悉的知识也有一个不断更新的问题。"作为社会公众的表率,领导干部要真正解决"为谁而学"的问题,懂得学习是事业的需要和自身生存发展的需要,把学习作为一种责任来对待,自觉从各种应酬和羁绊中解脱出来,做学习的表率,当学习的楷模,不断提高知识涵养,肩负起人民和时代赋予的历史重任。只有搞好学习,才能自觉做到"四个坚定不移",才能搞好中国特色社会主义的"四大建设"。

二、丰富内容,拓宽学习视野

这是改进学风的重点。学什么,读什么书,对一个领导干部影响很大。领导干部改进学风,不仅要好读书,而且要读好书。倡导设立"国家读书节"的政协委员朱永新也有一句名言:"一个人的精神发育史实质上就是一个人的阅读史。"《干部教育培训工作条例》第十六条规定,干部教育培训要"以政治理论、政策法规、业务知识、文化素养和技能训练等为基本内容"。这几个方面中,比较容易忽视的是对文化素养的学习培训,而文化素养又恰恰是一个领导干部不可缺少的素质。要培养和提高文化素养,学习中国优秀传统文化是一条十分重要的途径。因此,领导干部要十分重视学习中国优秀传统文化。

第一,重视中国优秀传统文化的学习,有利于加深对理论和政策的理解。政治理论和党的方针政策,是干部学习教育的重点。政治理论主要包括马克思列宁主义、毛泽东思想、邓小平理论和"三个代表"重要思想,包括十六大以来以胡锦涛为总书记的党中央提出的科学发展观、构建社会主义和谐社会等一系列重大战略思想。重视中国优秀传统文化的学习与加强政治理论学习,不仅不矛盾,不仅不会冲淡政治理论学习,还会帮助我们对马克思主义中国化最新理论成果的学习、理解和运用。比如,《江泽民文选》中就有大量关于中国传统文化的论述,就有大量对古代诗文的直接引用。

党的十六大以来,以胡锦涛为总书记的党中央提出树立和落实科学发展观等一系列重大战略思想,既是对我国改革开放和现代化建设经验的总结,也是对中国优秀传统文化的继承和发展。胡锦涛同志在美国耶鲁大学演讲时,用了五大段精彩的话来介绍中国优秀传统文化,阐述十六大以来中共中央提出的一系列重大战略思想与中国优秀传统文化的联系。比如,他说:中华文明历来注重以民为本,尊重人的尊严和价值。早在千百年前,中国人就提出"民为邦本,本固邦宁"、"天地之间,莫贵于人",强调要利民、裕民、养民、惠民。今天,我们坚持以人为本,就是要坚持发展为了人民、发展依靠人民、发展成果由人民共享,关注人的价值、权益和自由,关注人的生活质量、发展潜能和幸福指数,最终是为了实现人的全面发展。

因此,高度重视并切实加强对中国优秀传统文化的学习,对于深入学习、加深理解和自觉贯彻邓小平理论和"三个代表"重要思想,贯彻落实科学发展观,对于引导干部坚定共产主义理想和中国特色社会主义信念,坚持马克思主义的世界观、人生观、价值观和正确的权力观、地位观、利益观,都具有积极作用和深远影响。

第二,重视中国优秀传统文化的学习,有利于牢固树立社会主义荣辱观,提高领导干部的道德水平。胡锦涛同志在看望出席全国政协十届四次会议的委员时发表了关于社会主义荣辱观的重要讲话,该讲话深刻揭示了社会主义荣辱观的科学内涵,精辟概括了社会主义社会的主导价值体系,集中体现了社会主义基本道德规范的本质要求,具有很强的思想性、指导性和现实针对性。"八荣八耻"坚持中华民族传统美德与时代精神的统一,是中国优秀传统文化和中华民族传统美德的体现,同时注入了时代特点和实践要求。重视和加强中国优秀传统文化的学习,有助于对以"八荣八耻"为主要内容的社会主义荣辱观的正确理解,有助于牢固树立社会主义荣辱观,提高领导干部的思想道德水平。

第三,重视中国传统优秀文化的学习,有利于领导干部提高个人修养,增强领导干部的执政能力。作为一个国家的人民在历史长河中创造出来的精神财富,文化体现着那个国家及其人民的精神。作为一种"软"实力,文化最容易深入人心。我国正处在一个经济转轨、社会转型的变革时代。一个人、一个公务员、一个领导干部,如果没有优秀传统文化根底,不注意修身励志,就很容易迷失正确的方向,就会经常发生甚至不断增强内心冲突,导致心理失衡,就会经受不住金钱、美色等诱惑,走向腐败堕落。面对一个多诱惑的社会,一些人越来越无所适从,越来越不知如何做人、如何处世、如何交友。在这样的情况下，提高自身的修养显得尤为重要。我们的古人是非常重视修养的。在我国五千多年的历史发展中，我们的祖先创造了灿烂而独特的中华文明，形成了以爱国主义为核心的民族精神和以儒家思想为主体的传统文化，在安邦治国、品德修养、成就事业等方面，给我们留下了可资借鉴的宝贵遗产，如天下为公、报效祖国，刚健有为、自强不息，厚德载物、有容乃大，勤劳勇敢、艰苦奋斗，崇德重义、修身为本，天人合一、道法自然等，构成了中国传统文化鲜明的民族特色和民族风格。这些思想在今天仍具有重要的现实意义。因此，提高干部的修养，加强优秀传统文化学习是一个重要的方面。

当然，重视中国优秀传统文化的学习，也有个端正学风的问题。学习优秀传统文化，要坚持与时俱进，体现时代特征和时代要求，去其糟粕、取其精华，古为今用、推陈出新。同时，如同学习马克思主义要重视经典研读一样，学习传统文化也要重视经典研读。只有研读原著，才能把握精神，掌握精华，认识糟粕。

三、活跃形式，提高学习效果

这是改进学风的途径。一是改进中心组学习的形式。中央政治局集体学习，从党的十六大以来已经举办四十一次，每次确定一个专题，请著名专家学者作报告，取得了很好的效果。各级党委理论中心组学习也应借鉴中央的做法，改进学习形式，在个人读书自学的基础上，定期举办专家讲座，增强学习效果。

二是在领导干部中开展读书活动，营造浓厚的学习氛围。据媒体报道，汪洋同志在担任重庆市委书记时曾倡导全市领导干部多读书，一场自上而下的读书活动在重庆广泛展开。重庆市各部门分别成立了读书小组,并编发《参阅文选》《读书通讯》等资料,以供各部门交流读书心得。重庆的做法,值得借鉴。

三是深化党校教学改革。2003年以来,宣城市积极探索,进行了党校教学改革,取得了较好的效果。要巩固和扩大成果,采用研讨式、案例式、情景模拟、三段式、现场式、多媒体等新的教学模式,认真抓好干部的在线学习,完善课程设置,扩大学员范围,充分发挥在线学习中心的作用。

四、完善机制,激励干部学习

这是改进学风的关键。近年来,各级党委和组织部门,研究制定了述学、考学等一系列制度和措施,在丰富学习内容、活跃学习形式方面进行了积极探索,对激发干部的学习积极性起到了一定作用。但总体来说,干部读书学习的风气依然不浓,学风不正的现象还比较严重,离中央关于建设学习型政党、做学习型干部的要求还有很大距离。大力改进学风,关键还是要进一步完善激励机制和约束机制。要充分发挥干部选拔任用的导向作用,对认真学习、勤奋工作、政绩显著、作风正派、群众公认的干部要大胆选拔任用,把不学习、不干事、老出事的干部调整下来,引导干部把兴趣、精力、心思真正放到勤奋学习、努力工作上来,为小康大业、为中国特色社会主义事业贡献聪明才智。

(本文原载《安徽党建研究信息》2007年第9期)

小富靠勤人为本

　　这一阵子,上下班途中,天天从一家新开的小餐馆门口经过。招牌是"芜湖麦稻馆"。我从没有进过这家餐馆,倒是门上的对联引起了我的注意:大富靠命天注定,小富靠勤人为本。横批是:任劳任怨。看得出,这家餐馆的老板还是有些文化的。对联体现了儒家传统的价值观念和经营理念。

　　《论语》中有几处讲到命的问题,全书最后一章是:"不知命,无以为君子也。不知礼,无以立也。不知言,无以知人也。"我理解,从孔子"不语怪力乱神"的风格看,这里讲的命,应不是宿命论的意思,而是客观规律的意思。一个人不论从政、经商,还是做学问,都要安于天命,也就是要遵循客观规律。内因是变化的根据,人的主观努力固然十分重要,但是,不能过分夸大主观努力的作用。事实已经证明,"人有多大胆,地有多大产"的豪言壮语,是极其荒谬的。所以,儒家一方面教人自强不息,积极进取;一方面又劝导人乐天知命,不作非分之想。《中庸》中说:"君子素其位而行,不愿乎其外。素富贵行乎富贵;素贫贱行乎贫贱","上不怨天,下不尤人","正己而不求于人,则无怨"。我以为,儒家提倡的人生态度、处世哲学是十分务实的。

　　客观地说,由于天生资质、生存环境的不同,每个人的能力、机会并不是完全均等的,每个人取得的成就也是有极限的。陈涉"王侯将相,宁有种乎"的质问,表达了一种不平。事实上,毕竟不是人人都可以成为秦皇汉武、唐宗宋祖!

"大富靠命天注定",体现了一种对待财富平和、务实的态度。我以为它不仅不是消极悲观的,而且是务实、积极的。买彩票、炒股,可能一夜暴富,那是完全靠天、靠运气,任凭你怎么主观努力,也是可遇不可求的。除非你与经销商联手作弊。其他经济领域,通过不正当手段,诈骗、盗窃商业机密等也可能一夜暴富,但那是"知及之,仁不能守之;虽得之,必失之"(《卫灵公篇》),不要说富不过三代,恐怕过不了三天就会沦为乞丐。所以"大富靠命天注定",恰恰体现了儒家的理念:"富与贵,是人之所欲也;不以其道得之,不处也。贫与贱,是人之所恶也;不以其道得之,不去也"(《里仁篇》);"不义而富且贵,于我如浮云"(《述而篇》)。意思是要人不能通过损人利己的非法手段实现非分想法。而要任劳任怨,合法经营,不用不正当手段暴富,不投机取巧致富。

不独经商如此,从政、做学问同样要遵循客观规律,不能急功近利。《论语》中说:"无欲速,无见小利。欲速,则不达;见小利,则大事不成。"(《子路篇》)古往今来,多少人不知天命,不遵循规律,为求大富大贵平添多少烦恼,甚至碰得头破血流,堕入万劫不复的深渊。读书、做学问也是如此。一个人能否成才,是由多方面因素共同决定的,这是客观规律。如果不按客观规律办事,心比天高,好高骛远,急功近利,甚至想通过作弊等来实现"理想",结果只会适得其反;通过剽窃他人学术成果来使自己一夜成名,必将为人所不齿。因此,无论从政、经商,还是做学问,都要有平常心和务实精神,不想入非非,不好高骛远,不急功近利,更不铤而走险,而是一步一个脚印,扎实去做,这样不断积累,逐渐会达到"大富大贵"。

"大富靠命天注定",绝不是说人要消极悲观,胸无大志,庸庸碌碌。相反是与"小富靠勤人为本"紧密联系的。大富可遇不可求,小富则完全可以靠勤劳节俭实现。改革开放以来,党和政府实行富民政策,现在农村免征农业税,对进城务工人员、城市失业人员再就业都有优惠政策,只要勤劳、节俭,开动脑筋,通过诚实劳动、合法经营,过上殷实的生活是完全可以的。关键是要任劳任怨。不怕吃苦,不好逸恶劳,不投机取巧。这样,通过不懈努力,"雪球越滚越大",财富越积越多,可能还会成为"大富"。从政、做学问也是这样。"只求耕耘,不问收获"。当然,"大富靠命天注定,小富靠勤人为本"也绝不是要人"小富即满,小富即安"。

　　心里想着这些道理,不由得对那家餐馆有了几分好感,便默默祝福其生意红火,也祝愿天下人都能任劳任怨,务实勤俭,由小富而大富。

痛悼母亲

题记：大孝终身慕父母——引自《孟子》

一

几天来,我和我的妹妹、妻子、妹夫,我的女儿、外甥,还有许多亲戚,都沉浸在巨大的悲痛之中。2007年正月初七凌晨,我们仁厚、善良的母亲,因为车祸,抢救无效,带着对人生、对亲人的无限眷恋,永远地离开了人世,离开了我们。我们一家人无论如何也没有办法接受这一残酷的事实。我那走路小心翼翼而又坚定有力的母亲,两天前还跟我们说说笑笑的母亲,就这样被摩托车撞了一下,就失去了历经风雨的坚强生命,就这样忍心丢下让她时时牵挂的儿孙亲人?

凌晨三点,我哭着从梦中醒来。坐在母亲的灵柩前,望着遗像上母亲那慈爱的笑容,我想想哭哭,哭哭想想。母亲是初五傍晚被车撞的,那天下午4点钟,我还跟她通了电话;再往前一天,也就是初四早上,她还送我们上车。可是,当我们闻讯,赶到医院时,她已经陷入昏迷,直至去世,竟然没有留下一句话。母亲是有话要跟我们说的,她跟儿女在一起总有说不完的话。但她终因伤得太重,没有来得及跟我们说上一句话。医生的全力抢救没能挽回母亲的生命,亲人的千呼万唤没能唤醒母亲。她就这样悄悄地、带着对亲人的无限牵挂、对人生的无限眷恋,离开了我们。

　　我无时无刻不想念她老人家。

　　捧起碗来吃饭,我想起了母亲。往日,母亲烧好饭,端上桌,看着我们吃,总要问:"好吃不?"为了让我们吃得高兴,她总是变着法子烧不同口味的饭菜。每次到菜场买菜,她总要转几圈才买回来,她总是设法多买些不同花样的菜。她常说我们兄妹小的时候日子苦,现在条件改善了,要让我们过得好一些。可是对于她自己,她却仍然很"抠",常常连前一天剩下的饭菜也不舍得倒掉。她不愿给我们增加负担。如今,母亲走了,每次捧起碗,我都好像听到她在关切地问"好吃不?"

　　打开衣柜穿衣,我会想起,往日母亲把洗过的衣服,叠得整整齐齐的情景。母亲特别爱整洁。每天上午买菜回家,她就开始洗衣服,一件件用手洗一遍,然后再放进洗衣机。傍晚的时候,她把晒干的衣服放到沙发上,一件件叠得整整齐齐,然后,放进各人的柜子里——即使第二天要穿,母亲也会一丝不苟地叠好放好。如今,母亲走了,可每次打开衣柜,我都会想起她叠衣服时那认真专注的样子。

　　晚上,铺被睡觉时,我就会想起,冬天母亲把灌好的热水袋放进被窝的情景,想起母亲把棉絮装进洗得发白的被套时那细致的样子。

　　下班回家,离家渐近时,我会想起母亲站在厨房窗前翘首等待的情景;进了家门,我又会想起母亲从阳台上把刷得干干净净、晒得暖暖和和的拖鞋拿到门边的往事。

　　走到街上,我会想起每年正月初我陪她散步、跟她聊天的情形。

　　无论我走到哪里,无论我干什么事情,我都会想起母亲;而每次想起母亲,我都会潸然泪下、泪流满面。母亲,我们真的舍不得您啊！您才六十六岁，还很精神，很硬朗。您也不忍心丢下我们，您还有太多的牵挂、太多的期待！可是，那可恨的摩托车却夺走了您的生命，给我们一家带来了巨大的痛苦。

二

二伯父给母亲写了一副挽联：风雨人生道，征战凯旋归；仁厚持家品，堪作后裔模。这是对母亲一生及品格的真实写照，也是伯父对我们晚辈的期望和勉励。

母亲的一生是极其平凡的。她没读过什么书，一辈子做农活；父亲1991年去世后，她就一直跟我们在城里生活，给我们做家务、带孩子。她做的都是极平凡的事，在城里，甚至很少有人知道她的名字。可是母亲的品德，不说她的勤劳、节俭，单是她的仁厚、善良，尤其是善解人意和乐于助人，就给跟她交往过的男女老少留下了难忘的记忆。

每次回乡下，她总要找些我们平时不大穿的衣服，送给老家的邻居。

每次上街买菜，遇见年龄比她大或身体不大好的熟人，她总要主动帮助别人提一段路程的菜篮子。

隔壁邻居谁家有了困难，她总会主动去帮一下忙。

客人来了，她总是拿出家里最好的东西招待。她待别人是发自内心的，不管是当干部的，还是看大门、搞卫生的，她都一样和善，一样热情。所以，母亲虽然没有多少文化，却有不少有文化的朋友。先前我们住在教育学院时，许多老师都愿意和她一块散步；后来我们换了住处，母亲的那些老朋友，还经常约她。母亲到绩溪后，还有一些人常打电话和她联系；每次碰到我，母亲的那几位老朋友也总要问我母亲什么时候回宣城。如今，她是再也回不来了。

母亲待人是那样仁厚，但她自己却是十分的节俭。母亲去世后，我们清理遗物时，发现她有一条长裤，两个口袋缝得严严实实。拆开后，发现里面装着一千六百元钱。这是我们几年来给她的零花钱。她舍不得用，积攒了下来。母亲就是这样。她不想给别人、给子女带来一丝一毫的麻烦。不论什么时候，她总是把方便让给别人，把麻烦留给自己。她常跟我们说，要把人往好处想，记住别人的好，知恩图报。如今，她走了，走得那样匆匆，没给儿女一点报答养育之恩的机会。

站在母亲的坟前，想着母亲那慈爱的面容，我又一次泣不成声。母亲，您这样过早地离开我们，从此阴阳两隔，怎不叫我们悲痛万分？您真的听不见儿孙的声声呼唤吗？

三

母亲遇难后，不少亲戚、同事、朋友、同学，都上门或打电话、或发短信表示慰问，劝慰我节哀保重。大家的情谊，对死者是一种悼念，对生者是一种安慰，我从内心充满感激。我也深知，无论我们如何悲痛，也留不住母亲。况且，我那善良的母亲，也不希望我们成天饮泣悲伤。我们唯有好好地生活、好好地工作，才能告慰母亲的在天之灵。

母亲，没有了我们的照料，您自己走好啊！

(本文原载《宣城日报·皖南晨刊》2007年3月16日)

后 记
——两耳关注天下事　一生常读圣贤书

先前我单知道专家学者才读经典。对那些满腹经纶、平时讲话写文章引经据典信手拈来的专家学者十分佩服,只是觉得传统经典那些深奥的东西离我们有些遥远,与实际工作似乎不大相干。所以,对专家学者佩服归佩服,对经典却仍然不大理会。

有两件事使我改变了看法。2004年下半年在上海财经大学培训期间,曾在学友的陪同下拜访过一家服饰公司的老总,他那儒雅的风度和不凡的谈吐,使我十分震撼,心想:大概这就是人们说的儒商吧?无独有偶,前不久听说,宁国市一位重量级的企业家能熟练地背诵《孟子》。我虽然没有亲耳听他背诵,但我相信这绝不是传说。"日本经营之神"松下幸之助说过,企业要先造人再造产品。一个企业几十年、上百年经久不衰,老总没有文化根基是绝无可能的。

另一件事也让我极为震撼:一位当过县委书记的老干部在任时常抽空读《论语》,退休后,潜心研究《论语》二十余年,出版了两部孔子言论集和一部八十万字的《论语》研究专著。

这两件事从一定程度上说明,研读儒家经典不是专家学者的专利。不仅专家学者需要研读儒家经典,经商、从政者也需要研读。

我算不上是一个领导干部,也还够不上说从政,充其量只能说在党政机关供职。但几年的经典研读还是让我吸取了一些营养,心性也有了改变,最大的变化就是学会了换位思考,凡事能设身处地地站在别人立场考虑。比如,作为一个中层干部,当心里对领导有些意见时,站在领导的立场上考虑一下,便能平静许多;当对科室的同事不满甚至生气时,站在他们的立场上想想,情绪便能慢慢平复。《论语》中对于这种思维方式和思想方法,就有精辟的论述,比如"己欲立而立人,己欲达而达人",还有"己所不欲,勿施于人",等等。当然,儒家经典能给人教益的远不止这些。

研读经典的关键是联系实际来感悟,绝不能说一套做一套,那样,是有违孔子"言必信、行必果"的原则。所以我的观点是,切不可"两耳不闻窗外事,一心只读圣贤书",而是要"两耳关注天下事,一生常读圣贤书",说白了,就是一要重视读,二要结合实际读、读后在现实中加以运用的意思。这实际上就是理论联系实际的学风。

前几年,我几乎把业余时间全部用来研读儒家经典"四书",结合生活、工作实际,有了一些感悟,有的感悟形成了文字,不少还在报刊上公开发表。几年下来,竟有了四五十篇文章。去年底去合肥出差,我怀着忐忑不安的心情,把书稿送给退休后寓居合肥的前辈绩溪老乡郭因先生,请他指教。没想到郭老先生看后,欣然提出给这个小册子作序,而且不久即告写成。这多少有些出乎我的意料。说真的,虽然我花了不少心血,但对这个小册子的水平和分量,我心中确实没什么底,更不敢有请郭老先生作序的奢望。毕竟郭老先生是国内外知名的美学家,给这样的小册子作序,我担心辱没了先生。

郭老先生在序中对我的书、对我这个人说了许多肯定的话,使我深受感动,也给了我很大的鼓舞,同时我也感到汗颜。我深知,无论是做人做事做学问,我都有太多的不足。所幸的是,先生序中所言,不是随意评价的。这可以从他阅后退还的书稿中50多处旁批看出。这些批语,或者指出文中的错误,或者肯定书中的见解,或者批评曲解了原意,或者指出论述的新意。由此可知,郭老先生是十分认真细致地进行批阅的。他的这种严谨认真的态度,本身就是给我的宝贵精神财富。我衷心感谢他,并祝愿他老人家健康长寿!

我要感谢赵日新先生。赵日新先生是清华大学人文学院的博士生导师、教授。他和我是同乡,是我十五年前的同事。《大学》中说:"汤之盘铭曰:苟日新,日日新,又日新。"我常用这句话来形容赵教授。他是研究语言文化的,硕士、博士都就读于山东大学,所以我认定他对孔孟之道是有些研究的。当时我想,如果他能对书稿提出一些建议、批评,于我定有莫大的收获。他常年出差,工作特别忙,但还是挤出时间看了我的书稿,写了书序。听说还三易其稿,甚至把一篇已经写好的序言推倒重来。没想到我的一句请求,给他添了这么大麻烦,我真的有些愧疚。看了他的序言,我十分感慨。不愧是浸染齐鲁文化成长为硕士、博士的语言学方面的教授,对儒家经典有着很深的感悟。

我要感谢《组织人事报》的总编辑李微先生。我至今尚未和李先生谋面。2008年元旦,我收到他寄来的新年贺卡,还有他的名片。从那以后陆续通过短信进行联系。2009年初,书稿整理出来以后,我发到他的电子信箱,请他提提批评意见,如果方便就写些鼓励我的话。他看了书稿,给予了肯定,并非常谦虚地表示愿意写点"读后感"。期间多次来信,说"文债太多",请我宽限些时日。6月下旬,他把稿子发给了我,并说由于他女儿高考,"拖延了很长时间"。我感到十分愧疚、十分感动。他从我研读《论语》生发开去,围绕干部读书话题谈了很多独到的见解,对我很有启示,我由衷地感谢他。

我要感谢《安徽党的建设》、《宣城日报》和《宣城工作》的编辑。他们不仅通过刊发我的文章给我以鼓励,而且对我的文章润色加工,使文章的语言更为凝练。

我还要感谢安徽大学出版社。我把书稿交给出版社后,便没有再去过问。是出版社的编辑一遍一遍地校对,指出其中的错误,他们倾注了大量心血。在书稿即将付印之际,我要真诚地向他们说声"谢谢"。

我感谢所有关心、支持、鼓励我读经典的领导和师友,我也感谢那些对我读经典不以为然、甚至嗤之以鼻的人。孔子说过:"学而时习之,不亦说乎!有朋自远方来,不亦乐乎!人不知,而不愠,不亦君子乎!"我希望通过自己的努力,能成为一位"人不知,而不愠"的君子。

写于 2009 年 7 月
修改于 2010 年 12 月

再版后记

应安徽大学出版社之约,拙著《人生处处有〈论语〉》将以《〈论语〉与人生》之名再版。我很感谢出版社的厚爱和盛情,感谢他们为书的再版在编审、校、核中付出的心血和辛苦。

《人生处处有〈论语〉》出版于2011年2月,该书上市后,反响不错。前后已经四次加印。我很感谢出版社的推荐,感谢读者的青睐。能有这样的影响,是我的第一个始料未及。

第二个始料未及的是,我的亲人、朋友、同事、领导也给予该书以不低的评价。特别是我的二伯,他已是八十岁的高龄,对这本书比较看重,也因这本书对我这个人都更为看重些。我二伯小时读的私塾,当了一辈子小学教师。他虽然学历不高,但古文功底了得,会大段大段背《古文观止》中的名篇,他给我写的为数不多的几封信,也都采用半文半白的样式,很有些韵味。所以对他,我作为子侄,是很有些敬畏的,从不敢在他面前多言。前年夏天,我去看望他时,他说到了我的那本小册子。说他从这本书看到我这么多年没有虚度,也看到了我的一些价值。还说书中确实有独到见解,比如说从规律的角度来讲,对"命"的概念的解释很合乎情理。他甚至说我对《论语》的研读已达到炉火纯青的地步。我知道,这是他对我的更大希望和进一步要求,是一种鞭策和鼓励。我非常感谢他,感谢他多年来的严格要求和默默关心。记得我

1978年考上中师时,他送了一个棕色笔记本给我,书的扉页上写了这样一句话:"书山有路勤为径,学海无涯苦作舟。"这个本子我一直保留着,这句话我一直牢牢记在心里。我衷心祝愿他老人家健康长寿。

第三个始料未及的是,竟然还有素不相识的读者给我写信。嘉兴市海事局一位名叫祝丰明的同志给我写过几次信,对《人生处处有〈论语〉》讲了很多肯定的话,说我把《论语》中的道理与人生联系得那么紧密,是对《论语》的真正感悟,读来十分亲切。小册子出版时,没有对作者作任何介绍,没有透露任何个人信息。我不知道他是怎么知道了我的通信地址,大概是从网上查到的吧。可惜我到现在还未见到过这位热心的读者,希望有机会和他交流探讨。

小册子出版后,也很有一些人不以为然,认为我是在做毫无用处的事。从实用、功利的角度看,这确实是没有用的。因为在机关工作,不用靠它评职称,更不指望它来提拔,只要不被说成是不务正业就心满意足了。这几年,由于工作的原因,我少有时间去深入研读"四书"了,只是偶尔在早上、节假日得空时,把《大学》、《中庸》等书拿出来背一背。要让我彻底把这些东西丢掉,是不大舍得的了。20世纪90年代中期,我常思考一个问题:有没有一件事值得做一辈子,不论从事什么工作,都可以不放弃?后来,研读"四书"时,我发现,里面的学问还真大得很,研读经典不仅值得做,也可以做,而且要做一辈子,做一生一世。不要说读书做学问离不开这些传统的东西,即使是经商做生意,也是不可以须臾离了此"道"的。我一直在思考,如何把市场经济和儒家传统结合起来,把《论语》和算盘统一起来。所以,几年来,但凡有点空闲,我还是不断地买、不断地读这方面的书,不断地读、不断地收集《光明日报》的国学版和光明论坛版,如今已是塞满整整一抽屉了。

不断的阅读,不仅可以获得精神上的愉悦,而且假若清晨读了几页书,会让你产生神清气爽之感。《人生处处有〈论语〉》的封底,除孔子的画像外,还有《论语》中的两句话:"己欲立而立人,己欲达而达人";"己所不欲,勿施于人"。这是在我的坚持下加上的。那时,我只觉得这两句话很深刻,是处理人际关系的重要法则。这几年,在工作中,我经常想起这两句话,而且有了更深的感悟。在接待群众来访时,我常想,假若来访者中,有我们的亲人,他们在寒风中、在烈日下来上访,我们会怎么做呢?在处理医疗纠纷时,我真想对闹得不可开交的医患双方说,假若你们的亲人是医生,你们会这么闹吗?假若你们的亲人是患者,你们会这样吗?其实,凡事多站在对方立场上想一想,我们的怨气就会小一些,心里就会平静一些。这不正是"己欲立而立人,己欲达而达人","己所不欲,勿施于人"的道理吗?最近,读了几篇学习习近平总书记关于弘扬中华优秀文化的体会文章,对这两句话,又多了些感悟。中共中央党校原副校长邢贲思认为,加强道德建设,要从中华传统文化中汲取积极因素。儒家伦理思想中不少合理内容与建设社会主义核心价值体系的要求是相通的,对我们今天的道德建设仍有借鉴意义。例如,"仁者,己欲立而立人,己欲达而达人"、"己所不欲,勿施于人"等等。儒家思想的精华,凝结了无数儒家先贤的心血和睿智,是我们民族的宝贵精神财富。这就从社会主义道德的新高度对这两句话作出了新解读。全国人大常委会原副委员长许嘉璐认为,中华民族个人的价值概括起来说就是仁义礼智,这就形成了我们的伦理观。仁义礼智,其核心是仁,而义、礼、智、信、忠等,都是对仁在不同领域的体现的重新命名。仁的精神要求推己及人,再扩展到推人及物,这是非常博大的。离开这条路走别的路，一定是不能和谐的，因而就不能生生不息。这样从社会和谐的层面来解读，又有新的高度。所以，我坚持"己欲立而立人，己欲达而达人"、"己所不欲，勿施于人"，它们是孔子思想的精髓。我希望在再版中，书的封底仍保留这两句话。

这次再版，保留了绝大部分文章，保留了原来的主要观点、主要见解。当然，除书名换了外，还替换了一些文章，拿掉了几篇，增加了几篇。2013年以来，习近平总书记对弘扬中华优秀传统文化问题发表了一系列重要讲话，特别是在十八届三中全会召开后不到半个月，就去山东曲阜视察，参观孔子研究院，听取专家学者意见，并发表重要讲话。这更坚定了我研读"四书"等儒家经典的信心。春节期间，我系统学习了总书记的讲话，写了一篇体会文章，收进再版的册子中。另外，习近平同志担任中共中央政治局常委、中央党校校长时，在中央党校2009年春季学期第二批进修班暨专题研讨班开学典礼上的讲话《领导干部读书"三要"》，也给我极深的印象。在学习之余，我结合对《论语》的研读写了体会文章，并在市直的一些单位作过交流。最近读了孔子研究院院长杨朝明先生的《论语诠解》，该书对《论语》第一篇第一章的解读，让我深受启发，决定把《再谈"学而"》一篇收进册子。这样既保持了书的原貌，又增添了新的内容，增强了时代色彩。当然，是否妥当，全凭读者评判。

此外，特别要感谢的是安徽大学出版社，尤其是复审的何庆善老先生和责任编辑，对原书提出了很多宝贵的修改意见，并按照中华书局出版的《论语译注》（杨伯峻译注）认真进行了重新校核，减少了第一版中的一些差错。他们的严谨细致精神让我十分感动，对他们付出的心血，深表感谢。

2014年2月6日于宛溪河畔